工会会计制度讲解

《工会会计制度讲解》编写组◎编著

中国工人出版社

《工会会计制度讲解》

编 写 组

主　　编：朱虎祥

副 主 编：朱　全　李颖敏　秦震莉　许立军

编写人员：胡兴华　陈　静　彭济海　崔　睿
包培亮　武小远　罗政煜　张　媛
王崇彬　王照鑫　帅　杰　毕文静
牛建国　王秀兰

前　言

2021 年 4 月 14 日财政部发布了新《工会会计制度》。新《工会会计制度》将于2022 年 1 月 1 日起在全国各级工会组织范围内实施。新制度与原制度相比，在制定理念和具体内容等方面都作了调整完善。新制度借鉴政府会计改革的经验，适应了新时期工会业务发展的需要，全面体现了近年来工会财务管理的改革成果，有效满足了财政部门和不同层级工会会计主体的会计信息需求。新《工会会计制度》的发布实施，进一步完善了我国会计核算制度体系，必将有效促进各级工会组织统一核算标准，规范会计行为，强化会计监督，提升管理水平，对保障工运事业的健康发展和工会职能的有效发挥具有重要意义。

为了使广大工会干部和财会人员尽快熟悉、掌握新制度，中华全国总工会财务部根据工作实际，结合各级工会财务管理的客观要求，组织撰写了《工会会计制度讲解》一书，对新《工会会计制度》进行了系统阐释。同时，针对工会组织各个级次的不同特点，列举了大量工会经费核算、会计报表编制的实例，供广大工会财务人员参阅。在编写过程中，考虑到阅读的便利和重点突出，我们将所有收入、支出科目的细化核算，仅在第六章、第七章进行举例。其他章节涉及收支科目的分录，原则上仅使用一、二级科目核算，不再进行进一步细化举例。

本书由全国总工会财务部部长朱虎祥担任主编，财务部副部长朱全、李颖敏及二级巡视员秦震莉、许立军担任副主编，编写组人员为参与起草《工会会计制度》的同志。第一章由胡兴华、王照鑫、包培亮同志编写；第二章由胡兴华、罗政煜、牛建国同志编写；第三章由崔睿、帅杰同志编写；第四章由陈静、王秀兰同志编写；第五章由胡兴华、毕文静同志编写；第六章由彭济海、武小远同志编写；第七章由彭济海、王崇彬同志编写；第八章由胡兴华、武小远同志编写；第九章由胡兴华、武小远同志编写；第十章由胡兴华、张媛同志编写。全书经朱全、李颖敏、秦震莉、许立军等部领导审核后，由全国总工会财务部部长朱虎祥同志总纂定稿。

除上述直接参与本书编写的人员外，汪颖同志为本书的编写提供了大量的历史资料，翟溪丛、毛蓓、王真、白茂鑫、刘亮、郭琴、常永、杨燕和黄一方等同志均提出了宝贵的意见和建议。本书的出版得到了中国工人出版社的大力支持和配合，在此一并致谢！

编 者

2021 年 11 月

目　录

第一章

概　论

为了满足新时期工会工作发展的新要求，进一步规范工会的会计核算工作，提高会计信息质量，从 2020 年初开始，财政部会同中华全国总工会启动了《工会会计制度》修订工作。经过多轮调查研究、专题研讨、专家研究，于 2021 年 4 月 14 日发布了新《工会会计制度》，自 2022 年 1 月 1 日起在全国各级工会组织实施。2021 年 6 月 30 日，财政部发布《工会新旧会计制度有关衔接问题的处理规定》。2021 年 9 月 15 日，财政部与全国总工会联合发布《关于做好〈工会会计制度〉贯彻实施准备工作的通知》。这些通知的相继出台，预示着工会财务工作将进入新的发展阶段。

一、新《工会会计制度》修订背景和意义

现行《工会会计制度》自 2010 年 1 月 1 日实施以来，在加强工会预算管理、规范工会核算工作、提高工会会计信息质量等方面发挥了重要作用。但随着我国工会事业的蓬勃发展，工会财务改革向深度和广度持续推进，工会财务管理体制发生较大变化，现行制度已不能满足工会会计核算的需要。因此，有必要对《工会会计制度》进行全面修订。

一是与工会有关规章制度相协调，服务工会财务管理的需要。近年来，中华全国总工会先后修订或制定了多项涉及工会经费收支管理、工会预决算管理等的制度办法。2017 年印发《基层工会经费收支管理办法》（总工办发〔2017〕32 号）；2019 年印发《工会预算管理办法》（总工办发〔2019〕26 号）；2020 年印发《工会预算稳定调节基金管理暂行办法》（总工办发〔2020〕28 号）和《基层工会预算管理办法》（总工办发〔2020〕29 号）这些制度办法对工会会计核算提出了新要求。因此，需要对《工会会计制度》科目设置等方面的有关规定进行修订，以便与相关制度办法相协调，与现有财务管理体系相衔接。

二是满足新形势下工会财务工作新需要，提高工会会计信息质量的需要。随着经济社会的持续发展以及新业务的出现，现行制度在一些方面不能满足工会会计核算的需要。如“工会 + 互联网”新形势下，信息化网络建设中购置和开发形成的信息软件等无形资产无法核算；资产不计提折旧，资产价值无法得到真实反映；基本建设项目未纳入大账，会计信息完整性有待提高；支出科目核

算内容表述较为笼统，在一定程度上缺乏实务指导性等。因此，需要对有关工会业务的会计处理进一步补充或明确，以提高《工会会计制度》的适用性。

三是规范财政拨款核算，提高财政拨款决算报告质量的需要。按照《中华人民共和国工会法》（以下简称《工会法》）规定，工会的经费来源包括人民政府的补助。近年来，各级人民政府财政部门每年可安排财政资金预算用于支持和保障同级工会的重点工作，工会组织需要就财政拨款的使用向财政部门提供决算信息。现行制度未能将财政拨款和其他工会经费的使用做出明确区分，支出科目体系也未与政府收支分类科目相衔接，财政拨款决算报告编制难度较大，准确性有待提高。因此，需要更准确地核算财政拨款的收支余情况，提高财政拨款决算报告质量。

四是突出工会工作特色，满足各级工会不同业务特点的需要。截至目前，全国工会组织中99%以上均为基层工会。基层工会业务简单，多为基本的收支管理，多方呼吁在不影响会计信息质量的前提下，简化基层工会会计科目和报表，以适应基层工会实际情况，切实减轻基层会计人员负担。而县级以上工会业务相对复杂，兼具组织收入、平衡不同预算年度收支的职能，具有较高的财务管理要求，需要对相关会计处理进行补充和完善。

二、新《工会会计制度》的基本情况

（一）修订《工会会计制度》的原则

一是依法依规。以《中华人民共和国会计法》（以下简称《会计法》）、《工会法》为依据，充分考虑工会预决算管理、资产管理、工会经费管理等制度规定，与工会现有财务管理规章制度相协调。

二是问题导向。着力解决工会会计核算中存在的不能满足实际需要的问题和新需求产生的问题，满足新时期下工会预决算管理、资金管理、资产管理等需要。同时，充分考虑工会财政拨款核算与政府部门信息需求的衔接，满足财政拨款决算报告编制需要。

三是继承发展。立足《工会会计制度》执行情况和工会财务管理现状，充分继承原制度中合理的内容，适当借鉴政府会计准则制度的相关改革理念，根据工会改革发展需要进行修改和完善，确保新修订的《工会会计制度》既能满足改革需要，又能平稳过渡、稳步实施。

四是务实简化。工会管理层级复杂，99%以上为业务简单的基层工会。在满足管理需求的前提下，考虑基层工会会计工作实际，对基层工会会计处理和报表进行简化，力求在科目设置上做到简单易行、方便操作。

（二）新《工会会计制度》的主要内容

《工会会计制度》由正文和附录两部分组成。正文包括总则、一般原则、资产、负债、净资产、收入、支出、财务报表和附则九章内容。第一章总则主要规范《工会会计制度》的制定依据、适用范围、会计核算基础、会计要素、人员设置、内部控制及会计信息化工作要求等基本原则。第二章一般原则主要规范工会会计信息质量要求等内容。第三章至第七章资产、负债、净资产、收入、支出主要规范各会计要素的定义、分类、确认、计量等内容。第八章财务报表主要规范工会财务报表的定义、种类、编制要求等内容。第九章附则主要规范施行日期等内容。附录 1 为《工会会计科目和财务报表》，包括总说明、会计科目名称和编号、会计科目使用说明、会计报表格式、会计报表编制说明和会计报表附注六部分内容，主要规范会计科目的具体设置、核算内容和账务处理，及会计报表的格式与具体编制要求等。附录 2 为《工会固定资产折旧年限表》，规定了工会固定资产的折旧年限。

（三）新《工会会计制度》的主要变化

《工会会计制度》充分继承了原制度中合理的一般原则及科目设置等内容，沿用了原《工会会计制度》的 5 个会计要素，同时考虑到工会会计核算主要服务预算管理，工会组织中基层工会占比在 99% 以上且资金规模小、业务简单等现实原因，会计处理仍以收付实现制为基础，权责发生制为补充。具体体现在以下六个主要方面：

1. 根据工会财务规章制度，对会计科目进行调整。

为了保持科目设置和财务管理制度的协调一致，根据《工会预算管理办法》及其他工会财务管理制度规定，对部分会计科目进行了调整，主要包括：一是因相关财务管理制度规定已废止，删除“专用基金”下的“增收留成基金”“财务专用基金”明细科目；二是根据全国总工会不再计提后备金的有关要求，删除“后备金”科目；三是根据《工会预算管理办法》及相关财务管理规定，对收支科目的设置、名称、核算内容等进行调整，将工会结余资金分为结转、结余资金分别进行核算；四是根据《工会预算稳定调节基金管理暂行办法》，增设“预算稳定调节基金”相关科目和报表项目等。

2. 根据工会实务需要，对科目设置和账务处理进行调整。

根据近年来工会业务的发展和核算需求，增加部分科目以满足实务核算需要：

一是根据调研反馈情况，增加对支出明细科目核算内容的表述，增强制度的指导性；二是针对基层工会和县级以上工会，分别设置会计科目表，满足不同层级工会的业务核算需求；三是增设“无形资产”“待处理财产损溢”“长期待摊费用”“累计折旧”“累计摊销”科目，满足工会真实反映资产价值、加强资产管理的需要；四是调整资产基金的核算内容，将库存物品、无形资产、长期待摊费用占用净资产也纳入资产基金核算等。

3. 细化财政拨款收支核算，与政府会计相衔接。

为了简化县级以上工会在编制财政拨款决算报告时的数据提取流程，提高财政拨款决算报告编报质量，对财政拨款相关科目进行了调整：一是将“政府补助收入”科目细分为“财政拨款收入”“非同级财政拨款收入”进行明细核算；二是要求县级以上工会在支出类科目下按照“财政拨款”和“工会资金”进行明细核算，同时在“财政拨款”明细科目下按照预决算管理要求进一步明细核算；三是增设“财政拨款结转”“财政拨款结余”科目，准确核算财政拨款的结转结余情况。通过上述调整，使工会财政拨款的收支结余核算与政府会计制度相衔接，提高财政拨款决算报告编报质量。

4. 借鉴政府会计准则制度，充分吸收先进理念。

在考虑工会财务管理特点的基础上，充分吸收了政府会计改革的先进理念：一是对资产和负债要素的定义及确认条件进行了调整，使其更加适应工会真实完整反映资产负债等情况的需求；二是为满足工会对不同方式形成资产的定价需要，引入了政府会计准则制度中资产计价的相关内容；三是规定工会的基本建设项目纳入工会大账核算，提高工会会计信息的完整性；四是适当引入成本绩效管理的相关理念，设置“累计折旧”“长期待摊费用”等科目，并设置了成本费用表，为县级以上工会的成本管理奠定基础等。

5. 根据资产管理规定，对工会的资产进行区分。

根据《关于各级总工会及所属事业单位资产产权界定问题的通知》（财行〔2008〕82 号），各级总工会及所属事业单位的资产应分为工会资产和国有资产进行管理。为了与资产管理有关规定保持衔接，在《工会会计制度》中明确，县级以上工会应当根据实际情况在资产类科目下设置“国有资产”“工会资产”明细科目，分别核算工会依法确认的国有资产和工会资产；对于同时使用财政拨款和工会资金购建的资产，应当设置备查簿登记资金来源及其金额和比例，以更好地满足行政事业性国有资产报告等工作需要。

6. 适当简化，提高《工会会计制度》适用性。

根据调研反馈情况，对《工会会计制度》内容进行了简化：一是将基层工会主要适用的会计科目从42个精简到24个，同时规定基层工会依法开展的特殊业务可以按照县级以上工会会计科目进行会计处理，满足基层工会共性和个性的需求；二是在会计报表方面，删除“往来款项明细表”“经费收缴情况表”，切实减轻工会会计人员的工作量；三是对拨缴经费收入的核算基础进行了部分调整，仅在年末存在应收未收经费时采用权责发生制，其余时点均采用收付实现制，保证收入会计处理与预算执行的一致性，简化实务操作；四是将“应付工资（离退休费）”“应付地方（部门）津贴补贴”“应付其他个人收入”科目合并为“应付职工薪酬”科目，将“固定基金”“在建工程占用资金”“投资基金”等非货币性资产占用净资产合并为“资产基金”科目等。

此外，对文件的体例进行了部分调整，将原制度中“工会会计制度——会计科目和会计报表”部分以附录的形式在新《工会会计制度》中体现，保持《工会会计制度》的完整性和结构性；对部分科目的核算范围、账务处理、报表编制说明等进行了修改和完善。

三、贯彻《工会会计制度》的要求

各级工会组织要统一思想、提高认识，认真落实财政部和全国总工会联合印发《财政部办公厅全国总工会办公厅关于做好〈工会会计制度〉贯彻实施准备工作的通知》(以下简称《通知》)。深刻理解新《工会会计制度》的新内容新变化，准确把握新《工会会计制度》的新任务新要求，确保新《工会会计制度》平稳有效实施：

一要明确主体责任。工会主席作为各级工会组织的法定代表人，要认真落实《中华人民共和国会计法》关于“单位负责人对本单位的会计工作和会计资料的真实性、完整性负责”的规定，把新《工会会计制度》的贯彻实施作为一件大事来抓。

二要加强指导。上一级工会要加强对下级工会的会计业务指导，加强培训，扩大覆盖面，直至基层工会，切实保证新《工会会计制度》的贯彻实施。

三要加强沟通。依托《通知》要求，加强与同级财政部门协调沟通，密切配合，共同贯彻落实好新《工会会计制度》。

四要突出重点。做好资产清查、基建核算管理等新旧会计制度衔接的关键环节，必要时可聘请会计师事务所等中介机构参与其中，确保新旧制度有序衔接、平稳过渡。

五要夯实基础。以贯彻新《工会会计制度》为契机，补齐短板，全面提升管理水平。①健全会计机构，加强财会人员队伍建设。上级工会组织要加强对下级工会组织的领导，督促具备条件的基层工会设置会计机构，或者在内设机构中设置会计人员并指定会计主管人员；确不具备设置条件的，可以通过购买服务等方式委托经财政部门批准设立的代理记账机构代为办理会计事务，妥善解决基层工会财会力量相对薄弱的问题。②加强资产管理等基础管理，进一步健全完善内部控制制度。③强化绩效管理意识、加强会计制度实施与预决算管理的衔接。④加强工会账户管理。各级工会组织要严格按照银行账户管理的有关规定，单独开立工会经费银行账户，确保工会经费独立核算、专款专用。⑤加强工会财务信息化建设。

各级工会特别是省级工会可根据本地区、本系统、本行业财务信息化建设的实际，加大投入力度，加快工作进度，加强财务信息化建设。

四、不断深化改革，推动工会财务工作高质量发展

各级工会组织要以贯彻落实新《工会会计制度》为契机，继续深化改革，推进工会财务工作高质量发展。

（一）加强工会经费收缴管理

一是扎实推动工会经费收缴改革工作。适时推进工会经费收缴改革，逐步形成权责清晰、财力协调、区域均衡的工会经费分配关系。各级工会要完善规范建会筹备金收缴管理规定，充分发挥建会筹备金推进工会组建作用。贯彻落实党中央、国务院支持实体经济发展的重大决策部署和全总的要求，实施对小微企业工会实行经费全额返还支持政策，助力小微企业工会发展。

二是强化主体责任意识，巩固委托代收工作机制。各级工会组织依据《工会法》收缴工会经费，充分发挥委托税务代收、财政划拨作为工会经费收缴方式的作用。各级工会要克服“一委托了之”的错误思想，落实主体责任，加强与税务、财政、国库等部门的沟通协调，及时处理新情况新问题。鼓励各级地方工会通过各种方式加强与代收部门的协作配合，进一步巩固完善委托代收工作机制，确保委托代收工作稳定推进。

三是采取切实措施，做实自主收缴工作。各级工会特别是基层工会要继续加强对《工会法》的宣传，既要宣传收缴工会经费的法律依据，又要宣传工会服务职工、服务企业的职责使命，为经费收缴营造良好氛围。加大对暂未实行委

托代收单位的摸底调查，建立工作台账，不断扩大经费收缴覆盖面。加强调查研究，研究完善独立管理经费的产业、系统工会收缴工会经费的体制机制。

四是大力推进工会经费收缴信息化建设。开发建设全会贯通的工会经费收缴管理信息系统，实现全国总工会与省级工会经费收缴信息实时互联互通，加强工会经费收缴数据分析，摸清全国工会经费收缴底数，及时准确掌握各级工会经费收缴情况。开展工会系统经费收入专用票据的电子票据改革工作，加强工会经费收入专用收据电子化管理。

（二）加强工会预算管理

各级工会组织要认真贯彻落实《工会预算管理办法》（总工办发〔2019〕26号），深化工会预算改革，加强预算管理，强化预算约束，推动建立全面规范透明、标准科学、约束有力的工会预算制度，全面实施预算绩效管理。一是深入推进全面预算管理，将全部收支纳入预算，各级工会加强本级总预算的审核汇总，逐级上报，形成全国工会总预算。二是统筹安排使用各类资金，按照《关于加强和改善结转结余资金使用管理的通知》（总工办发〔2019〕25号）要求，有效盘活结转结余资金存量，适度控制增量，合理运用结转结余资金作为收入来源之一。三是强化预算约束，坚持先预算后支出、无预算不开支，规范预算调整和预算调剂，强化预算执行。四是全面实施预算绩效管理，贯彻落实《中华全国总工会关于全面实施预算绩效管理的实施意见》（总工办发〔2019〕25号）要求，在县级以上工会建成全方位、全过程、全覆盖的预算绩效管理体系，实现预算和绩效管理一体化。五是推动工会预算管理改革创新，加强预算支出定额标准体系建设，探索实施支出项目全生命周期管理，开展预算管理一体化建设，推进工会预算管理信息化建设。

（三）加强工会决算管理

工会决算报告既是各级工会组织及所属事业单位年度终了预算执行情况的总结性文件，也是全国工会系统包括各级工会组织、工会所属事业单位、企业以及主管的协会、学会、基金会某一特定时期财务资产状况的真实反映。

全国总工会2018年底正式出台了《工会决算报告制度》。制度要求各单位按执行的会计制度分别填报各类型的决算报表，审核完成后上报。县级以上工会组织需汇总完成本级和下一级工会的决算报告，审核无误后上报上级工会。最终形成全国总工会总决算和地方各级工会决算。全国总工会财务部负责并对本级机关和本级所属执行政府会计制度的事业单位的决算报告进行审批，对本级所属的其他单位和对各省级工会的决算报告进行备案。县级以上工会财务管理部门对下级工会决算报告采取审批或备案方式进行管理。

各级工会组织，一要高度重视填报工作，完善工作协调机制，有序地推进工作开展。二要充分理解决算报告的意义，抓好数据质量，及时报送。三要针对基层工会决算覆盖面不足等薄弱环节，各级工会要加大决算填报的推进力度。四要各级工会对决算数据进行深入分析，充分发挥决算服务决策、促进管理的职能作用。

（四）加强工会经费收支管理

一是加强工会经费收入管理。县级以上工会要按照经费收缴管理的有关规定加强本地区、本行业和本系统的经费收缴管理。基层工会应按照《基层工会经费收支管理办法》（总工办发〔2017〕32号）加强对各项经费收入的管理：要按照会员工资收入和规定的比例按时收取会费；按照统计局公布的工资总额和所在省级工会规定的分成比例及时足额拨缴工会经费；对于存在财政划拨和委托税务代收的情况的，应加强与党政部门的沟通，足额落实经费；不得将与工会无关的经费以行政补助名义纳入账户管理。

二是加强工会经费支出管理。县级以上工会依据《县级以上工会支出管理暂行办法》（总工办发〔2021〕18号）制定本地区、本行业、本系统的实施细则，并据此加强对所属县级以上工会的经费支出管理。基层工会按照《基层工会经费收支管理办法》（总工办发〔2017〕32号）和所在地区、行业、系统的省级工会制定的实施细则的要求，加强对工会经费的支出管理。在经费使用的过程中，确保经费的独立性，认真落实各项开支实行工会委员会集体领导下的主席负责制，通过预算管理、严格审批程序、重大事项集体决策等程序，做好工会经费的使用工作。严格执行中央八项规定及其实施细则精神，严格执行党风廉政建设有关规定，严格执行工会经费“八不准”规定。

（五）强化工会组织的财务监督检查

各级工会组织要以《工会财务监督暂行办法》（总工办发〔2019〕20号）为依据，持续推进工会财务监督检查，努力健全完善各级工会财务监督体系。要按照《工会财务监督暂行办法》相关要求，制定出台省级工会财务监督办法，细化工会财务监督业务流程，完善财务监督配套制度。

省级工会应结合实际积极探索、先行先试，充分发掘工会财务管理人才，破解工会财务监督人员力量不足的问题。各级工会组织要创新财务监督方式，探索建立财务监督与巡视巡察、政府审计和内部审计、群众监督相统一的监督检查工作机制，积极推广“交叉互审”“上下联审”等行之有效的财务监督检查方式，指导下级工会做好财务监督检查工作。各级工会要强化日常监督检查，注重运用信息化手段，将《工会会计制度》落实作为日常监督的一项重要内容，加强对重大项目、大额资金、重点预算的实时动态监测，构建防范经济运行风险的长效机制。

第二章

工会会计基本理论

第一节　会计法规体系

会计法规是国家和地方立法机关以及中央、地方各级政府和行政部门制定颁布的管理会计工作的各种法律、法规、准则和制度等规范性文件的总称。它是以一定的会计理论为基础，根据国家的财经方针、政策，将会计工作所应遵循的各项原则和方法用法规的形式确定下来，保证会计工作按照一定的目标进行。

一、法规层次

我国会计法规体系按各法规之间的相互关系，可分为三个层次：

第一个层次是会计法律，即《会计法》。它是由全国人大常委会审议通过的，是我国会计工作的根本大法，是从事会计工作、制定其他会计法规的依据。

第二个层次是会计行政法规，它是由国务院制定发布或批准发布的有关会计工作的法律规范，如《总会计师条例》《企业财务会计报告条例》等。

第三个层次是部门规章和规范性文件，它是由主管全国会计工作的行政部门，即财政部就会计工作中的某些方面内容所制定或审核批准的规章和规范性文件，如《企业会计准则——基本准则》、各项企业具体会计准则、《工会会计制度》等。

二、会计法规分类

我国的会计法规按照内容可分为四类：

第一类是关于会计核算方面的法规，如会计准则、会计制度等；

第二类是关于会计监督方面的法规，如《内部控制基本规范》等；

第三类是关于会计机构和会计人员方面的法规，如《会计人员管理办法》《总会计师条例》等；

第四类是关于会计工作管理方面的法规，如《会计档案管理办法》《会计电算化管理办法》等。

三、会计法

《会计法》是我国会计法律制度中层次最高的法律规范，是制定其他会计法规的依据，也是指导会计工作的最高准则。新中国成立后的第一部《会计法》是 1985 年 1 月 21 日第六届全国人大常委会第九次会议审议通过的，并于同年 5 月 1 日起实施。为了适应改革开放和经济发展的要求，1993 年 12 月 29 日第八届全国人大常委会第五次会议通过了《关于修改〈会计法〉的决定》，对《会计法》做了第一次修订，自公布之日起施行。1999 年 10 月 31 日第九届全国人大常委会第十二次会议修订《会计法》，自 2000 年 7 月 1 日起实施。

由于会计工作的进一步发展，2014 年正式启动新一轮的《会计法》修订工作。中华人民共和国第十二届全国人民代表大会常务委员会第三十次会议于 2017 年 11 月 4 日审议通过了《全国人民代表大会常务委员会关于修改〈中华人民共和国会计法〉等十一部法律的决定》，以中华人民共和国主席令第八十一号公布，自 2017 年 11 月 5 日起施行。

四、会计制度

会计制度是进行会计工作所应遵循的规则、方法、程序的总称。《会计法》规定，国家实行统一的会计制度。国家统一的会计制度由国务院财政部门根据本法制定并公布。国务院有关部门可以依照本法和国家统一的会计制度制定对会计核算和会计监督有特殊要求的行业实施国家统一的会计制度的具体办法或者补充规定，报国务院财政部门审核批准。

《工会会计制度》是依据《会计法》《工会法》等法律法规制定的会计制度，适用于各级工会，包括基层工会和县级及以上工会，不包括工会所属的企事业单位和挂靠管理的社团组织。

第二节　工会会计概况

一、工会会计的管理体制和经费

（一）制度的适用范围

《工会会计制度》第二条规定，包括基层工会及县级以上工会等各级工会组织执行工会会计制度。工会所属的事业单位、工会所属企业及挂靠工会管理的社会团体不适用本制度。

按照《政府会计准则制度解释第2号》（财会〔2019〕24号）的规定，工会所属事业单位、工会所属企业及挂靠工会管理的社会团体分别执行政府会计制度、企业会计制度和民间非营利组织会计制度。根据《工会决算报告制度》工会系统所属事业单位、企业及挂靠管理的社会团体年度财务会计报告纳入《工会决算报告制度》统一管理。各级工会组织及其所属企事业单位暂不纳入同级政府合并财务报表合并范围，各级工会组织及其所属单位获得的同级财政补助，应按照财政部门年度预（决）算管理的要求另行编报。财政部另有特别规定的从其规定。

（二）工会财务管理体制

《工会法》第四十二条规定，工会经费使用的具体办法由中华全国总工会制定。《工会法》第四十四条规定，工会应当根据经费独立原则，建立预算、决算和经费审查监督制度。按照工会组织体制，实行“统一领导、分级管理”的工会财务管理体制。《工会会计制度》第十三条明确规定，各级工会的法定代表人应当对本级工会的会计工作以及会计资料的真实性、完整性负责。

（三）工会经费的来源和用途

工会核算的各项资金可以统称为“工会经费”。《工会法》第四十二条对工会经费的来源做出了明确规定：一是工会会员缴纳的会费；二是建立工会组织的企业、事业单位、机关按每月全部职工工资总额的百分之二向工会拨缴的经费；三是工会所属的企业、事业单位上缴的收入；四是人民政府的补助；五是其他收入。

《工会法》第四十二条对工会经费用途进行了规定，明确“工会经费主要用于为职工服务和工会活动”。

二、工会会计管理体系的原则和级次

（一）工会会计管理体系的原则

工会依法建立独立的会计核算管理体系，与工会预算管理体制相适应。县级以上工会应当设置会计机构，配备专职会计人员。基层工会应当根据会计业务的需要设置会计机构或者在有关机构中设置会计人员并指定会计主管人员；不具备设置条件的，应当委托经批准设立从事代理记账业务的中介机构代理记账，或者采取国务院财政部门认可的其他方式组织本单位的会计工作。

《中国工会章程》第三十九条规定，实行“统一领导、分级管理”的财务体制。因此，“统一领导、分级管理”是确定工会财务会计管理体制的原则。

“统一领导”是指全国总工会对全国各级工会的财务工作实行统一领导，通过制定统一的工会财务工作方针和政策、统一的财务制度和纪律，各级工会组织及其所属单位要严格执行各项规章制度，以保证工会组织的完整性和统一性。

“分级管理”是指在全国总工会统一制定的财会工作政策、制度、纪律制约下，对地方总工会和按产业系统管理经费的产业工会，确定财务管理层级、经费分成比例以及各层级工会财务管理的职责权限。

（二）工会会计核算管理的层级

工会会计核算管理层级是根据工会组织体制划分的工会会计核算管理的级次。《中国工会章程》第十一条规定：“中国工会实行产业和地方相结合的组织领导原则。”根据上述组织领导原则，全国工会财务管理层级实行的是五级经费管理单位。具体管理层级为：

1. 全国总工会为一级经费管理单位。

2. 省、自治区、直辖市总工会和按产业系统独立管理经费的全国性产业工会为二级经费管理单位，全国共 35 个。31 个为省级地方工会；3 个为按产业系统为主实行垂直管理的全国性产业工会，即中华全国铁路总工会、中国民航工会和中国金融工会；1 个为中央和国家机关工会联合会。

3. 地市（州、盟）级总工会或垂直管理经费的省级产业工会为三级经费管理单位。

4. 县（旗、市）级工会或垂直管理经费的地市级产业工会为四级经费管理单位。

5. 基层工会为五级经费管理单位。

三、工会会计的职能和对象

（一）工会会计职能

工会会计是核算、反映、监督工会预算执行和经济活动的专业会计。工会会计的职能是指工会会计固有的功能，它与工会组织的经济活动密切相关。工会会计的职能主要表现为以下两个方面。

1. 核算职能。

会计核算职能贯穿于经济活动的全过程，是会计最基本的职能，也称为反映职能。它是指会计通过确认、计量、记录、报告，从数量上反映各单位已经发生或完成的经济活动，为管理提供可靠的经济信息。同时，通过核算，对工会预算执行过程的预算收入、支出和资金活动连续地、全面地、系统地记录下来，提供真实预算信息，反映预算的执行结果。

2. 监督职能。

会计的监督职能也称为控制职能，是指对特定主体经济活动和相关会计核算的合法性、合理性进行审查，即指按照一定的标准和要求利用会计工作提供的信息对各单位的运营活动进行有效的指导、控制和调节，以达到预期的目的。工会会计监督就是按照工会预算收支计划，按照国家财经纪律的相关规定和工会有关文件、政策，对经济业务进行严格的审查、核对，以保证每一笔经济业务的合法性、合理性和有效性。对于违纪违规的财务收支行为，工会会计人员有权拒绝办理，从而达到用好、管好工会经费的目的。

（二）工会会计的对象

会计的对象是会计核算和监督的内容，即特定主体能够以货币表现的经济活动。从宏观上来说，会计对象是再生产过程中的资金运动；从微观上来说，会计对象是一个单位能够用货币表现的经济活动。工会会计核算的对象是与工会经费收支相关的工会组织的预算执行和经济活动。

第三节　会计的基本理论和要素

一、工会会计假设

会计假设是从事会计工作、研究会计问题的前提，是组织会计核算工作应当明确的前提条件，是建立会计原则的基础，也是进行会计实务的必要条件，所以又称为会计核算的基本前提，一般包括会计主体、持续经营、会计分期和货币计量。

在《工会会计制度》中对工会组织的会计假设进行了明确规定。第四条明确了工会会计的会计主体，认为工会应当对其自身发生的经济业务或者事项进行会计处理和报告。第五条明确了工会会计处理应当以工会的持续运行为前提。第六条明确了工会会计的会计分期，工会会计处理应当划分会计期间，分期结算账目和编制会计报表。会计期间至少分为年度和月度。会计年度、月度等会计期间的起讫日期采用公历日期。第七条明确了工会会计的货币计量，工会会计处理应当以货币计量，以人民币作为记账本位币。

二、工会会计核算基础

会计核算基础是指会计主体在确认和处理一定会计期间的收入和费用时选择的处理原则和标准。工会会计核算的基础有两种：权责发生制和收付实现制。

（一）权责发生制

权责发生制是以权利和责任的发生来决定收入和费用归属期的一项原则。指凡是在本期内已经收到和已经发生或应当负担的一切费用，无论其款项是否收到或付出，都作为本期的收入和费用处理；反之，凡不属于本期的收入和费用，即使款项在本期收到或付出，也不应作为本期的收入和费用处理。

（二）收付实现制

收付实现制亦称“收付实现基础”或“现收现付制”，是“权责发生制”的对称。在会计核算中，是以款项是否已经收到或付出作为计算标准，来确定本期收益和费用的一种方法。凡在本期内实际收到或付出的一切款项，无论其发生时间早晚或是否应该由本期承担，均作为本期的收益和费用处理。采用这种方法，优点是期末无需对本期的收益和费用进行调整，核算手续比较简单，但不能正确地反映各期的成本和盈亏情况。

《工会会计制度》第三条规定工会的会计核算管理体系与工会预算管理体制相适应；第八条规定工会会计处理一般采用收付实现制，部分经济业务或者事项应当按照本制度的规定采用权责发生制。

三、工会会计信息质量要求

《工会会计制度》的修订目的之一就是提升工会会计信息质量。工会会计信息应该满足其所有信息使用者的需求。根据《工会会计制度》规定，工会会计信息质量要求主要有相关性、客观性、明晰性、可比性、重要性和及时性等方面。

（一）相关性

《工会会计制度》第十六条规定，工会提供的会计信息应当符合工会管理工作的要求，满足会计信息使用者的需要，满足本级工会加强财务管理的需要。

（二）客观性

《工会会计制度》第十七条规定，工会应当以实际发生的经济业务或者事项为依据进行会计处理，如实反映工会财务状况和收支情况等信息，保证会计信息真实可靠、内容完整。

（三）明晰性

明晰性原则要求会计核算与会计报告必须按照制度的统一要求进行，做到内容一致、格式统一、程序规范。《工会会计制度》第十八条规定，工会提供的会计信息应当清晰明了，便于理解和使用。

（四）可比性

《工会会计制度》第十九条规定，工会会计处理应当采用规定的会计政策，前后各期一致，不得随意变更，以确保会计信息口径一致，相互可比。

（五）重要性

《工会会计制度》第二十条规定，工会会计处理应当遵循重要性原则。对于重要的经济业务或者事项，应当单独反映。

（六）及时性

《工会会计制度》第二十一条规定，工会应当对已经发生的经济业务或者事项及时进行会计处理和报告，不得提前或者延后。

（七）专款专用原则

《工会会计制度》第二十二条规定，工会应当对指定用途的资金按规定的用途专款专用，并单独反映。

四、会计政策调整

（一）调整事项

会计政策，是指工会在会计核算时所遵循的特定原则、基础以及所采用的具体会计处理方法。

会计估计，是指工会对结果不确定的经济业务或者事项以最近可利用的信息为基础所作的判断，如固定资产、无形资产的预计使用年限等。

会计差错，是指工会在会计核算时，在确认、计量、记录、报告等方面出现的错误，通常包括计算或记录错误、应用会计政策错误、疏忽或曲解事实产生的错误、财务舞弊等。

工会在发生上述会计政策变更、会计估计变更和会计差错更正时，需要进行调整。

（二）调整方法

会计政策变更等事项的调整方法有两种，即追溯调整法和未来适用法。《工会会计制度》第二十三条明确规定，除本制度另有规定外，一般采用未来适用法进行会计处理。

追溯调整法，是指对某项交易或事项变更会计政策，视同该项交易或事项初次发生时即采用变更后的会计政策，并以此对财务报表相关项目进行调整的方法。

未来适用法，是指将变更后的会计政策应用于变更当期及以后各期发生的经济业务或者事项，或者在会计估计变更当期和未来期间确认会计估计变更的影响的方法。

五、工会会计要素

会计要素是对会计对象进行的基本分类，是会计核算对象的具体化，也是组成会计报表的基本单位。资产、负债、净资产是资产负债表的构成要素，反映工会组织一定时点的财务状况；收入和支出也是收入支出表的构成要素，反映工会组织一定期间的财务状况。《工会会计制度》规定，工会会计要素包括：资产、负债、净资产、收入和支出五个要素。其平衡公式为：资产 = 负债 + 净资产。

（一）资产

资产是工会过去的经济业务或者事项形成的，由工会控制的，预期能够产生服务潜力或者带来经济利益流入的经济资源。工会的资产按照流动性划分，可以分为流动资产和非流动资产。

流动资产是指预计在一年内变现或者耗用的资产，主要包括货币资金、应收款项和库存物品等。货币资金包括库存现金、银行存款等。应收款项包括应收上级经费、应收下级经费和其他应收款等。应收上级经费是本级工会应收未收的上级工会应拨付（或转拨）的工会拨缴经费和补助。应收下级经费是县级以上工会应收未收的下级工会应上缴的工会拨缴经费。其他应收款是工会除应收上下级经费和补助以外的其他应收及暂付款项。库存物品指工会取得的将在日常活动中耗用的材料、物品及达不到固定资产标准的工具、器具等。

非流动资产是指除流动资产以外的资产，主要包括在建工程、固定资产、无形资产、投资和长期待摊费用等。在建工程是工会已经发生必要支出，但尚未交付使用的建设项目工程。固定资产是指工会使用年限超过 1 年，单位价值在规定标准以上，并在使用过程中基本保持原有物质形态的资产，一般包括：房屋及构筑物；专用设备；通用设备；文物和陈列品；图书、档案；家具、用具、装具及动植物。无形资产是指工会控制的没有实物形态的可辨认非货币性资产，包括专利权、商标权、著作权、土地使用权、非专利技术等。投资是指工会按照国家有关法律、行政法规和工会的相关规定，以货币资金、实物资产等方式向其他单位的投资。长期待摊费用是工会已经支出，但应由本期和以后各期负担的分摊期限在 1 年以上的各项支出。

（二）负债

负债是指工会过去的经济业务或者事项形成的，预期会导致经济资源流出的现时义务。工会的负债包括应付职工薪酬、应付款项等。应付款项包括应付上级经费、应付下级经费和其他应付款。

应付职工薪酬是工会按照国家有关规定应付给本单位职工及为职工支付的各种薪酬，包括基本工资、国家统一规定的津贴补贴、规范津贴补贴（绩效工资）、改革性补贴、社会保险费（如职工基本养老保险费、职业年金、基本医疗保险费等）和住房公积金等。

应付上级经费指本级工会按规定应上缴上级工会的工会拨缴经费。

应付下级经费指本级工会应付下级工会的各项补助以及应转拨下级工会的工会拨缴经费。

其他应付款指除应付上下级经费之外的其他应付及暂存款项，包括工会按规定收取的下级工会筹建单位缴来的建会筹备金等。

（三）净资产

净资产是指工会的资产减去负债后的余额，包括资产基金、专用基金、工会资金结转、工会资金结余、财政拨款结转、财政拨款结余和预算稳定调节基金。

资产基金是指工会库存物品、固定资产、无形资产、在建工程、投资和长期待摊费用等非货币性资产在净资产中占用的金额。

专用基金是指县级以上工会按规定依法提取和使用的有专门用途的基金。

工会资金结转是指工会预算安排项目的支出年终尚未执行完毕或者因故未执行，且下年需要按原用途继续使用的工会资金。

工会资金结余是指工会年度预算执行终了，预算收入实际完成数扣除预算支出和工会结转资金后剩余的工会资金。

财政拨款结转是指县级以上工会预算安排项目的支出年终尚未执行完毕或者因故未执行，且下年需要按原用途继续使用的财政拨款资金。

财政拨款结余是指县级以上工会年度预算执行终了，预算收入实际完成数扣除预算支出和财政拨款结转资金后剩余的财政拨款资金。

预算稳定调节基金是指县级以上工会为平衡年度预算按规定设置的储备性资金。

（四）收入

收入是指工会根据工会法以及有关政策规定开展业务活动所取得的非偿还性资金。收入按照来源分为会费收入、拨缴经费收入、上级补助收入、政府补助收入、行政补助收入、附属单位上缴收入、投资收益和其他收入。

会费收入指工会会员依照规定向基层工会缴纳的会费。

拨缴经费收入指基层单位行政拨缴、下级工会按规定上缴及上级工会按规定转拨的工会拨缴经费中归属于本级工会的经费。

上级补助收入指本级工会收到的上级工会补助的款项，包括一般性转移支付补助和专项转移支付补助。

政府补助收入指各级人民政府按照《工会法》和国家有关规定给予县级以上工会的补助款项。

行政补助收入指基层工会取得的所在单位行政方面按照《工会法》和国家有关规定给予工会的补助款项。

附属单位上缴收入指工会所属的企事业单位按规定上缴的收入。

投资收益指工会对外投资发生的损溢。

其他收入指工会除会费收入、拨缴经费收入、上级补助收入、政府补助收入、行政补助收入、附属单位上缴收入和投资收益之外的各项收入。

（五）支出

支出是指工会为开展各项工作和活动所发生的各项资金耗费和损失。支出按照功能分为职工活动支出、职工活动组织支出、职工服务支出、维权支出、业务支出、行政支出、资本性支出、补助下级支出、对附属单位的支出和其他支出。

职工活动支出指基层工会开展职工教育活动、文体活动、宣传活动、劳模疗休养活动、会员活动等发生的支出。

职工活动组织支出指县级以上工会组织开展职工教育活动、文体活动、宣传活动和劳模疗休养活动等发生的支出。

职工服务支出指工会开展职工劳动和技能竞赛活动、职工创新活动、建家活动、职工书屋、职工互助保障、心理咨询等工作发生的支出。

维权支出指工会用于维护职工权益的支出，包括劳动关系协调、劳动保护、法律援助、困难职工帮扶、送温暖和其他维权支出。

业务支出指工会培训工会干部、加强自身建设及开展业务工作发生的各项支出。

行政支出指县级以上工会为行政管理、后勤保障等发生的各项日常支出。

资本性支出指工会从事建设工程、设备工具购置、大型修缮和信息网络购建等发生的实际支出。

补助下级支出指县级以上工会为解决下级工会经费不足或根据有关规定给予下级工会的各类补助款项。

对附属单位的支出指工会按规定对所属企事业单位的补助。

其他支出指工会除职工活动支出、职工活动组织支出、职工服务支出、维权支出、业务支出、行政支出、资本性支出、补助下级支出和对附属单位的支出以外的各项支出。

六、工会会计记账方法

《工会会计制度》第十条和第十一条规定，工会会计处理应当采用“借贷记账法”记账，会计记录的文字应当用中文，在民族自治地方，会计记录可以同时使用当地通用的一种民族文字。

（一）借贷记账法

借贷记账法是以“借”和“贷”作为记账符号，记录因经济业务发生而引起的会计要素增减变动情况的一种复式记账方法。

借贷记账法以“借”和“贷”作为记账符号，表示不同经济业务的增减变动情况，具体的含义取决于账户的不同属性。

借贷记账法是复式记账法，故其账户的基本结构也分为左右两方：左方为借方，右方为贷方。借方记录资产、支出的增加，负债、净资产的减少及收入的结转；贷方记录资产的减少、支出的结转，负债、净资产及收入的增加。

一般而言，余额出现在借方的账户属于资产类账户；余额出现在贷方的账户属于负债类、净资产类账户。收入类账户和支出类账户结转后无余额。借贷记账法各类账户的结构见表 2–1。

表 2–1　　借贷记账法各类账户的结构表

借方	贷方	年末余额
资产增加	资产减少	借方
负债减少	负债增加	贷方
净资产减少	净资产增加	贷方
收入结转	收入增加	无
支出增加	支出结转	无

（二）借贷记账法的记账规则

借贷记账法建立在复式记账法原理的基础上，借贷记账法的基本记账规则是

“有借必有贷，借贷必相等”。基本记账规则如下：

对于每一笔经济业务都要在两个或两个以上相互联系的账户中进行登记，在一个账户中记借方，必须同时在一个或几个账户中记贷方；或者在一个账户中记贷方，在另一个或几个账户中记借方。

以相等的金额同时记入借方账户与贷方账户。以相等的金额登记反映因经济业务的发生而引起各项目变动，保持会计等式两端要素间的平衡关系。

采用借贷记账法，一般根据业务情况一借一贷的会计分录，业务较为复杂的可以采用复合会计分录，即一借多贷或多借一贷。一般不允许多借多贷。

（三）借贷记账法的试算平衡

试算平衡，就是根据“资产 + 支出 = 负债 + 净资产 + 收入”的平衡关系，按照“有借必有贷，借贷必相等”的记账规则要求，通过汇总计算和比较，来检查账户记录的正确性和完整性。

经济业务发生后，按照借贷记账法的记账规则来记账，每一笔经济业务的借贷发生额相等，工会在一定时期内所发生的全部经济业务的借贷双方合计数也相等。

1. 试算平衡公式。

采用借贷记账法可以按照下列公式试算平衡：

会计分录借方账户金额 = 会计分录贷方账户金额

全部账户本期借方发生额合计 = 全部账户本期贷方发生额合计

全部账户借方余额合计 = 全部账户贷方余额合计

2. 试算平衡表。

试算平衡表公式的运用事实上也是严格按借贷记账法的记账规则来进行账务处理的。在会计实务中，通常在会计期末用试算平衡的方式进行本期发生额及期末余额的试算平衡。常用的试算平衡表有三种：总分类账本期发生额试算平衡表、总分类账期末余额试算平衡表和总分类账本期发生额及期末余额试算平衡表。

第四节　工会会计核算的科目

一、会计科目的概念和意义

会计科目是对会计要素按照经济内容和运营管理要求进行分类核算的项目，

是对会计核算对象的具体内容所作的科学分类，也是经济业务的分类名称，即按照每一会计要素，把性质相同的内容归纳在一起，分别确定一个既能反映本质又简单明了的名称。

通过设置会计科目，把资金的运动情况分门别类地登记在账簿上，可以全面反映和监督各项会计要素的详细情况，为管理者提供一系列分类的经济指标。会计科目是组织会计核算的一项重要工作，是填制会计凭证和设置会计账户的依据，是编制会计报表的基础。

二、会计科目的分类

（一）按照会计要素进行分类

工会组织的会计科目对应工会会计要素可以划分为五类，即资产类、负债类、净资产类、收入类和支出类。

资产类科目是用以核算和监督各种资产增减变动的会计科目，主要有“库存现金”“银行存款”“应收上级经费”“应收下级经费”“其他应收款”“库存物品”“投资”“在建工程”“固定资产”及其备抵科目“累计折旧”“无形资产”及其备抵科目“累计摊销”“长期待摊费用”“待处理财产损溢”等。

负债类科目是用以核算和监督各种债务增减变动的会计科目，主要有“应付职工薪酬”“应付上级经费”“应付下级经费”“其他应付款”等。

净资产类科目是用以核算和监督各种净资产增减变动的会计科目，主要有“资产基金”“专用基金”“工会资金结转”“工会资金结余”“财政资金结转”“财政资金结余”和“预算稳定调节基金”等。

收入类科目是用以核算和监督工会运作过程中的收入状况的会计科目，主要有“会费收入”“拨缴经费收入”“上级补助收入”“政府补助收入”“行政补助收入”“附属单位上缴收入”“投资收益”和“动用预算稳定调节基金”等。

支出类科目用于核算和监督各种支出状况并计算确定损溢的“职工活动支出”“职工活动组织支出”“维权支出”“业务支出”“行政支出”“资本性支出”“补助下级支出”“对附属单位的支出”和“安排预算稳定调节基金”等。

（二）按照科目级次进行分类

会计科目按其提供核算指标的详细程度，可分为一级科目和明细科目。为便于编制会计凭证、登记账簿、查阅账目、实行会计信息化管理，《工会会计制度》统一规定了工会会计科目的名称和编号。对于已规定的一级科目和明细科目，各级工会不得减并、自行增设、擅自更改科目名称，不需要的科目可以不用。各省级工会可以根据需要自行增设未规定的明细科目，或将相应权限授权给所属下级工会。

根据《工会会计制度》规定，基层工会组织至少应设置24个会计科目，县级以上工会组织共设置45个一级科目。县级以上工会组织的45个一级科目包括资产类16个、负债类5个、净资产类7个、收入类7个、支出类10个。

工会在运行过程中发生外币业务时，单独设置外币账户的，可以根据制度规定进行外币核算。未设置外币账户的，换算为人民币进行核算。

（三）科目的使用

每个科目都能提供期初余额、本期发生额和期末余额三个指标。不同类别的会计科目的借贷方核算的内容是有区别的。

资产类科目：借方登记增加数，贷方登记减少数，一般资产类科目期末有借方余额，资产类科目期末余额 = 期初余额 + 本期借方发生额 – 本期贷方发生额。

负债类科目：借方登记减少数，贷方登记增加数，一般负债类科目期末有贷方余额，负债类科目的期末余额 = 期初余额 + 本期贷方发生额 – 本期借方发生额。

净资产类科目：借方登记减少数，贷方登记增加数，净资产类期末为贷方余额，净资产类科目的期末余额 = 期初余额 + 本期贷方余额。

收入类科目：借方登记减少数，贷方登记增加数，期末结转后收入类科目无余额。

支出类科目：借方登记增加数，贷方登记减少数，期末结转后支出类科目无余额。

第五节　工会会计核算程序

一、会计核算的程序

会计核算程序是指从填制和审核原始凭证、记账凭证，登记各种账簿到编制会计报表的全过程。

程序是做好会计工作的一个重要前提，它对于确保有条不紊地进行会计信息处理工作，提高会计工作的质量和效率，正确、及时地编制会计报表等，都起着非常重要的作用。工会一般采用记账凭证账务处理程序或科目汇总表账务处理程序。

（一）记账凭证账务处理程序

记账凭证账务处理程序是指对发生的经济业务，都要以原始凭证或原始凭证汇总表为依据编制记账凭证，根据记账凭证直接登记总分类账的一种账务处理程序。

记账凭证账务处理程序是会计核算中一种最基本的账务处理程序，其基本特征是直接根据记账凭证逐笔登记总分类账。其记账凭证可以采用收款凭证、付款凭证和转账凭证三种，也可以采用单一的通用记账凭证。设置的账簿主要有现金日记账、银行存款日记账、总分类账和明细分类账。

记账凭证账务处理程序适合手工账核算，它的具体步骤是：

1. 会计人员根据原始凭证填制记账凭证。

2. 出纳员根据记账凭证或原始凭证登记现金、银行存款日记账。

3. 根据记账凭证和原始凭证登记各种明细账。

4. 根据记账凭证逐笔登记总账。

5. 总账与日记账、明细账定期核对。

6. 根据总账和有关明细账编制会计报表。

记账凭证账务处理程序见图 2–1。

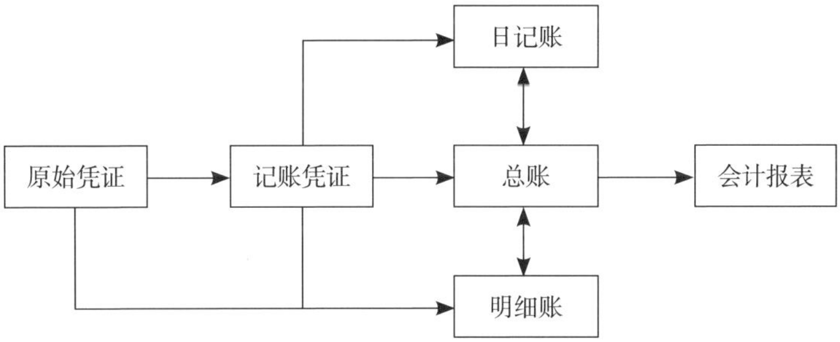

图 2–1　记账凭证账务处理程序

（二）科目汇总表账务处理程序

科目汇总表账务处理程序是指对发生的经济业务，在以原始凭证或原始凭证汇总表编制记账凭证之后，根据记账凭证定期编制科目汇总表，然后再根据科目汇总表登记总账，并据以编制会计报表的一种账务处理程序。科目汇总表账务处理程序的主要特点是首先将记账凭证按照相同的会计科目归类汇总，编制科目汇总表，其次根据科目汇总表登记总分类账。

科目汇总表是一种汇总的记账凭证，它将汇总一定期间内（例如每十天或半个月）的全部记账凭证，按照相同科目归类汇总。在科目汇总表上，每一会计科目的借方发生额和贷方发生额只反映汇总后的合计数。

科目汇总表账务处理程序的具体步骤是：

1. 会计人员根据原始凭证填制记账凭证。

2. 出纳员根据记账凭证或原始凭证登记现金、银行存款日记账。

3. 根据记账凭证或原始凭证登记明细账。

4. 根据记账凭证定期编制科目汇总表。

5. 根据科目汇总表登记总账。

6. 期末，总账余额与日记账、明细账的余额核对相符。

7. 期末，根据总账与有关明细账编制会计报表。

科目汇总表账务处理程序见图 2–2。

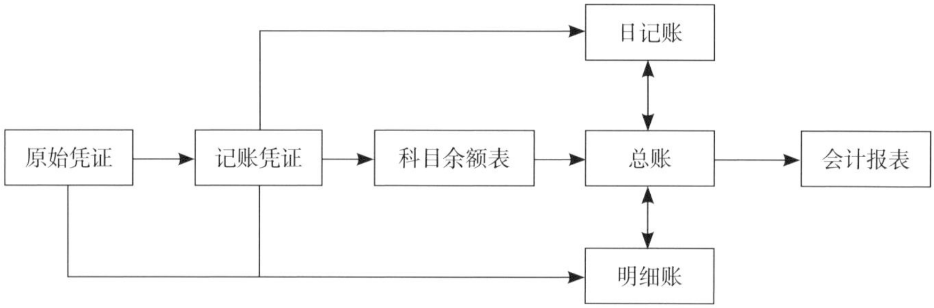

图 2–2　科目汇总表账务处理程序

以上两种方法是属于会计核算的基础理论方法，在手工核算的前提下差别较大。采用科目汇总表账务处理时，优点是可以简化总分类账的登记工作、减轻登记总分类账的工作量，还可以起到试算平衡的作用、减少记账差错。但是在这种程序下，记账凭证经过汇总后，不能明确反映账户的对应关系；不便于分析检查经济业务的来龙去脉；不便于查对账目。这种账务处理程序一般适用于经济业务量比较多的单位。

在会计工作信息化的前提下，上述两种方法没有明确区分。在财务人员完成凭证登记后，会计信息化系统会自动完成凭证到科目的汇总以及凭证到账簿的汇总和登记。财务人员需要根据自动登记后的会计账簿编制会计报表。

二、编制会计凭证

（一）会计凭证的种类

会计凭证是记载经济业务发生，明确经济责任的书面文件，是记账的依据。工会每发生一项经济业务，都需要取得原始凭证，并据此编制记账凭证。通过会计凭证的填制和审核，可以保证会计核算资料的真实性、可靠性、合理性，监督各项经济业务是否遵循相关法规、制度和纪律，发挥会计的监督作用。会计凭证按填制程序和用途分为原始凭证和记账凭证。

1. 原始凭证。原始凭证是在经济业务发生或完成时取得的书面证明，是记录证明经济业务已经发生或完成的原始凭证，是明确经济责任和记账凭证的原始资料。

（1）原始凭证的种类。原始凭证按其取得的来源不同，可分为自制原始凭证和外来原始凭证。

自制原始凭证，是由工会组织内经办业务的部门和人员在办理经济业务时所填制的凭证，如工资单、借款单、差旅费报销单等。

外来原始凭证，是经济业务发生时，从外部单位或个人取得的原始凭证，如发票、机票等。

（2）原始凭证的内容。所有的原始凭证都必须具备以下基本内容：凭证的名称；填制凭证的日期；填制凭证单位名称或者填制人姓名；经办人员的签名或者盖章；接收凭证单位名称；经济业务内容；数量、单价和金额。

（3）原始凭证的注意事项。各级工会财务在核对原始凭证时除上述凭证要件要具备外，还应该注意以下几项：凡填有大写和小写金额的原始凭证，大写与小写金额必须相符；一式几联的原始凭证，应当注明各联的用途，只能以一联作为报销凭证；经上级有关部门批准的经济业务，应当将批准文件作为原始凭证附件，如果批准文件需要单独归档的，应当在凭证上注明批准机关名称、日期和文件字号；原始凭证不得涂改、挖补。发现原始凭证有错误的，应当由开出单位重开或者更正，更正处应当加盖开出单位的公章。

2. 记账凭证。记账凭证是会计人员根据审核无误的原始凭证进行归类、整理、记载经济业务，确定会计分录，据以登记账簿的一种会计凭证。

（1）记账凭证的种类。记账凭证一般可分为收款凭证、付款凭证、转账凭证三种。对于经济业务不多的单位，可以不区分收款凭证、付款凭证、转账凭证，而只用一种通用的记账凭证来记录各种经济业务。

（2）记账凭证的内容。记账凭证应具备以下基本内容：填制凭证的日期；凭证编号；经济业务摘要；会计科目；金额；所附原始凭证张数；填制凭证人员、稽核人员、记账人员、会计机构负责人、会计主管人员签名或者盖章。收款和付款记账凭证还应当由出纳人员签名或者盖章。

（二）会计凭证的编制和审核

1. 会计凭证填写总体要求。

会计凭证、会计账簿、会计报表和其他会计资料的内容与要求必须符合国家统一会计制度的规定，不得伪造、变造会计凭证和会计账簿，不得设置账外账，不得报送虚假会计报表。

各级工会组织在编制会计凭证、登记会计账簿时，应当遵守《工会会计制度》的要求，并符合《会计法》《会计基础工作规范》和《会计档案管理办法》等的规定。应当填列会计科目的名称或者同时填列会计科目的名称和编号，不得只填列会计科目、编号不填列会计科目名称。

2. 会计凭证填写的具体要求。

填制会计凭证，字迹必须清晰、工整，并符合下列要求：

（1）阿拉伯数字应当一个一个地写，不得连笔写。阿拉伯金额数字前面应当书写货币币种符号或者货币名称简写和币种符号。币种符号与阿拉伯金额数字之间不得留有空白。凡阿拉伯数字前写有币种符号的，数字后面不再写货币单位。

（2）所有以元为单位（其他货币种类为货币基本单位，下同）的阿拉伯数字，除表示单价等情况外，一律填写到角分；无角分的，角位和分位可写“00”，或者符号“——”；有角无分的，分位应当写“0”，不得用符号“——”代替。

（3）汉字大写数字金额如零、壹、贰、叁、肆、伍、陆、柒、捌、玖、拾、佰、仟、万、亿等，一律用正楷或者行书体书写，不得用0、一、二、三、四、五、六、七、八、九、十等简化字代替，不得任意自造简化字。大写金额数字到元或者角为止的，在“元”或者“角”字之后应当写“整”字或者“正”字；大写金额数字有分的，分字后面不写“整”或者“正”字。

（4）大写金额数字前未印有货币名称的，应当加填货币名称，货币名称与金额数字之间不得留有空白。

（5）阿拉伯金额数字中间有“0”时，汉字大写金额要写“零”字；阿拉伯数字金额中间连续有几个“0”时，汉字大写金额中可以只写一个“零”字；阿拉伯金额数字元位是“0”，或者数字中间连续有几个“0”、元位也是“0”但角位不是“0”时，汉字大写金额可以只写一个“零”字，也可以不写“零”字。

（三）凭证的填制和审核

1. 原始凭证的填制方法和要求。

（1）符合实际情况。凭证填制的内容、数字等，必须根据实际情况填列，确保原始凭证所反映的经济业务真实可靠，符合实际情况，从外单位取得原始凭证如有遗失，应取得原签发单位盖有公章的证明，并注明原来凭证的号码、金额和内容等。由经办单位负责人批准后，才能代作原始凭证。如果确定不能取得证明的，由当事人写出详细情况，单位负责人批准后，代作原始凭证。

（2）明确经济责任。自制原始凭证，必须有经办单位负责人或经办人签名或盖章；对外开出的原始凭证，必须加盖本单位的公章；从外单位取得的原始凭证，必须盖有填制单位公章；从个人取得的原始凭证，必须有填制人的签名或盖章。

（3）填写内容齐全。原始凭证的各项内容必须详尽地填写，不得遗漏，而且凭证填写的手续必须完备，符合内部牵制制度。购买实物的原始凭证，必须有验收证明；支付款项的原始凭证，必须有收款单位和收款人的收款证明。一式几联的发票和收据，必须用双面复写纸套写（发票和收据本身具备复写纸功能的除外），并且连续编号；作废时加盖“作废”戳记，连同存根一起保存，不得撕毁；退款时，必须取得对方的收款收据或汇款单，不得以退货发票代替收据；公出借款的凭据，必须附在记账凭证上；收回借款时，应当另开收据或者退回借据副本，不得退还原借据。

2. 原始凭证的审核。

原始凭证的审查和核对，是实行会计监督的重要一环，必须从严控制。只有经过严格审查并符合规定要求的原始凭证，才能作为编制记账凭证和登记明细账的依据。原始凭证主要从以下两个方面进行审核：

从政策、法令、制度方面审核凭证的合法性、真实性。包括：原始凭证的内容是否符合国家财经制度和有关经济合同的要求；凭证日期、业务内容、金额、凭证来源、凭证本身是否真实等。对于伪造、涂改、经济业务不合法的凭证，应拒绝受理，并及时报告领导处理。

从业务技术方面审核凭证填制的完整性、准确性。包括：原始凭证的基本内容是否逐项填写；经济活动内容的说明是否明确；数字计算是否准确；大小写金额是否一致；有关人员是否签章；有无刮擦挖补涂改现象。如果发现不完整、不准确、不符合规定的凭证，应退回补填或更正。

3. 记账凭证的填制方法和要求。

填制记账凭证，要求由会计人员将各项记账凭证要素按规定方法填写齐全，便于账簿登记。各种记账凭证除严格按原始凭证的填制要求填制外，还应注意以下填制要求：

（1）凭证摘要简明。记账凭证的摘要栏要用简练明确的语句概括经济业务内容的要点，这主要是为了便于查阅凭证和登记账簿。

（2）业务记录明确。记账凭证可以根据每一张原始凭证填制，或者根据若干张同类的原始凭证汇总填列，也可以根据原始凭证汇总表填制。但不得将不同内容和类别的经济业务的原始凭证汇总填制在一张记账凭证上。以自制的原始凭证或原始凭证汇总表代替记账凭证的，必须具备记账凭证应有的项目。

（3）科目运用准确。必须按规定的会计科目及其核算内容，正确编制会计分录，确保科目的准确运用。

（4）附件数量完整。除结账和更正错账的记账凭证可以不附原始凭证外，其他记账凭证都必须附有原始凭证。如果一张原始凭证涉及几张记账凭证，可以把原始凭证附在一张主要的记账凭证后面，并在其他记账凭证上注明附有该原始凭证的记账凭证的编号或者附原始凭证复印件；一张原始凭证所列支出需要几个单位共同负担的，应当将其他单位负担的部分列出，并给对方原始凭证分割单进行结算；原始凭证分割单必须具备原始凭证的基本内容以及支出分摊情况等。

（5）填写内容齐全。记账凭证中的各项内容必须填写齐全，并按规定程序办理签章手续，不得简化，实行会计电算化的单位，对于机制记账凭证，要认真审核，做到会计科目使用正确、数字准确无误；打印出的机制记账凭证要加盖制单人员、审核人员、记账人员及会计机构负责人、会计主管人员印章或者签名。

（6）凭证顺序编号。填制记账凭证时，应当对记账凭证按会计事项处理的先后顺序进行连续编号。一笔经济业务需要填制两张以上记账凭证的，可以采用分数编号法编号。

（7）填写格式规范。如果在填制记账凭证时发生错误，应当重新填制；已经登记入账的记账凭证，在当年内发现填写错误时，可以用红字填写一张与原内容相同的记账凭证，在摘要栏注明“注销某月某日某号凭证”；如果会计科目没有错误，只是金额错误，也可以将正确数字与错误数字之间的差额，另编制一张调整的记账凭证，调增金额用蓝字，调减金额用红字；发现以前年度记账凭证有错误的，应当用蓝字填制一张更正的记账凭证；记账凭证填制完经济业务事项后，如有空行，应当自金额栏最后一笔金额数字的空行处至合计数上的空行处画线注销。

4. 记账凭证的审核。

只有经过审核确认无误的记账凭证，才能作为登记账簿的根据，可以从以下两个方面对记账凭证进行审核：

（1）从政策、法令、制度方面审核其合法性、真实性。记账凭证记录的内容是否和所附凭证相符，所列会计分录是否符合制度规定，对于不符合制度规定的记账凭证应及时纠正。

（2）从业务技术方面审核其完整性、准确性。包括：内容是否填写齐全；手续是否齐备；账户使用是否正确；对应账户的金额是否平衡；所附附件张数是否相符；有关人员是否签章。如发现错误，应查明原因，加以更正。

（四）会计凭证的传递

会计凭证的传递，是指从经济业务发生，取得原始凭证开始，直到会计凭证归档保管为止的传递程序。会计凭证能否及时传递并进行处理，直接关系到会计核算工作的正确、及时。各级工会的会计凭证的传递程序应当科学、合理，具体办法由各单位根据会计业务需要自行规定。

三、登记会计账簿

（一）会计账簿的作用

账簿是由具有专门格式并相互联系的若干账页所组成的，以会计凭证为依据，用来连续、系统、全面、完整地登记工会各项经济业务的簿记。设置和登记账簿作为会计核算的一项重要内容，在经济管理中具有重要作用。账簿的主要作用是：

1. 账簿是连续、系统、全面、完整地登记各项经济业务的工具。通过设置和登记账簿，能把会计凭证所提供的大量分散的核算资料，按照一定的程序，分门别类地登记到各个账户中去，以便取得完整的核算资料。

2. 账簿资料是编制会计报表的主要依据。通过设置和登记账簿，可以为运营管理提供比较系统、完整的会计核算资料；账簿中总分类核算和明细分类核算的资料，是编制会计报表的主要依据。

3. 账簿资料是检查、分析经济活动的依据。通过账簿的设置与登记可以确定收入及支出的形成，提供收入与支出形成的详细内容，为工会进行相关决策提供依据，还可以检查、分析经济活动，考核收入和支出的执行情况。

（二）会计账簿的种类

账簿一般可以分为总账、明细账、日记账和其他辅助账簿。

1. 总账。总账也叫总分类账，是根据总分类科目开设，用于记录全部经济业务总括核算资料的分类账簿。总账一般采用“借方”“贷方”“余额”三栏式账页。

2. 明细账。明细账也叫明细分类账，是根据总账科目所属的明细科目设置，用于记录某一经济业务明细核算资料的分类账。明细账能提供比较详细的核算资料，是对总账的补充。明细分类账的格式可分为三栏式、数量金额式和多栏式三种。

3. 日记账。日记账又称序时账簿，是对各项经济业务按其发生时间的先后顺序，逐日逐笔连续进行登记的账簿。主要包括现金日记账和银行存款日记账两种，这两种日记账均由出纳员负责登记，每天结出余额。日记账也称为特种明细账，采用订本式账簿。

4. 其他辅助账簿。辅助账簿又称备查账簿，是对某些不能在日记账和分类账中记录的经济事项或记录不全的经济业务进行补充登记的账簿。辅助账簿主要是为某些经济业务的管理决策提供必要的登记簿等。辅助账簿没有固定的格式，其格式可由各单位根据管理的需要及不同经济业务情况自行设置，也可以使用分类账的账页格式。备查账簿的登记依据可以没有原始凭证和记账凭证。

（三）记账的基本规则

1. 启用账簿的规则。为了规范管理和明确记账责任，启用新账簿时，应当在账簿封面写明单位名称和账簿名称。在账簿扉页上应当附启用表，内容包括：启用日期、账簿页数（活页账应在装订成册后填明页数）、记账人员、会计机构负责人和主管会计人员签章并加盖公章。记账人员或者会计机构负责人和会计主管人员变动时，应注明交接日期和接办人员姓名或监督交接人员的姓名，并由交接人双方签名或盖章。启用订本式账簿，应当从第一页到最后一页顺序编定页数，不得跳页、缺号。使用活页式账页，应当按账户顺序编号，并须定期装订成册。装订后再按实际使用的账页顺序编定页码。另加目录，记明每个账户的名称和页次。

2. 登记账簿的规则。

（1）登记会计账簿时，应当将会计凭证日期、编号、业务内容摘要、金额和其他有关资料逐项记入账内，做到数字准确、摘要清楚、登记及时、字迹工整。

（2）登记完毕后，要在记账凭证上签名或者盖章，并注明已经登账的符号，表示已经记账。

（3）账簿中书写的文字和数字上面要留有适当空格，不要写满格；一般应占格距的二分之一。

（4）登记账簿要用蓝黑墨水或者碳素墨水书写，不得使用圆珠笔（银行的复写账簿除外）或者铅笔书写。

（5）下列情况，可以用红色墨水记账：按照红字冲账的记账凭证，冲销错误记录；在不设借贷等栏的多栏式账页中，登记减少数；在三栏式账户的余额栏前，如未印明余额方向的，在余额栏内登记负数余额；根据国家统一会计制度的规定可以用红字登记的其他会计记录。

（6）各种账簿按页次顺序连续登记，不得跳行、隔页。如果发生跳行、隔页，应当将空行、空页画线注销，或者注明“此行空白”“此页空白”字样，并由记账人员签名或者盖章。

（7）凡需要结出余额的账户，结出余额后，应当在“借或贷”等栏内写明“借”或者“贷”等字样。没有余额的账户，应当在“借或贷”等栏内写“平”字，并在余额栏内用“Q”表示。现金日记账和银行存款日记账必须逐日结出余额。

（8）每一账页登记完毕结转下页时，应当结出本页合计数及余额，写在本页最后一行和下页第一行有关栏内，并在摘要栏内注明“过次页”和“承前页”字样；也可以将本页合计数及金额只写在下页第一行有关栏内，并在摘要栏内注明“承前页”字样。对需要结计本月发生额的账户，结计“过次页”的本页合计数应当为自本月初起至本页末止的发生额合计数；对需要结计本年累计发生额的账户，结计“过次页”的本页合计数应当为自年初起至本页末止的累计数；对既不需要结计本月发生额也不需要结计本年累计发生额的账户，可以只将每页末的余额结转次页。

3. 会计信息化情况下登记账簿规则。实行会计电算化的单位，用计算机打印的会计账簿必须连续编号，经审核无误后装订成册，并由记账人员和会计机构负责人、会计主管人员签字或者盖章。

4. 错账更正的规则。账簿记录发生错误，不准涂改、挖补、刮擦或者用药水消除字迹，不准重新抄写，必须按照下列方法进行更正：

（1）登记账簿时发生错误，应当将错误的文字或者数字画红线注销，但必须使原有字迹仍可辨认；然后在画线上方填写正确的文字或者数字，并由记账人员在更正处盖章。对于错误的数字，应当全部画红线更正，不得只更正其中的错误数字。对于文字错误，可只画去错误的部分。

（2）由于记账凭证错误而使账簿记录发生错误，应当按更正的记账凭证登记账簿。

（四）结账和对账

1. 结账的目的和周期。为了总结一定时期内的运营活动及财务成果，便于及时、正确地编制会计报表，必须定期进行结账和对账工作。结账的周期一般分为月、季和年。这里的年度指的是会计年度。工会会计年度与其他制度规定的会计年度相同，按照《会计基础规范》规定，均为1月1日至12月31日。

2. 结账。结账是将一定时期内所发生的各项经济业务，全部登记入账，并结出本期发生额和余额。各级工会组织应按照《工会会计制度》要求，定期结账。

（1）结账前，必须将本期内所发生的各项经济业务全部登记入账。

（2）结账时，应当结出每个账户的期末余额。需要结出当月发生额的，应当在摘要栏内注明“本月合计”字样，并在下面通栏画单红线；需要结出本年累计发生额的，应当在摘要栏内注明“本年累计”字样，并在下面通栏画单红线；12月末的“本年累计”就是全年累计发生额，全年累计发生额下面应当通栏画双红线，年度终了结账时，所有总账账户都应当结出全年发生额和年末余额。

（3）年度终了，要把各账户的余额结转到下一会计年度，并在摘要栏注明“结转下年”字样；在下一会计年度新建有关会计账簿的第一行余额栏内填写上年结转的余额，并在摘要栏注明“上年结转”字样。

3. 对账。对账是为了保证会计资料的可靠性和准确性，定期对会计账簿记录的有关数字与库存实物、货币资金、有价证券、往来单位或者个人等进行相互核对，保证账证相符、账账相符、账实相符。对账工作每年至少进行一次。

（1）账证核对。核对会计账簿记录与原始凭证、记账凭证的时间、凭证字号、内容、金额是否一致，记账方向是否相符。

（2）账账核对。核对不同会计账簿之间的账簿记录是否相符，包括：总账有关账户的余额核对；总账与明细账核对；总账与日记账核对；会计部门的财产物资明细账与财产物资保管和使用部门的有关明细账核对等。

（3）账实核对。核对会计账簿记录与财产等实有数额是否相符。包括：现金日记账账面余额与现金实际库存数相核对；银行存款日记账账面余额定期与银行对账单相核对；各种财物明细账账面余额与财物实存数额相核对；各种应收款项、应付款项明细账账面余额与有关债务、债权单位或者个人核对等。

（五）账簿的更换

总账、日记账和大部分明细账每年更换一次，但有些明细账不需要换，如固定资产明细账或固定资产卡片等，可以跨年度连续使用，只在账户的最后余额下面画一道红线、表示已经结账，从而简化核算工作。年度终了、需要更换新账的，对有余额的账户，其余额可直接记入下年新账，在新账第一行“摘要”栏内注明“上年结转”字样，在余额栏内记入上年余额数。

四、编制财务报告

（一）财务报告的内容和种类

工会财务报告是工会组织财务状况的书面文件，也是会计核算的最终成果。各级工会组织应该按照《工会会计制度》的要求定期编制财务报告。

工会财务报告可以分为对外的财务报告和单位内部使用的财务报告。对外的财务报告是指按照相关规定定期报送的工会财务报告，包括会计报表及其说明，会计报表包括会计报表主表、会计报表附表、会计报表附注。单位内部使用的财务报告，其格式和要求由各单位自行规定。

（二）工会财务报告的编制要求

1. 完整准确。会计报表应当根据登记完整、核对无误的会计账簿记录和其他有关资料编制，做到数字真实、计算准确、内容完整、说明清楚。每当月度、季度、年度终了时，都应在结账的基础上根据账簿的资料来编制会计报表，并认真加以核对，以保证账表相符。

2. 不得篡改。任何人不得篡改或者授意、指使、强令他人篡改会计报表的有关数字。

3. 会计报表之间、会计报表各项目之间，凡有对应关系的数字，应当相互一致。本期会计报表与上期会计报表之间有关的数字应当相互衔接。如果不同会计年度会计报表中各项目的内容和核算方法有变更的，应当在年度会计报表中加以说明。

4. 各单位应当按照国家统一会计制度的规定认真编写会计报表附注及其说明，做到项目齐全，内容完整。

（三）对外报送要求

1. 各单位应当按照国家规定的期限对外报送财务报告。对外报送的财务报告，应当依次编写页码，加具封面，装订成册，加盖公章。封面上应当注明：单位名称，单位地址，财务报告所属年度、季度、月度，送出日期，并由单位领导人、会计机构负责人、会计主管人员签名或者盖章。

2. 责任人。单位领导人对财务报告的合法性、真实性负法律责任。

3. 错报处理。如果发现对外报送的财务报告有错误，应当及时办理更正手续。除更正本单位留存的财务报告外，并应同时通知接收财务报告的单位更正。错误较多的，应当重新编报。

五、会计信息化

（一）会计信息化工作规范

会计信息化，是指利用计算机、网络通信等现代信息技术手段开展会计核算，以及利用上述技术手段将会计核算与其他经营管理活动有机结合的过程。会计信息系统，是指由会计软件及其运行所依赖的软硬件环境组成的集合体。

为推动企业会计信息化，节约社会资源，提高会计软件和相关服务质量，规范信息化环境下的会计工作，财政部先后出台了《会计核算软件基本功能规范》（财会字〔1994〕27 号）、《会计电算化工作规范》（财会字〔1996〕17 号）和《企业会计信息化工作规范》（财会〔2013〕20 号）。前两者适用于行政事业单位，后者适用于企业。各级工会组织会计信息化工作基本规范比照行政事业单位执行。

《工会会计制度》第十五条明确提出工会应当重视并不断推进会计信息化的应用。工会开展会计信息化工作，应当符合财政部制定的相关会计信息化工作规范和标准，确保利用现代信息技术手段进行会计处理及生成的会计信息符合《会计法》和《工会会计制度》的规定。

（二）工会组织推进会计信息化工作的要求

1. 总体要求。

（1）配备电子计算机和会计软件。电子计算机和会计软件是实现会计信息化的重要物质基础，各级工会可根据实际情况和今后的发展目标，投入一定的财力，以保证会计信息化工作的正常进行。

（2）合理建设。工会组织应根据实际情况和财力状况，选择与本工会会计电算化工作规划相适应的软件硬件设备，合理确定建设内容，避免投资浪费。

（3）软件的整体要求。配备会计软件，应当根据自身技术力量以及业务需求，考虑软件功能、安全性、稳定性、响应速度、可扩展性等要求，合理选择软件产品。系统数据服务器的部署、数据的备份等应当符合国家有关规定。具备条件的工会组织，可充分依托现有的网络技术，做到信息资源共享和会计数据实时处理。

2. 软件技术要求。工会组织选择的会计软件应具备以下基本条件：

（1）应该使用标准化软件。

工会组织使用的会计软件应当保障各级工会组织按照国家统一会计准则制度开展会计核算，不得有违背国家统一会计准则制度的功能设计。

（2）会计记账文字应该采用中文。会计软件的界面应当使用中文并且提供对中文处理的支持，在民族自治地区可以同时使用少数民族文字界面对照和处理支持。

（3）使用的科目体系符合国家规定。会计软件应当提供符合国家统一会计准则制度的会计科目分类和编码功能。

（4）软件功能符合国家规定。会计软件应当提供符合国家统一会计准则制度的会计凭证、账簿和报表的显示和打印功能，记账凭证的连续编号，不得提供对已记账凭证日期、金额、科目和操作人的修改功能等。

（5）会计软件应当具有符合国家统一标准的数据接口，满足外部会计监督需要。

（6）会计软件应当具有会计资料归档功能，提供导出会计档案的接口，在会计档案存储格式、数据采集、真实性与完整性保障方面，符合国家有关电子文件归档与电子档案管理的要求。

（7）会计软件应当记录生成用户操作日志，确保日志的安全、完整，提供按操作人员、操作时间和操作内容查询日志的功能，并能以简单易懂的形式输出。

（8）其他财政部门规定的相关会计信息化规范和标准要求。

3. 管理要求。开展会计电算化的单位应根据工作需要，建立健全包括会计电算化岗位责任制、会计电算化操作管理制度、计算机硬件和软件及数据管理制度、电算化会计档案管理制度的会计电算化内部管理制度，保证会计电算化工作的顺利开展。

（1）建立健全会计电算化岗位责任制，要明确各个工作岗位的职责范围，切实做到事事有人管，人人有专责，办事有要求，工作有检查。

（2）建立会计电算化操作管理制度。

（3）建立健全计算机硬件和软件及数据管理制度，包括：保证机房设备安全和计算机正常运行是进行会计电算化的前提条件。要经常对有关设备进行保养，保持机房和设备的整洁，防止意外事故的发生。确保会计数据和会计软件的安全保密，防止对数据和软件的非法修改和删除；对磁性介质存放的数据要保存双备份。对正在使用的会计核算软件进行修改、对通用会计软件进行升级和计算机硬件设备进行更换等工作，要有一定的审批手续；在软件修改、升级和硬件更换过程中，要保证实际会计数据的连续和安全，并由有关人员进行监督。健全计算机硬件和软件出现故障时进行排除的管理措施，保证会计数据的完整性。健全必要的防治计算机病毒的措施。

第六节　工会会计核算与工会预算管理的关系

一、工会预算的概念

工会预算是各级工会组织及所属事业单位按照一定程序核定的年度收支计划。工会预算年度与会计年度一致，自公历 1 月 1 日起，到 12 月 31 日止。

二、工会预算的原则

工会预算应当遵循统筹兼顾、勤俭节约、量力而行、讲求绩效和收支平衡的原则。

三、工会预算的级次

工会预算一般分为五级，与工会会计核算管理的层级一致，即全国总工会、省级工会、市级工会、县级工会和基层工会。

乡镇（街道）工会、开发区（工业园区）工会是否单独作为一级预算管理级次，按照《工会预算管理办法》第四条规定，由省级工会根据实际确定。为做好工会预算管理规定与《工会会计制度》的有序衔接，如省级工会确定本省（自治区、直辖市）内乡镇（街道）工会、开发区（工业园区）工会作为一级预算管理层级，会计核算应以基层工会会计科目为主，同时按《工会会计制度》附录 1 的规定，根据需要使用部分县级以上工会会计科目。

中华全国铁路总工会、中国民航工会和中国金融工会三个按产业系统为主实行垂直管理的全国性产业工会根据各自管理体制确定下级工会的预算管理级次。

四、工会预算的层次

（一）县级以上工会预算可分为三个层次：单位预算、本级预算和总预算。

1. 单位预算：是指本级工会机关、所属事业单位的预算。

2. 本级预算：是指各级工会本级次范围内所有收支预算，包括本级所属单位的单位预算和本级工会的转移支付预算。转移支付预算是指本级工会对下级工会的补助预算。

3. 总预算：是由本级预算和汇总的下一级工会总预算组成。

（二）基层工会，本级预算即为基层工会总预算。

五、工会预算编制的基本方法和注意事项

工会预算应当围绕党和国家工作大局，紧扣工会中心工作，参照国务院财政部门制定的政府收支分类科目、预算支出标准和预算绩效管理的规定，根据跨年度预算平衡的原则，参考上一年预算执行情况、存量资产情况和有关支出绩效评价结果进行编制。

年度预算编制要依法、真实、完整、合理。支出预算的编制，应当贯彻勤俭节约的原则，优化经费支出结构，保障日常运行经费，从严控制“三公”经费和一般行政性支出，重点支持工会中心工作。年度预算要按照《工会预算管理办法》履行必要的审查审批程序。

六、工会预算和会计核算的关系

（一）预算编制与会计科目的关系

1. 收入预算编制与收入类会计科目关系。按照全面预算管理理念，《工会会计制度》规定的七个收入类科目应全部作为预算收入来源，纳入收入预算范围。除此之外，根据结转结余资金管理的相关规定，工会资金结转、财政拨款结转两个科目应纳入收入预算范围。根据年度工作需要，动用结余也应作为一项收入来源，纳入收入预算范围。动用预算稳定调节基金，弥补年度预算出现的收支缺口，也是收入预算的一项来源。

2. 支出预算编制与支出类会计科目关系。《工会会计制度》规定的十个支出类科目应全部纳入支出预算范围。需要注意的是，安排预算稳定调节基金科目核算的对象是超收的拨缴经费收入，在年初编制预算时无法预计当年新增的预算稳定调节基金，在编制支出预算时，实际是根据以前年度形成的预算稳定调节基金规模进行安排。县级以上工会按照《工会预算管理办法》第三十七条规定设置的预备费，虽在《工会会计制度》中无对应科目，但应作为支出预算构成部分，纳入支出预算范围。

3. 支出预算分类与支出类会计科目的关系。《工会预算管理办法》第二十九条规定，支出预算的编制按基本支出、项目支出进行分类。基本支出是预算单位为保障其正常运转、完成日常工作任务而编制的年度基本支出计划，按其性质分为人员经费和日常公用经费。在基本支出之外为完成特定任务和事业发展目标所发生的支出为项目支出。

支出预算的分类与支出类会计科目间并非简单的一一对应关系。按照基本支出和项目支出的定义，对照工会会计支出类科目定义，可以发现行政支出全部为基本支出，但并不意味着行政支出就完全等同于基本支出。业务支出科目下的培训支出、会议支出，资本性支出科目下的办公设备购置、交通工具购置科目核算的支出也可以归为基本支出。按照新《工会会计制度》要求，各支出类会计科目，除“安排预算稳定调节基金”科目外，应当分别按照“基本支出”和“项目支出”进行明细核算。

（二）预算收支分类与会计核算的关系

按照预算管理需要，对预算收支进行分类，收入分为类、款、项、目；支出按其功能分为类、款、项，按其经济性质分为类、款。功能分类和经济分类从不同侧面、以不同方式反映支出活动，功能分类侧重反映支出用于何种职能活动，经济分类侧重反映各项支出的经济性质和具体用途。具体分类可查询财政部每年印发的《政府收支分类科目》。

按照新《工会会计制度》要求，各级工会组织在进行会计核算的时候，需要对所有支出按照经济分类进行明细核算，对财政拨款还要按照功能分类进行明细核算。在会计核算中配套要求以预算收支分类进行明细核算，可以在提供会计信息的同时，为预算管理提供相关信息。

第三章

资　产

第一节　资产概述

一、资产的概念

资产是工会过去的经济业务或者事项形成的，由工会控制的，预期能够产生服务潜力或者带来经济利益流入的经济资源。

服务潜力是指工会利用资产提供公共产品和服务以履行工会职能的潜在能力。

经济利益流入表现为现金及现金等价物的流入，或者现金及现金等价物流出的减少。

二、资产的分类

工会的资产包括流动资产、固定资产、在建工程、无形资产、投资和长期待摊费用等。

流动资产是指预计在 1 年内（含 1 年）变现或者耗用的资产。主要包括货币资金、应收款项和库存物品等。

固定资产是指工会使用年限超过 1 年（不含 1 年），单位价值在规定标准以上，并在使用过程中基本保持原有物质形态的资产，一般包括：房屋及构筑物；专用设备；通用设备；文物和陈列品；图书、档案；家具、用具、装具及动植物。

在建工程是工会已经发生必要支出，但尚未交付使用的建设项目工程。工会作为建设单位的基本建设项目，应当按照本制度规定统一进行会计核算。

无形资产是指工会控制的没有实物形态的可辨认非货币性资产，包括专利权、商标权、著作权、土地使用权、非专利技术等。工会购入的不构成相关硬件不可缺少组成部分的应用软件，应当确认为无形资产。

投资是指工会按照国家有关法律、行政法规和工会的相关规定，以货币资金、实物资产等方式向其他单位的投资。投资按其流动性分为短期投资和长期投资；按其性质分为股权投资和债权投资。

长期待摊费用是工会已经支出，但应由本期和以后各期负担的分摊期限在1年以上（不含1年）的各项支出，如对以经营租赁方式租入的固定资产发生的改良支出等。

工会的资产按照国家有关规定依法确认为国有资产的，应当作为国有资产登记入账；依法确认为工会资产的，应当作为工会资产登记入账。

三、工会资产的特征

工会资产是受国家法律保护，通过多种渠道形成的，由工会享有所有权（拥有占有、使用、收益和处分权）的动产与不动产，是工会组织发展壮大的重要条件，是工会开展活动的物质基础，也是工会成为社团法人的重要条件。它具有以下特征：

（一）受国家法律保护

《工会法》第四十五条、第四十六条规定：各级人民政府和企业、事业单位、机关社会组织应当为工会办公和开展活动提供必要的设施和活动场所等物质条件。工会的财产、经费和国家拨给工会使用的不动产，任何组织和个人不得侵占、挪用和任意调拨。

《民法典》和《工会法》的有关规定是界定工会资产性质的准则。《民法典》和《工会法》都是由全国人民代表大会通过的国家的基本法，这些法律仅次于宪法，具有很高的法律权威。《民法典》的第二编第二分编“所有权”的有关条款，明确地提出了财产所有权的内容、财产所有权的转移、财产所有权的类别以及对社团财产的保护等问题，是界定工会资产性质的法律根据。除此之外，政府部门与工会联合发布的行政法规也是应当遵循的法律文件。

（二）多种渠道形成

《工会法》第四十二条规定，工会经费的来源有五个方面：

1. 工会会员缴纳的会费；

2. 建立工会组织的企业、事业单位、机关社会组织按每月全部职工工资总额的2%向工会拨缴的经费；

3. 工会所属的企业、事业单位上缴的收入；

4. 人民政府的补助；

5. 其他收入。

以上由多渠道形成的资产，工会拥有所有权，不论是会员缴纳的会费，或企业事业单位拨缴的经费以及人民政府的补助，汇合起来成为一个整体，不再划分是会员缴纳的会费或企业事业单位拨缴的经费，而由工会统一使用与支配。

（三）具有公益性、服务性

工会的资产是为广大职工服务的，从事的是非营利性的活动，当然也有一部分是属于经营性的，工会要争取有更多的资金为职工服务，必然要利用有限的资源，举办一些营利性的企业、事业，以弥补经费的不足。

四、资产的科目设置

资产科目有 16 个，如表 3–1 所示。

表 3–1　　资产类科目名称和编码

序号	科目编码		名称
资产类	一级科目	明细科目	
1	101		库存现金
2	102		银行存款
3	111 △		零余额账户用款额度
4	121 △		财政应返还额度
		12101	财政直接支付
		12102	财政授权支付
5	131		应收上级经费
		13101	应收上级补助
		13102	应收上级转拨经费
6	132 △		应收下级经费
7	135		其他应收款
8	141		库存物品
9	151		投资
10	161		在建工程
		16101	建筑安装工程投资
		16102	设备投资
		16103	待摊投资
		16104	其他投资
		16105	待核销基建支出
		16106	基建转出投资
		16107	预付工程款
11	162		固定资产
12	163		累计折旧

续 表

序号	科目编码		名称
资产类	一级科目	明细科目	
13	171		无形资产
14	172		累计摊销
15	181		长期待摊费用
16	182		待处理财产损溢

注：△为县级以上工会专用科目，未标符号的为通用科目。

上述资产类会计科目中，基层工会的会计科目主要有：库存现金、银行存款、应收上级经费、其他应收款、库存物品、固定资产、累计折旧、待处理财产损溢；用于县级以上工会的主要会计科目为：库存现金、银行存款、零余额账户用款额度、财政应返还额度、应收上级经费、应收下级经费、其他应收款、库存物品、投资、在建工程、固定资产、累计折旧、无形资产、累计摊销、长期待摊费用、待处理财产损溢。基层工会主要会计科目确实不能满足需要且实际发生的会计业务，基层工会可以选择相应县级以上会计科目进行核算。

五、资产各科目与旧制度的对比

新制度与原制度相比，资产类取消科目 1 个、增加科目 5 个、保留科目 11 个。

（一）取消的科目

新制度取消了“借出款”一级科目，将其列入“其他应收款”科目。

（二）增加的科目

新制度增加了“累计折旧”“无形资产”“累计摊销”“长期待摊费用”“待处理财产损溢”5 个一级科目，用于核算工会计提的固定资产累计折旧、工会各项无形资产的原值、工会对使用年限有限的无形资产计提的累计摊销、工会已经支出，但应由本期和以后各期负担的分摊期限在一年以上（不含一年）的各项支出以及工会待处理财产的价值及财产处理损溢。

（三）保留的科目

新制度保留了“库存现金”“银行存款”“零余额账户用款额度”“财政应返还额度”“应收上级经费”“应收下级经费”“其他应收款”“库存物品”“投资”“在建工程”“固定资产”等 11 个科目。

第二节 库存现金

一、库存现金的核算内容

本科目核算工会的库存现金。期末借方余额，反映工会实际持有的库存现金。

各级工会应当严格按照国家有关现金管理的规定收支现金，并按照本制度规定核算现金的各项收支业务。

工会有受托代管资金业务的，应当在本科目下设置“代管经费”明细科目，核算工会受托代管的现金。

二、库存现金的管理

库存现金是工会流动性最强的资产，使用方便，但不能随保留时间的推移而增值。因此，各级工会应当严格按照国家有关现金管理的规定收支现金。库存现金的管理包括库存现金的实物管理、使用管理、限额管理和内部控制制度管理。

（一）库存现金的实物管理

工会要采取使用保险柜、安装防盗门窗、安装报警器、减少库存量、逐日清点等有效措施，防止现金被盗、遗失。

（二）库存现金的使用管理

工会与其他单位的经济往来除规定的范围可以使用现金外，必须通过开户银行进行转账结算。工会支出使用现金结算必须符合国务院颁布的《现金管理暂行条例》的规定，同时还需要符合工会经费使用管理的有关规定。

各级工会收支的各种款项必须按照国务院颁布的《现金管理暂行条例》的规定办理，在规定范围内使用现金。

国家规定的现金的使用范围：

1. 职工工资、津贴，是指企业、事业单位和机关、团体、部队支付给职工的工资和工资性津贴。

2. 个人劳务报酬，是指由于个人向企业、事业单位和机关、团体、部队等提供劳务而由企业、事业单位和机关、团体、部队等向个人支付的劳务报酬。

3. 根据国家制度条例的规定，颁发给个人的科学技术、文化艺术、体育等方面的各种奖金。

4. 各种劳保、福利费用以及国家规定的对个人的其他支出，如退休金、抚恤金、学生助学金、职工困难生活补助。

5. 收购单位向个人收购农副产品和其他物资的价款，如金银、工艺品、废旧物资的价款。

6. 出差人员必须随身携带的差旅费。

7. 结算起点（1000 元）以下的零星支出。超过结算起点的应实行银行转账结算，结算起点的调整由中国人民银行确定报国务院备案。

8. 中国人民银行确定需要现金支付的其他支出。如采购地点不确定、交换不便、抢险救灾以及其他特殊情况，办理转账结算不够方便，必须使用现金的支出。对于这类支出，现金支取单位应向开户银行提出书面申请，由本单位财会部门负责人签字盖章，开户银行审查批准后予以支付现金。

三、库存现金的账务处理

（一）从银行提取现金，借记本科目，贷记“银行存款”科目；将现金存入银行，借记“银行存款”科目，贷记本科目。

（二）因支付内部职工出差等原因所需的现金，借记“其他应收款”科目，贷记本科目；收到出差人员交回的差旅费剩余款并结算时，按实际收回的现金，借记本科目，按应报销的金额，借记“行政支出”等有关科目，按实际借出的现金，贷记“其他应收款”科目。

（三）因其他业务收到现金，借记本科目，贷记有关科目；支出现金，借记有关科目，贷记本科目。

（四）本科目应设置“现金日记账”，由出纳人员根据收付款凭证，按照业务发生顺序，逐笔登记，每日终了，应计算当日的现金收入合计数、支出合计数和结余数，并将结余数与实际库存数进行核对，做到账款相符。

每日账款核对中发现有待查明原因的现金短缺或溢余的，应当通过“待处理财产损溢”科目核算。属于现金溢余，应当按照实际溢余的金额，借记本科目，贷记“待处理财产损溢”科目；属于现金短缺，应当按照实际短缺的金额，借记“待处理财产损溢”科目，贷记本科目。待查明原因后及时进行账务处理，具体内容参见“待处理财产损溢”科目。

四、主要业务举例

【例 3-1】202× 年 1 月 10 日 A 县总工会开出现金支票，从银行提取现金 5 000 元。会计处理如下：

借：库存现金	5 000	
贷：银行存款		5 000

【例 3-2】202× 年 1 月 12 日县总工会张某出差预支现金 500 元。会计处理如下：

借：其他应收款——张某	500	
贷：库存现金		500

【例 3-3】202× 年 1 月 13 日县总工会购买办公用品 300 元。会计处理如下：

借：行政支出——商品和服务支出——办公费	300	
贷：库存现金		300

【例 3-4】202× 年 1 月 18 日张某报销差旅费 400 元，退回现金 100 元。会计处理如下：

借：库存现金	100	
行政支出——商品和服务支出——差旅费	400	
贷：其他应收款——张某		500

【例 3-5】202× 年 1 月 25 日县总工会盘点库存现金时发现长款 50 元。经查明，王某购买办公用品报销时，账务处理多计了 30 元，有 20 元不能查明原因，经批准作无主款处理。会计处理如下：

借：库存现金	50	
行政支出——商品和服务支出——办公费	–30	
贷：待处理财产损溢		20
借：待处理财产损溢	20	
贷：其他收入		20

【例 3-6】202× 年 1 月 30 日县总工会盘点库存现金时发现短款 30 元，一张 100 元破损。破损货币到银行换回 50 元。会计处理如下：

借：待处理财产损溢	80	
贷：库存现金		80

经查明，30 元是出纳人员的工作失误造成，按照单位内部管理规定并报经

领导批准，50 元破损损失由单位负责承担，30 元由出纳员赔偿，赔偿现金已经收回。

借：库存现金　　30
　　其他支出　　50
　　贷：待处理财产损溢　　80

第三节　银行存款

一、银行存款的核算内容

本科目核算工会存入银行或其他金融机构的各种款项，包括活期存款、定期存款等。

工会可以根据实际情况在本科目下设置经费集中户、基本存款户、定期存款户和其他存款户等二级明细科目。设置经费集中户的工会，应当先在经费集中户中归集工会经费，再按规定将属于本级工会的经费转入本级工会基本存款户，属于上级或下级工会的经费上缴上级工会或转拨下级工会。本科目期末借方余额，反映工会尚未支用的银行存款。

工会有受托代管资金业务的，应当在本科目下设置“代管经费”明细科目，核算工会受托代管的银行存款。

二、银行存款的管理

（一）工会的货币资金，除保留限额内的库存现金外，其余都必须存入开户银行。工会在银行或其他金融机构的账户必须由单位财务部门统一开立和管理，避免多头开户。

（二）严格执行银行结算规定。任何人不得出租或出借银行存款账户；不准签发空头支票和远期支票；不得弄虚作假套取现金和银行信用。

（三）各类银行存款的支票预留印鉴和密码，由财务负责人和出纳人员分别掌握，不得向其他部门或个人借用、泄露。如因借用泄密而造成的经济损失应由财务部查明原因，追究借用、泄密者的赔偿责任。

（四）财务部门应设置银行存款分户账，逐日记录收、支、结存情况，每月与银行对账单核对，如有不符，应编制银行存款余额调节表调节相符。

（五）工会发生外币业务时，应当将有关外币金额折算成人民币金额记账。

三、银行存款的账务处理

（一）将现金存入银行，借记本科目，贷记“库存现金”科目。从银行提取现金，借记“库存现金”科目，贷记本科目。

（二）通过银行转账方式取得工会经费，借记本科目，贷记“拨缴经费收入”“应付上级经费”“应付下级经费”科目。

通过银行转账方式取得相关收入，借记本科目，贷记“上级补助收入”“行政补助收入”等科目；或借记本科目，贷记“政府补助收入”科目。

（三）通过银行转账方式支付各项支出，借记“职工活动支出”“维权支出”“业务支出”等科目，贷记本科目。

（四）收到的银行存款利息，借记本科目，贷记“其他收入”科目。

（五）收到外币时，借记本科目，贷记收入科目，汇兑损溢记入“其他支出”科目。

四、主要业务举例

【例 3–7】202× 年 2 月 10 日，A 市总工会将废旧物资处置的收入现金 1 000 元存入银行。会计处理如下：

借：银行存款——基本存款户	1 000	
贷：库存现金		1 000

【例 3–8】接上例，202× 年 2 月 15 日，该市总工会因报销需要从银行提取现金 10 000 元。会计处理如下：

借：库存现金	10 000	
贷：银行存款——基本存款户		10 000

【例 3–9】接上例，202× 年 2 月 15 日收到 A 基层工会上缴经费 1 000 元，其中属于市总工会留成经费 638.30 元，应上缴省总工会 361.70 元。会计处理如下：

借：银行存款——经费集中户	1 000	
贷：拨缴经费收入——A 基层工会		638.30
应付上级经费		361.70

【例 3–10】接上例，202× 年 2 月 18 日收到省总工会转来送温暖补助 20 000 元，一般性转移支付补助 10 000 元。会计处理如下：

借：银行存款——基本存款户	30 000	

贷：上级补助收入——一般性转移支付补助　　10 000

——专项转移支付补助　　20 000

【例 3-11】接上例，202× 年 2 月 19 日市总工会召开全市工会工作会议，银行转账支付会议费 50 000 元。会计处理如下：

借：业务支出　　50 000

贷：银行存款——基本存款户　　50 000

【例 3-12】接上例，202× 年 2 月 20 日按照结算惯例，将集中户经费转基本户 20 000 元。会计处理如下：

借：银行存款——基本存款户　　20 000

贷：拨缴经费收入　　20 000

同时：

借：其他应付款　　20 000

贷：银行存款——经费集中户存款　　20 000

【例 3-13】接上例，202× 年 2 月 25 日收到定期存款利息 5 000 元。会计处理如下：

借：银行存款——基本存款户　　5 000

贷：其他收入　　5 000

【例 3-14】接上例，202× 年 2 月 22 日市总工会为支付当年出国团组费用，通过外币账户购买 10 000 美元外汇。当日汇率 8.30。会计处理如下：

借：银行存款——外币账户　　83 000

贷：银行存款——基本账户　　83 000

借：库存现金——美元　　83 000

贷：银行存款——外币账户　　83 000

当年出国费支出 5 000 美元，剩余 5 000 美元年末存入外币账户，存入当日汇率为 8.20，则汇兑损溢为 500 元人民币。会计处理如下：

借：其他支出　　500

银行存款——外币账户　　41 000

贷：库存现金——美元　　41 500

第四节　零余额账户用款额度

一、核算内容

为适应财政国库集中支付制度改革的需要，加强财政性资金的管理与监督，各级行政事业单位已逐步实行财政国库集中支付制度改革。根据财政部门的规定，预算单位使用财政资金的，必须开立零余额账户。

零余额账户是指财政部门或预算单位经财政部门批准，在国库集中支付代理银行和非税收入收缴代理银行开立的，用于办理国库集中收付业务的银行结算账户。预算单位零余额账户可办理转账、汇兑、委托收款和提取现金等支付结算业务。工会作为预算单位，也应按规定开立零余额账户。同级财政拨付给工会的资金，除按工资总额 2% 计提的工会经费外，其余均通过零余额账户划转。

本科目核算实行国库集中支付的县级以上工会根据财政部门批复的用款计划收到的、尚未动用的零余额账户用款额度。期末借方余额，反映工会尚未支用的零余额账户用款额度。本科目年末应无余额。

二、账务处理

零余额账户用款额度的主要账务处理如下：

1. 在财政授权支付方式下，收到代理银行转来的“授权支付到账通知书”时，根据通知书所列数额，借记本科目，贷记“政府补助收入”科目。实际发生支出时，借记“维权支出”“行政支出”“资本性支出”等科目，贷记本科目。

2. 从零余额账户提取现金时，借记“库存现金”科目，贷记本科目。

3. 年度终了，根据代理银行提供的对账单作注销额度的相关账务处理，借记“财政应返还额度——财政授权支付”科目，贷记本科目。如果工会本年度财政授权支付预算指标数大于零余额账户用款额度下达数，借记“财政应返还额度——财政授权支付”科目，贷记“政府补助收入”科目。

下年初，根据代理银行提供的额度恢复到账通知书作相关恢复额度的账务处理，借记本科目，贷记“财政应返还额度——财政授权支付”科目。如果下年度收到财政部门批复的上年末下达零余额账户用款额度，借记本科目，贷记“财政应返还额度——财政授权支付”科目。

三、主要业务举例

【例 3-15】202× 年 1 月 5 日市总工会收到零余额账户开户行——工行转来的“财政授权支付额度到账通知书”，市财政补助市总工会春节送温暖经费 3 000 000 元。会计处理如下：

借：零余额账户用款额度　　3 000 000

　　贷：政府补助收入——财政拨款收入　　3 000 000

【例 3-16】202× 年 1 月 15 日从零余额账户支付送温暖款 2 700 000 元。会计处理如下：

借：维权支出——送温暖支出　　2 700 000

　　贷：零余额账户用款额度　　2 700 000

【例 3-17】202× 年 1 月 16 日，从零余额账户提取现金 1 000 元。会计处理如下：

借：库存现金　　1 000

　　贷：零余额账户用款额度　　1 000

【例 3-18】市总工会离退休人员工资由财政直接支付，202× 年 2 月 5 日收到本级财政统发工资记账通知，发放离退休人员工资 15 000 元。会计处理如下：

借：行政支出——对个人和家庭的补助　　15 000

　　贷：政府补助收入　　15 000

备注：有些地方从零余额账户将政府补助转回基本户支付的，凭零余额账户开户行转来的“财政授权支付凭证”。

借记“银行存款——基本存款户”科目，贷记“零余额账户用款额度”科目。

第五节　财政应返还额度

一、核算内容

本科目核算实行国库集中支付的地区县级以上工会年终应收财政下年度返还的资金额度，包括可以使用的以前年度财政直接支付资金额度和财政应返还的财政授权支付资金额度。具体账务处理应以财政机关核定结果为依据。应设置两个明细科目“财政直接支付”“财政授权支付”进行明细核算。本科目期末借方余额，反映县级以上工会应收财政下年度返还的资金额度。

二、账务处理

财政应返还额度的主要账务处理如下：

1. 财政直接支付年终结余资金的账务处理。

年度终了，根据本年度财政直接支付预算指标数与当年财政直接支付实际支出数的差额，借记本科目（财政直接支付），贷记“政府补助收入”科目。

下年度恢复财政直接支付额度后，发生实际支出时，借记“维权支出”“行政支出”“资本性支出”等科目，贷记本科目（财政直接支付）。

2. 财政授权支付年终结余资金的账务处理。

年度终了，根据代理银行提供的对账单注销额度，具体账务处理参见“零余额账户用款额度”。下年年初根据代理银行提供的额度恢复到账通知书恢复额度，具体账务处理参见“零余额账户用款额度”。

下年年初，根据代理银行提供的额度恢复到账通知书作相关恢复额度的账务处理，借记零余额账户用款额度科目，贷记“财政应返还额度——财政授权支付”科目。如果下年度收到财政部门批复的上年末下达零余额账户用款额度，借记本科目，贷记“财政应返还额度——财政授权支付”科目。

三、主要业务举例

【例 3-19】202× 年 12 月 31 日根据财政预算，市财政本年度应支付市总工会离退休人员工资 2 000 000 元，实际只支付 1 900 000 元。该工资由市财政统发。会计处理如下：

借：财政应返还额度——财政直接支付　　100 000

　　贷：政府补助收入——财政拨款收入　　100 000

下年度财政支付时：

借：行政支出——对个人和家庭的补助　　100 000

　　贷：财政应返还额度——财政直接支付　　100 000

【例 3-20】202× 年 12 月 31 日根据工行提供的零余额账户对账单，全年零余额账户余额为 20 000 元，年末财政收回额度。会计处理如下：

借：财政应返还额度——财政授权支付　　20 000

　　贷：零余额账户用款额度　　20 000

次年初，根据代理银行提供的额度恢复到账通知书：

借：零余额账户用款额度　　20 000

　　贷：财政应返还额度——财政授权支付　　20 000

【例 3-21】根据财政预算，市财政本年度应拨付送温暖经费 3 500 000 元，本年度实际只拨付 3 000 000 元。年末额度 500 000 元被财政收回，并于次年返还继续使用。会计处理如下：

年末，额度被收回时：

借：财政应返还额度——财政授权支付　　500 000

　　贷：零余额账户用款额度　　500 000

次年初，恢复用款额度时：

借：零余额账户用款额度　　500 000

　　贷：财政应返还额度——财政授权支付　　500 000

第六节　应收上级经费

一、应收上级经费的核算内容

本科目核算工会年末应收未收的上级工会应拨付（或转拨）的工会经费和补助。工会可以根据需要在本科目下设置以下明细科目。

应收上级补助：核算上级工会应拨付给本级工会的各项补助收入。

应收上级转拨经费：核算上级工会采用税务代收、财政划拨的形式收缴的工会经费中应划转给本级工会的部分。

二、应收上级经费的账务处理

应收上级经费的主要账务处理如下：

1. 年末，根据上级工会补助通知中的相关金额，借记本科目（应收上级补助），贷记“上级补助收入”科目。

收到上级工会拨来的补助时，借记“银行存款”科目，贷记本科目（应收上级补助）。

2. 年末，根据上级工会经费转拨通知中的相关金额，借记本科目（应收上级转拨经费），按规定属于本级工会的部分，贷记“拨缴经费收入”科目，按规定应转拨下级工会的部分，贷记“应付下级经费——应付下级转拨经费”科目。

收到上级工会转拨的工会经费时，借记“银行存款”科目，贷记本科目（应收上级转拨经费）。

3. 本科目期末借方余额，反映工会年末应收未收的上级经费和补助。

三、主要业务举例

【例 3-22】202× 年某省总工会收到全总通知，全总拨付一般性转移支付补助 1 000 000 元，专项转移支付补助 2 000 000 元，截至 12 月 31 日省总工会未收到款，根据全总的通知，会计处理如下：

借：应收上级经费——应收上级补助　　3 000 000

　　贷：上级补助收入——一般性转移支付补助　　1 000 000

　　　　　　　　　　——专项转移支付补助　　2 000 000

次年，省总工会收到全总拨款时：

借：银行存款　　3 000 000

　　贷：应收上级经费——应收上级补助　　3 000 000

【例 3-23】某县基层工会经费留成比例为 60%，上缴县总工会 40%（县总工会留成 20%，上缴省市 20%），202× 年 12 月 31 日县总工会收到省总工会转来通知：202× 年省总工会收到省财政厅划拨该县所属基层工会上缴经费为 20 000 元，按比例计算，10 000 元作为县总工会留成经费，10 000 元应上缴上一级工会，各级工会经费收入均由财政直接划拨入账。县总工会会计处理如下：

年末，接到财政的通知时：

借：应收上级经费——应收上级转拨经费　　10 000

　　贷：拨缴经费收入　　10 000

次年，实际收到经费时：

借：银行存款　　10 000

　　贷：应收上级经费——应收上级转拨经费　　10 000

第七节 应收下级经费

一、应收下级经费核算内容

本科目核算县级以上工会年末应收未收的下级工会应上缴工会经费。本科目期末借方余额，反映县级以上工会年末应收未收的下级工会上缴经费。

二、应收下级经费的账务处理

应收下级经费的主要账务处理如下：

1. 年末，根据下级工会经费收缴报告表中的相关金额，借记本科目，按规定属于本级工会的部分，贷记“拨缴经费收入”科目，按规定应上缴上级工会的部分，贷记“应付上级经费”科目。

2. 收到下级工会的上缴经费时，借记“银行存款”科目，贷记本科目。

三、主要业务举例

【例 3-24】202× 年 12 月 31 日，某市总工会应收基层工会上缴经费 10 000 元，截至年末结账时，该笔经费尚未到账。市总工会会计处理如下：

借：应收下级经费——应收经费	10 000	
贷：拨缴经费收入		6 000
应付上级经费——应上缴经费		4 000

次年收到基层上缴经费时：

借：银行存款	10 000	
贷：应收下级经费——应收经费		10 000

第八节　其他应收款

一、其他应收款的核算内容

本科目核算工会除应收上下级经费和补助以外的其他应收及暂付款项。本科目应按其他应收款的类别以及债务单位（或个人）设置明细账，进行明细核算。本科目期末借方余额，反映工会尚未收回的其他应收及暂付款项。

二、其他应收款的管理

1. 各级工会应对其他应收及暂付款项严格控制，健全手续，及时清理，不得长期挂账。

2. 暂付款项必须符合预算或计划。

3. 借款人必须及时办理报销，并交回多余现金。尚未办理结算清账的，原则上不得再借。年终，借款原则上应全部结清收回，不得跨年度挂账。

4. 使用备用金的必须根据事先制定的限额使用，年终全部结清收回，不得跨年度挂账。

三、其他应收款的账务处理

其他应收款的主要账务处理如下：

1. 发生其他应收及暂付款项，借记本科目，贷记“库存现金”“银行存款”等科目。

结算收回或核销转列支出时，按收回的金额，借记“库存现金”“银行存款”等科目，按列入支出的金额，借记有关支出科目，按结算总额，贷记本科目。

2. 逾期三年以上、因债务人原因尚未收回的其他应收款，报经批准认定确实无法收回的应予以核销。

转入待处理资产时，按照待核销的其他应收款金额，借记“待处理财产损溢”科目，贷记本科目。

报经批准予以核销时，借记“其他支出”科目，贷记“待处理财产损溢”科目。

核销的呆账，应在备查簿中保留登记。

已核销呆账重新收回的，按照实际收到的款项，借记“银行存款”科目，贷记“其他收入”科目。

四、主要业务举例

【例 3-25】202× 年 6 月 5 日县总工会王某外出培训学习，预借现金 3 000 元。会计处理如下：

借：其他应收款——王某	3 000	
贷：库存现金		3 000

【例 3-26】接上例，202× 年 6 月 15 日，王某学习归来，报销差旅费 2 000 元，培训学习资料费 500 元，退回现金 500 元。会计处理如下：

借：库存现金	500	
业务支出	500	
行政支出	2 000	

贷：其他应收款——王某　　3 000

【例 3-27】201× 年某县总工会为开展某项业务预付 A 公司货款 2 000 元，当年该公司未履约。会计处理如下：

借：其他应收款——A 公司　　2 000

　　贷：银行存款　　2 000

6 个月后，A 公司启动破产程序，该笔货款无法收回，经必要程序批准核销，会计处理如下：

借：待处理财产损溢　　2 000

　　贷：其他应收款——A 公司　　2 000

借：其他支出　　2 000

　　贷：待处理财产损溢　　2 000

A 公司重组后，新公司归还该笔货款，会计处理如下：

借：银行存款　　2 000

　　贷：其他收入　　2 000

第九节　库存物品

一、库存物品核算内容

本科目核算工会取得的将在日常活动中耗用的材料、物品及达不到固定资产标准的工具、器具等。工会随买随用的物品，可以在购入时直接计入支出，不通过本科目核算。本科目应按库存物品的类别、品名设置明细账，并根据出入库单逐笔核算。本科目期末借方余额，反映工会尚未使用的库存物品的实际价值。

二、库存物品的管理

1. 库存物品的采购，要编制采购计划，报经批准后按计划执行。

2. 县以上工会应配备专（兼）职保管员，保管员应设立物品收、发登记簿，进行物品的收发领用登记。并严格执行物品的验收、入库、保管、出库制度。

3. 库存物品每年至少盘点一次，盘盈、盘亏或报废、毁损应查明原因，按规定程序批准后及时处理。

三、库存物品账务处理

（一）取得库存物品时

1. 购入物品验收入库，按照确定的成本，借记本科目，贷记“资产基金——库存物品”科目；同时，按照实际支付的金额，借记“职工活动支出”“维权支出”“行政支出”等科目，贷记“银行存款”“零余额账户用款额度”“政府补助收入”等科目。

2. 接受捐赠、无偿调入的库存物品，按照确定的成本，借记本科目，贷记“资产基金——库存物品”科目；同时，按照实际支付的相关税费、运输费等金额，借记“职工活动支出”“维权支出”“行政支出”等科目，贷记“银行存款”“零余额账户用款额度”“政府补助收入”等科目。

（二）发出库存物品时

1. 开展业务活动等领用、发出库存物品时，按照领用、发出库存物品的实际成本，借记“资产基金——库存物品”科目，贷记本科目。

2. 经批准对外捐赠、无偿调出库存物品时，按照确定的成本，借记“资产基金——库存物品”科目，贷记本科目。对外捐赠、无偿调出库存物品发生的由工会承担的运输费等支出，借记“职工活动支出”“维权支出”“行政支出”等科目，贷记“银行存款”“零余额账户用款额度”“政府补助收入”等科目。

3. 以库存物品对外进行股权投资时，按投出库存物品的账面价值，借记“资产基金——库存物品”科目，贷记本科目；同时，按照确定的成本，借记“投资”科目，贷记“资产基金——投资”科目。按照发生的相关税费，借记“其他支出”科目，贷记“银行存款”“零余额账户用款额度”“政府补助收入”等科目。

（三）库存物品每年至少盘点一次，盘盈、盘亏或报废、毁损应查明原因，按规定程序批准后及时处理

1. 盘盈的库存物品，按照确定的成本，借记本科目，贷记“待处理财产损溢”科目。

2. 盘亏或者报废、毁损的库存物品，按照账面余额，借记“待处理财产损溢”科目，贷记本科目。

四、主要业务举例

【例 3-28】某市总工会办公用品等物资采购实行存货管理，日常领用出入库

管理的方式。202× 年 6 月 10 日该市总工会购入办公室用品一批，银行转账支付价款 3 000 元，已验收入库。会计处理如下：

借：库存物品——× × 3 000

贷：资产基金——库存物品 3 000

借：行政支出 3 000

贷：银行存款 3 000

【例 3-29】接上例，202× 年 6 月 25 日，办公室领用办公用品一批，价款 500 元。会计处理如下：

借：资产基金——库存物品 500

贷：库存物品——× × 500

【例 3-30】年终对库存物品进行盘点时，发现多出三件物品，价款 300 元，未能查明原因。会计处理如下：

发现盘盈时：

借：库存物品——× × 300

贷：待处理财产损溢 300

经批准，入账管理时：

借：待处理财产损溢 300

贷：资产基金——库存物品 300

【例 3-31】年终盘点，发现毁坏四件物品，价款 400 元，无法查明原因，报经领导批准后作核销处理。会计处理如下：

发现毁损时：

借：待处理财产损溢 400

贷：库存物品——× × 400

经批准进行会计处理时：

借：资产基金——库存物品 400

贷：待处理财产损溢 400

第十节　投资

一、投资的核算内容

本科目核算工会按照国家有关法律、行政法规和工会的相关规定，以货币资金、实物资产等方式向其他单位的投资。本科目可按投资类别、投资单位等设置明细账，进行明细核算。本科目期末借方余额，反映工会持有投资的金额。

二、投资的账务处理

投资的主要账务处理如下：

（一）债券投资

1. 购入国债等债券，按照确定的成本，借记本科目，贷记“资产基金——投资”科目；同时，按照投资成本金额，借记“工会资金结余——累计结余”科目，贷记“银行存款”科目。

2. 债券投资持有期间收到利息时，按照实际收到的金额，借记“银行存款”等科目，贷记“投资收益”科目。

对外转让或到期收回债券投资本息，按照实际收到的金额，借记“银行存款”科目，按照收回投资的账面价值，贷记“工会资金结余——累计结余”科目，按照其差额，贷记或借记“投资收益”科目；同时，按照收回投资的账面价值，借记“资产基金——投资”科目，贷记“投资”科目。

（二）股权投资

1. 以货币资金对外进行股权投资，按照确定的成本，借记本科目，贷记“资产基金——投资”等科目；同时，按照投资成本金额，借记“工会资金结余”科目，贷记“银行存款”科目。

以固定资产、无形资产、库存物品对外进行股权投资，按照确定的成本，借记本科目，贷记“资产基金——投资”科目；按照发生的相关税费，借记“其他支出”科目，贷记“银行存款”等科目。同时，按投出资产的账面价值，借记“资产基金”科目；按照已经计提的折旧、摊销金额，借记“累计折旧”“累计摊销”科目；按照投出资产的账面余额，贷记“固定资产”“无形资产”“库存物品”科目。

2. 投资持有期间实际收到股利等投资收益时，按照实际收到的金额，借记“银行存款”等科目，贷记“投资收益”科目。

3. 转让股权投资时，按照待转让股权投资的账面余额，借记“资产基金——投资”科目，贷记本科目。

按照实际取得的价款，借记“银行存款”等科目，按照投资的账面余额，贷记“工会资金结余——累计结余”科目，按照其差额，贷记或借记“投资收益”科目。

4. 因被投资单位破产清算等，有确凿证据表明股权投资发生损失，按规定报经批准后予以核销。按照待核销的股权投资账面余额，借记“待处理财产损溢”科目，贷记本科目。

报经批准予以核销时，按照已核销的股权投资账面余额，借记“资产基金——投资”科目，贷记“待处理财产损溢”科目。

已经核销的投资呆账，保留备查账簿。

已经核销的投资呆账，重新收回的，借记“银行存款”等科目，贷记“其他收入”科目。收回实物的，需重新进行评估，按评估价值入账。

三、主要业务举例

【例 3-32】购入国债等债券的投资：

（1）202× 年某基层工会用结余资金 100 000 元购买一年期国债，假设利率为 4%。

借：投资——国债　　100 000

　　贷：资产基金——投资　　100 000

同时：

借：工会资金结余——累计结余　　100 000

　　贷：银行存款　　100 000

（2）202× 年 1 月国债到期兑付本金 100 000 元，利息 4 000 元。

借：银行存款　　104 000

　　贷：工会资金结余——累计结余　　100 000

　　　　投资收益　　4 000

同时：

借：资产基金——投资　　100 000

　　贷：投资——国债　　100 000

年末收支结转分录略。

【例 3-33】以货币资金对外进行股权投资：

（1）省总工会 202× 年与另一单位共同投资兴办一家公司，注册资金 1 000 000 元，根据投资协议，省总出资 600 000 元，款已转出。

按规定程序审批后，省总工会投资 600 000 元，银行存款已转出。

借：投资——股权投资——某公司　　600 000
　　贷：资产基金——投资　　600 000

同时：

借：工会资金结余——累计结余　　600 000
　　贷：银行存款　　600 000

（2）次年底，省总工会收到该公司分配利润 50 000 元，银行已收。

借：银行存款　　50 000
　　贷：投资收益　　50 000

（3）三年后，因工作需要，省总工会决定不再投资兴办此类企业，计划转让此项投资，所有权转让给对方，清产时，共有资产 1 200 000 元，对方转账补偿工会资产转让费 720 000 元。

借：银行存款　　720 000
　　贷：工会资金结余——累计结余　　600 000
　　　　投资收益　　120 000

同时：

借：资产基金——投资　　600 000
　　贷：投资——股权投资——某公司　　600 000

（4）接（2），该公司转让时全部资产仅有 900 000 元，对方仅付给省总工会 540 000 元，亏损 60 000 元。

借：银行存款　　540 000
　　投资收益　　60 000
　　贷：工会资金结余——累计结余　　600 000

同时：

借：资产基金——投资　　600 000
　　贷：投资——股权投资——某公司　　600 000

【例 3-34】以固定资产对外进行股权投资：

（1）202× 年 1 月某公司与某县总工会合资兴办企业，县总工会以当地一房屋出资，该房屋的账面价值为 500 000 元，评估价值为 600 000 元。会计处理如下：

借：投资——股权投资——某公司　　600 000
　　贷：资产基金——投资　　600 000

同时：

借：资产基金——固定资产　　500 000
　　贷：固定资产　　500 000

（2）次年底取得投资收益 100 000 元，银行收讫。会计处理如下：

借：银行存款　　100 000
　　贷：投资收益　　100 000

（3）五年后，合资公司因业务转型未达成一致，决定该公司撤销，按照投资比例对公司经营成果进行划分，县总工会收回房屋，房屋评估作价 620 000 元，同时收到 30 000 元。会计处理如下：

借：固定资产　　620 000
　　贷：资产基金——固定资产　　620 000

借：银行存款　　30 000
　　贷：投资收益　　30 000

同时：

借：资产基金——投资　　600 000
　　贷：投资——股权投资——某公司　　600 000

【例 3-35】以库存物品对外进行股权投资：

（1）202× 年 1 月市总工会以一批库存物品对某球馆进行投资，物品原值 10 000 元，评估价 8 000 元。会计处理如下：

借：投资——股权投资——某球馆　　8 000
　　贷：资产基金——投资　　8 000

同时：

借：资产基金——库存物品　　10 000
　　贷：库存物品　　10 000

（2）次年底取得投资收益 3 000 元，银行转收。会计处理如下：

借：银行存款　　3 000
　　贷：投资收益　　3 000

（3）五年后，球馆因资不抵债关闭。经核实并报领导批准予以核销。

借：资产基金——投资　　8 000

　　贷：投资——股权投资——某球馆　　8 000

【例 3-36】202× 年市总工会收回前期经批准核销的一笔投资 10 000 元，款项已收讫。

借：银行存款　　10 000

　　贷：其他收入　　10 000

第十一节　在建工程

一、在建工程核算内容

本科目核算工会在建的建设项目工程的实际成本。工会在建的信息系统项目工程，也通过本科目核算。本科目应当设置“建筑安装工程投资”“设备投资”“待摊投资”“其他投资”“待核销基建支出”“基建转出投资”“预付工程款”等明细科目，并按照具体项目进行明细核算。本科目的期末借方余额，反映工会尚未完工的各项在建工程发生的实际支出。

二、在建工程账务处理

在建工程的主要账务处理如下：

（一）建筑安装工程投资

1. 将固定资产等资产转入改建、扩建等时，按照固定资产等资产的账面价值，借记本科目（建筑安装工程投资），贷记“资产基金——在建工程”科目。同时，按照固定资产等资产的账面价值，借记“资产基金——固定资产”科目；按照已计提的折旧或摊销金额，借记“累计折旧”等科目；按照固定资产等资产的账面余额，贷记“固定资产”等科目。

固定资产等资产改建、扩建过程中涉及替换（或拆除）原资产的某些组成部分的，按照被替换（或拆除）部分的账面价值，借记“待处理财产损溢”科目，贷记本科目（建筑安装工程投资）。

2. 工会对于发包建筑安装工程，预付工程款时，根据实际支付的金额，借记“其他应收款”科目，贷记“零余额账户用款额度”、“银行存款”、“政府补助收入”等科目。根据建筑安装工程价款结算账单与施工企业结算工程价款时，按照应承付的工程价款，借记本科目（建筑安装工程投资），贷记“资产基金——在建工程”科目；同时，借记“资本性支出”科目，贷记“其他应收款”等科目。

3. 工会自行施工的小型建筑安装工程，按照发生的各项支出金额，借记本科目（建筑安装工程投资），贷记“资产基金——在建工程”科目；同时，借记“资本性支出”科目，贷记“零余额账户用款额度”“银行存款”“应付职工薪酬”等科目。

4. 工程竣工，办妥竣工验收交接手续交付使用时，按照建筑安装工程成本（含应分摊的待摊投资），借记“固定资产”等科目，贷记本科目（建筑安装工程投资）；同时，借记“资产基金——在建工程”科目，贷记“资产基金——固定资产”等科目。

（二）设备投资

1. 购入设备时，按照购入成本，借记本科目（设备投资），贷记“政府补助收入”“零余额账户用款额度”“银行存款”等科目；采用预付款方式购入设备的，有关预付款的账务处理参照本科目有关“建筑安装工程投资”明细科目的规定。

2. 设备安装完毕，办妥竣工验收交接手续交付使用时，按照设备投资成本（含设备安装工程成本和分摊的待摊投资），借记“固定资产”科目，贷记本科目（设备投资、建筑安装工程投资——安装工程）；同时，借记“资产基金——在建工程”科目，贷记“资产基金——固定资产”科目。

将不需要安装的设备和达不到固定资产标准的工具、器具交付使用时，按照相关设备、工具、器具的实际成本，借记“固定资产”“库存物品”科目，贷记本科目（设备投资）；同时，借记“资产基金——在建工程”科目，贷记“资产基金——固定资产、库存物品”科目。

（三）待摊投资

建设工程发生的构成建设项目实际支出的、按照规定应当分摊计入有关工程成本和设备成本的各项间接费用和税费支出，先在本明细科目中归集；建设工程办妥竣工验收手续并交付使用时，按照合理的分配方法，摊入相关工程成本、在安装设备成本等。

1. 工会发生的构成待摊投资的各类费用，按照实际发生金额，借记本科目（待摊投资），贷记“资产基金——在建工程”科目；同时，借记“资本性支出”“资产基金”科目，贷记“政府补助收入”“零余额账户用款额度”“银行存款”“累计折旧”“累计摊销”等科目。

2. 对于建设过程中试生产、设备调试等产生的收入，按照有关规定应当冲减建设工程成本的部分，借记“资产基金——在建工程”科目，贷记本科目（待摊投资）。同时，按照取得的收入金额，借记“银行存款”等科目；按照有关规定应当冲减建设工程成本的部分，贷记“资本性支出”科目；按照其差额，贷记“其他应付款”或“其他收入”科目。

3. 由于自然灾害、管理不善等造成的单项工程或单位工程报废或毁损，扣除残料价值和过失人或保险公司等赔款后的净损失，报经批准后计入继续施工的工程成本的，按照工程成本扣除残料价值和过失人或保险公司等赔款后的净损失，借记本科目（待摊投资），按照报废或毁损的工程成本，贷记本科目（建筑安装工程投资），按照其差额，借记“资产基金——在建工程”科目；同时，按照残料变价收入、过失人或保险公司赔款等，借记“银行存款”“其他应收款”等科目，贷记“资本性支出”科目。

4. 工程交付使用时，按照合理的分配方法分配待摊投资，借记本科目（建筑安装工程投资、设备投资），贷记本科目（待摊投资）。待摊投资中有按规定应当分摊计入转出投资价值和待核销基建支出的，还应当借记本科目（待核销基建支出、基建转出投资），贷记本科目（待摊投资）。

待摊投资的分配方法，可按照下列公式计算：

（1）按照实际分配率分配。适用于建设工期较短、整个项目的所有单项工程一次竣工的建设项目。

实际分配率 = 待摊投资明细科目余额 ÷（建筑工程明细科目余额 + 安装工程明细科目余额 + 设备投资明细科目余额）× 100%

（2）按照概算分配率分配。适用于建设工期长、单项工程分期分批建成投入使用的建设项目。

概算分配率 =（概算中各待摊投资项目的合计数 − 其中可直接分配部分）÷（概算中建筑工程、安装工程和设备投资合计）× 100%

（3）某项固定资产应分配的待摊投资 = 该项固定资产的建筑工程成本或该项固定资产（设备）的采购成本和安装成本合计 × 分配率

（四）其他投资

1. 工会为建设工程发生的房屋购置支出，基本畜禽、林木等的购置、饲养、培育支出，办公生活用家具、器具购置支出，软件研发和不能计入设备投资的软件购置等支出，按照实际发生金额，借记本科目（其他投资），贷记“资产基金——在建工程”科目；同时，借记“资本性支出”科目，贷记“政府补助收入”“零余额账户用款额度”“银行存款”等科目。

2. 工程完成将形成的房屋、基本畜禽、林木等各种财产以及无形资产交付使用时，按照其实际成本，借记“固定资产”“无形资产”等科目，贷记“资产资金——固定资产、无形资产”等科目；同时，借记“资产基金——在建工程”科目，贷记本科目（其他投资）。

（五）待核销基建支出

1. 建设项目发生的江河清障、航道清淤、飞播造林、补助群众造林、水土保持、城市绿化等不能形成资产的各类待核销基建支出，按照实际发生金额，借记本科目（待核销基建支出），贷记“资产基金——在建工程”科目；同时，借记“资本性支出”科目，贷记“政府补助收入”“零余额账户用款额度”“银行存款”等科目。

2. 取消的建设项目发生的可行性研究费，按照实际发生金额，借记本科目（待核销基建支出），贷记本科目（待摊投资）。

3. 由于自然灾害等发生的建设项目整体报废所形成的净损失，报经批准后转入待核销基建支出，按照项目整体报废所形成的净损失，借记本科目（待核销基建支出），按照报废的工程成本，贷记本科目（建筑安装工程投资等），按照其差额，借记“资产基金——在建工程”科目；同时，按照报废工程回收的残料变价收入、保险公司赔款等，借记“银行存款”“其他应收款”等科目，贷记“资本性支出”科目。

4. 建设项目竣工验收交付使用时，对发生的待核销基建支出进行冲销，借记“资产基金——在建工程”科目，贷记本科目（待核销基建支出）。

（六）基建转出投资

为建设项目配套而建成的、产权不归属本工会的专用设施，在项目竣工验收交付使用时，按照转出的专用设施的成本，借记本科目（基建转出投资），贷记本科目（建筑安装工程投资）；同时，借记“资产基金——在建工程”科目，贷记本科目（基建转出投资）。

建设项目竣工验收交付使用时，按规定直接转入工会以外的会计主体的，工会应当按照转出的建设项目的成本，借记本科目（基建转出投资），贷记本科目（建筑安装工程投资、设备投资）；同时，借记“资产基金——在建工程”科目，贷记本科目（基建转出投资）。

（七）代建制项目的会计处理

1. 拨付代建单位工程款时，按照拨付的款项金额，借记“其他应收款”科目，贷记“银行存款”“政府补助收入”“零余额账户用款额度”等科目。

2. 按照工程进度结算工程款或年终代建单位对账确认在建工程成本时，按照确定的金额，借记本科目下的“建筑安装工程投资”等明细科目，贷记“资产基金——在建工程”科目；同时，按照确定的金额，借记“资本性支出”科目，贷记“其他应收款”等科目。

3. 确认代建管理费时，按照确定的金额，借记本科目（待摊投资），贷记“资产基金——在建工程”科目；同时，按照确定的金额，借记“资本性支出”科目，贷记“其他应收款”等科目。

4. 项目完工交付使用资产时，按照代建单位转来在建工程成本中尚未确认入账的金额，借记本科目“建筑安装工程投资”等明细科目，贷记“资产基金——在建工程”科目；同时，借记“资本性支出”科目，贷记“其他应收款”等科目。按照在建工程成本，借记“固定资产”等科目，贷记“在建工程”科目；同时，借记“资产基金——在建工程”科目，贷记“资产基金——固定资产”等科目。

工程结算、确认代建费或竣工决算时涉及补付资金的，应当在确认在建工程和资产基金的同时，按照补付的金额，借记“资本性支出”科目，贷记“银行存款”“零余额账户用款额度”“政府补助收入”等科目。

三、主要业务举例

【例 3-37】202× 年某市总工会兴建办公综合楼，工程预算为 2 000 000 元，8 月转账预付工程款 1 000 000 元。会计处理如下：

借：在建工程——建筑安装工程投资——建筑工程——A 工程

　　　　1 000 000

　　贷：资产基金——在建工程　　1 000 000

同时：

借：资本性支出　　1 000 000

　　贷：银行存款　　1 000 000

【例 3-38】接上例，202× 年 12 月根据工程进度预付工程款 800 000 元（工程预算 2 000 000 元，扣 5% 工程尾款）。会计处理如下：

借：在建工程——建筑安装工程投资——建筑工程——A 工程

　　　　800 000

贷：资产基金——在建工程　　800 000

同时：

借：资本性支出　　800 000

贷：银行存款　　800 000

【例 3-39】接上例，202× 年 12 月工程竣工，经中介机构审计，工程实际造价为 1 850 000 元，并补付工程款 50 000 元。发生工程审计费用 60 000 元，已付讫。会计处理如下：

（1）补付工程款时：

借：在建工程——建筑安装工程投资——建筑工程——A 工程　　50 000

贷：资产基金——在建工程　　50 000

同时：

借：资本性支出　　50 000

贷：银行存款　　50 000

（2）支付审计费时：

借：在建工程——待摊投资——A 工程　　60 000

贷：资产基金——在建工程　　60 000

同时：

借：资本性支出　　60 000

贷：银行存款　　60 000

（3）工程交付使用时：

借：固定资产　　1 910 000

贷：资产基金——固定资产　　1 910 000

同时：

借：资产基金——在建工程　　1 910 000

贷：在建工程——建筑安装工程——建筑工程——A 工程　　1 850 000

在建工程——待摊投资——A 工程　　60 000

第十二节　固定资产

一、固定资产的核算内容

本科目核算工会各项固定资产的原值。工会应设置固定资产明细账，按类别、品名进行明细核算。本科目期末借方余额，反映工会固定资产的原值。

二、工会固定资产的概念及分类

固定资产是指工会使用年限超过 1 年（不含 1 年），单位价值在规定标准以上，并在使用过程中基本保持原有物质形态的资产，一般包括：房屋及构筑物；专用设备；通用设备；文物和陈列品；图书、档案；家具、用具、装具及动植物。

通用设备单位价值在 1 000 元以上，专用设备单位价值在 1 500 元以上，为固定资产。单位价值虽未达到规定标准，但是使用时间超过 1 年（不含 1 年）的大批同类物资，按固定资产管理。

三、固定资产的计价

（一）固定资产在取得时应当按照其实际成本入账。

购入、有偿调入的固定资产，以实际支付的买价、运输费、保险费、安装费、装卸费及相关税费等记账。

自行建造的固定资产，以该项资产至交付使用前所发生的全部必要支出记账。

无偿调入、接受捐赠的固定资产，按照本制度第二十六条规定所确定的成本入账。

对固定资产进行改扩建，其净增值部分，应当计入固定资产价值。固定资产修理费用直接计入当期支出。

（二）工会应当对固定资产计提折旧，但文物和陈列品，动植物，图书、档案，单独计价入账的土地和以名义金额计量的固定资产除外。

工会应当根据相关规定以及固定资产的性质和使用情况，合理确定固定资产的使用年限。固定资产的使用年限一经确定，不得随意变更。

工会一般应当采用年限平均法或者工作量法计提固定资产折旧，计提折旧时不考虑预计净残值。在确定固定资产折旧方法时，应当考虑与固定资产相关的服务潜力或经济利益的预期实现方式。固定资产的折旧方法一经确定，不得随意变更。

工会应当按月计提折旧。当月增加的固定资产，当月计提折旧；当月减少的固定资产，当月不再计提折旧。固定资产提足折旧后，无论是否继续使用，均不再计提折旧；提前报废的固定资产，也不再补提折旧。

固定资产因改建、扩建或修缮等而延长其使用年限的，应当按照重新确定的固定资产的成本以及重新确定的折旧年限，重新计算折旧额。

（三）处置（出售）固定资产时，冲减其账面余额并相应减少资产基金，处置中取得的变价收入扣除处置费用后的净收入（或损失）计入当期收入（或支出），按规定应上缴财政的计入其他应付款。

（四）工会应当定期对固定资产进行清查盘点，每年至少全面盘点一次。对于盘盈、盘亏或报废、毁损的固定资产，应当及时查明原因，报经批准认定后及时进行会计处理。

盘盈的固定资产，按照确定的成本入账，报经批准后相应增加资产基金；盘亏的固定资产，冲减其账面余额，报经批准后相应减少资产基金。报废、毁损的固定资产，冲减其账面余额，报经批准后相应减少资产基金，清理中取得的变价收入扣除清理费用后的净收入（或损失）计入当期收入（或支出），按规定应上缴财政的计入其他应付款。

四、工会固定资产的管理

工会固定资产是属于工会所有的社团财产，全国总工会对各级地方工会、产业工会和基层工会的固定资产拥有终极所有权。

（一）工会固定资产的管理和使用实行统一领导、分级管理、责任到人，物尽其用的原则。

（二）各级地方工会、产业工会、基层工会及其所属企事业单位所有以及依法占有和使用的房屋与土地都要依法办理房屋产权证、土地使用证和中华全国总工会工会资产产权登记证，做到“三证”齐全。县以上工会占用的土地，需要转让（包括出售、置换、赠予）、开发（含联合开发）、出租和非经营性土地转发经营性土地等，以及有关政府部门和单位无偿调拨和占用工会土地的，都要由省（区、市）工会专项向全总资产管理部门上报工会改变土地用途请示和申报表，经全总资产管理部门审批后实施。

（三）各级工会固定资产的管理应建立健全各项管理制度；明晰产权关系，实施产权管理；合理配备并节约、有效使用固定资产，提高固定资产使用效益；保障固定资产的安全和完整。

（四）县以上工会应设立资产管理部门，配备专（兼）职人员，对本级工会资产实施统一管理，对下级工会资产管理实施监督。工会机关、基层工会和事业单位要明确资产管理部门，指定专（兼）职人员对本单位占有使用的固定资产实施日常管理，对所管资产的安全与完整负责。固定资产管理人员应相对稳定，其工作调动时必须办清交接手续。

（五）根据资产管理规定，对工会的资产进行区分。根据《关于各级总工会及所属事业单位资产产权界定问题的通知》（财行〔2008〕82 号），各级总工会及所属事业单位的资产应分为工会资产和国有资产进行管理。县级以上工会应根据实际情况在资产类科目下设置“国有资产”“工会资产”明细科目，分别核算工会依法确认的国有资产和工会资产；对于同时使用财政拨款和工会资金构建的资产，应当设置备查簿登记资金来源及其金额比例，以更好地满足行政事业性国有资产报告等工作需要。

（六）在固定资产的日常管理中，各资产部门、财务部门、使用部门既要分工，又要合作，共同努力管好资产。财务部门负责按固定资产的价值分类核算，审核固定资产预算，并对固定资产管理进行监督检查。各单位资产部门必须完善固定资产登记、入库、领用、使用年限管理、处置、清查盘点等日常管理制度。使用部门必须指定专人负责办理本部门固定资产和其他物品的领用、保管、清点等工作。

（七）各单位资产部门对验收入库及投入使用的固定资产，须建立固定资产卡片，并登记固定资产明细账，按物登卡、凭卡记账。对库存的固定资产，要按照各类资产的使用说明和存放要求进行保管，填写保管单并定期检查。库存固定资产未经管理人员同意，任何人不准领用或调换。处置固定资产须填写有关工会固定资产处置报批单，据单入账。使用部门领用固定资产须填写相关固定资产领用单据，经必要管理程序审批同意后，固定资产管理人员凭单填写固定资产使用记录，并登记工会固定资产卡片。未经批准，任何个人不得以任何理由占用固定资产。

（八）各单位资产管理部门对配备给个人使用的固定资产或物品，要建立领用、交还制度，并督促使用人爱护所用资产。工作人员离职时，应在其办理所用资产交还手续后，方可办理离职手续。

（九）各单位资产管理部门、财务部门和使用部门应定期对账，使账实、账卡、账账保持一致。每年年终对本单位的固定资产进行一次全面清查盘点，查明固定资产的实有数与账面结存数是否相符，固定资产的保管、使用、维修等情况是否正常。对清查盘点中发现的问题，应查明原因，说明情况，编制有关工会固定资产盘盈盘亏报批单，按管理权限核准后，调整固定资产账目。年终按照要求编制工会固定资产年度增减变动统计表等相关报表，报上一级工会。

（十）各单位发生资产产权变动、财务和账务异常、资产损失和资金挂账严重或挂靠单位脱钩等情况，必须进行清产核资的，应由本单位资产管理部门报主管工会或上一级工会确定。

五、账务处理

固定资产的主要账务处理如下：

（一）固定资产在取得时，应当按照成本进行初始计量。

1. 购入、有偿调入固定资产，按照确定的成本，借记本科目，贷记“资产基金——固定资产”科目；同时，按照实际支付的金额，借记“资本性支出”科目，贷记“银行存款”“零余额账户用款额度”等科目。

2. 自行建造固定资产，工程完工交付使用时，按照自行建造过程中发生的实际支出，借记本科目，贷记“资产基金——固定资产”科目；同时，借记“资产基金——在建工程”科目，贷记“在建工程”科目。已交付使用但尚未办理竣工决算手续的固定资产，按照估计价值入账，待确定实际成本后再进行调整。

3. 无偿调入、接受捐赠的固定资产，按照确定的成本，借记本科目，贷记“资产基金——固定资产”科目；按照发生的相关税费、运输费等，借记“其他支出”科目，贷记“银行存款”“零余额账户用款额度”等科目。

4. 在原有固定资产基础上进行改建、扩建、修缮的固定资产，将固定资产转入改建、扩建、修缮时，按照固定资产的账面价值，借记“在建工程”科目，贷记“资产基金——在建工程”科目。同时，按照固定资产的账面价值，借记“资产基金——固定资产”科目；按照固定资产已计提折旧金额，借记“累计折旧”科目；按照固定资产的账面余额，贷记本科目。工程完工交付使用时，按照确定的固定资产成本，借记本科目，贷记“资产基金——固定资产”科目；同时，借记“资产基金——在建工程”科目，贷记“在建工程”科目。

（二）按月计提固定资产折旧时，按照实际计提的金额，借记“资产基金——固定资产”科目，贷记“累计折旧”科目。

（三）与固定资产有关的后续支出，分以下情况处理：

1. 为增加固定资产使用效能或延长其使用寿命而发生的改建、扩建或修缮等后续支出，应当计入固定资产成本，通过“在建工程”科目核算，完工交付使用时转入本科目。有关账务处理参见“在建工程”科目。

2. 为维护固定资产正常使用而发生的日常修理等后续支出，应当计入当期支出但不计入固定资产成本，借记行政支出，贷记“银行存款”“零余额账户用款额度”“政府补助收入”等科目。

（四）按规定报经批准处置固定资产时，应当进行以下会计处理：

1. 出售固定资产，按出售固定资产的账面价值，借记“资产基金——固定资产”科目，按照已计提折旧，借记“累计折旧”科目，按照固定资产的账面余额，贷记本科目。取得的收入扣减相关支出后的净额，借记“银行存款”等科目，贷记“其他收入”科目，按规定应上缴同级财政的，贷记“其他应付款”科目。

2. 经批准对外捐赠、无偿调出固定资产，按固定资产的账面价值，借记“资产基金——固定资产”科目；按照已计提折旧，借记“累计折旧”科目；按照固定资产的账面余额，贷记本科目。发生的由工会承担的运输费、装卸费等，按照实际支付的金额，借记“其他支出”科目，贷记“银行存款”等科目。

六、主要业务举例

【例 3-40】购入、有偿调入固定资产：

202× 年某市总工会购入一台不需安装就可投入使用的办公设备，设备价款为 100 000 元，以银行存款支付完毕。会计处理如下：

借：资本性支出——办公设备购置　　100 000

　　贷：银行存款　　100 000

同时：

借：固定资产——通用设备——×× 设备　　100 000

　　贷：资产基金——固定资产　　100 000

【例 3-41】无偿调入固定资产：

202× 年某市总工会接到省总工会无偿调入小轿车一辆，调拨价值 200 000 元，同时支付运费 5 000 元。会计处理如下：

借：固定资产　　205 000

贷：资产基金——固定资产 205 000

支付运费时：

借：其他支出 5 000

贷：银行存款 5 000

【例 3-42】出售固定资产：

202× 年某省总工会将一台闲置的设备出售，该资产账面原值为 120 000 元，已计提折旧 40 000 元，账面净值 80 000 元，双方议定售价 90 000 元，银行已收讫。会计处理如下：

借：银行存款 90 000

贷：其他收入 90 000

同时：

借：资产基金——固定资产 80 000

累计折旧 40 000

贷：固定资产——通用设备 120 000

【例 3-43】固定资产租赁：

（1）某市总工会因办公大楼维修，临时租用办公室，银行转账支付租金 100 000 元。会计处理如下：

借：行政支出 100 000

贷：银行存款 100 000

（2）某县总工会出租一套房屋（工会资产）用于库房，收取租金 50 000 元，银行收讫。会计处理如下：

借：银行存款 50 000

贷：其他收入 50 000

第十三节　累计折旧

一、累计折旧的核算内容

本科目核算工会计提的固定资产累计折旧。本科目应当按照所对应固定资产的类别进行明细核算。本科目期末贷方余额，反映工会计提的固定资产折旧累计数。

工会应当对固定资产计提折旧，但文物和陈列品、动植物、图书、档案、单独计价入账的土地和以名义金额计量的固定资产除外。

工会应当根据相关规定以及固定资产的性质和使用情况，合理确定固定资产的使用年限。固定资产的使用年限一经确定，不得随意变更。

工会一般应当采用年限平均法或者工作量法计提固定资产折旧，计提折旧时不考虑预计净残值。在确定固定资产折旧方法时，应当考虑与固定资产相关的服务潜力或经济利益的预期实现方式。固定资产的折旧方法一经确定，不得随意变更。

工会应当按月计提折旧。当月增加的固定资产，当月计提折旧；当月减少的固定资产，当月不再计提折旧。固定资产提足折旧后，无论是否继续使用，均不再计提折旧；提前报废的固定资产，也不再补提折旧。

固定资产因改建、扩建或修缮等而延长其使用年限的，应当按照重新确定的固定资产的成本以及重新确定的折旧年限，重新计算折旧额。

二、账务处理

固定资产累计折旧的主要账务处理如下：

（一）按月计提固定资产折旧时，按照应计提折旧金额，借记“资产基金——固定资产”科目，贷记本科目。

（二）经批准处置固定资产时，按照所处置固定资产的账面价值，借记“资产基金——固定资产”（对外捐赠、无偿调出）或“待处理财产损溢”（报废、盘亏、毁损）科目，按照固定资产已计提折旧，借记本科目，按照固定资产的账面余额，贷记“固定资产”科目。

三、主要业务举例

【例 3-44】202× 年 6 月，某工会新购固定资产一套，价值 72 000 元，计划使用 6 年，已按照有关规定登记入账。从当月开始，每月计提折旧 1 000 元。按月计提固定资产折旧时，会计处理如下：

借：资产基金——固定资产　　1 000

　　贷：累计折旧　　1 000

【例 3-45】202× 年 8 月，某工会报废固定资产一套，账面原价值 8 000 元，计提折旧 7 600 元，账面净值 400 元。经批准报废，无残值收入。会计处理如下：

计划报废时：

借：待处理财产损溢 400
　　累计折旧 7 600
　　贷：固定资产——通用设备 8 000

审批程序完成后：

借：资产基金——固定资产 400
　　贷：待处理财产损溢 400

第十四节　无形资产

一、无形资产的核算内容

本科目核算工会各项无形资产的原值。工会应设置无形资产明细账，按类别、项目等进行明细核算。本科目期末借方余额，反映工会无形资产的原值。

二、账务处理

无形资产的主要账务处理如下：

（一）无形资产在取得时，应当按照成本进行初始计量。

1. 外购无形资产，按照确定的成本，借记“资本性支出”科目，贷记“银行存款”“零余额账户用款额度”等科目；同时借记本科目，贷记“资产基金——无形资产”科目。

2. 委托软件公司开发软件视同外购无形资产进行处理。支付软件开发费时，按实际支付的金额，借记“资本性支出”科目，贷记“银行存款”“零余额账户用款额度”等科目。软件开发完成交付使用时，借记本科目，贷记“资产基金——无形资产”科目。

3. 接受捐赠、无偿调入的无形资产，按照确定的成本，借记本科目，贷记“资产基金——无形资产”科目；按照发生的相关税费等借记“其他支出”科目，贷记“银行存款”“零余额账户用款额度”等科目。

（二）按月摊销无形资产时，按照应摊销的金额，借记“资产基金——无形资产”科目，贷记“累计摊销”科目。

（三）按规定报经批准处置无形资产时，应当进行以下会计处理。

1. 以无形资产对外进行股权投资，按无形资产的评估确认或合同、协议确定的价值，借记“投资”科目，贷记“资产基金——投资”科目；同时，按投出无形资产的账面价值，借记“资产基金——无形资产”科目，按照已计提摊销，借记“累计摊销”科目，按照无形资产的账面余额，贷记本科目。

2. 出售无形资产，按出售无形资产的账面价值，借记“资产基金——无形资产”科目，按照已计提摊销，借记“累计摊销”科目，按照无形资产的账面余额，贷记本科目。取得的收入扣减相关支出后的净额，借记“银行存款”等科目，贷记“其他收入”科目，按规定应上缴同级财政的，贷记“其他应付款”科目。

3. 对外捐赠、无偿调出无形资产，按无形资产的账面价值，借记“资产基金——无形资产”科目，按照已计提摊销，借记“累计摊销”科目，按照无形资产的账面余额，贷记本科目。

4. 无形资产预期不能为工会带来服务潜力或经济利益，应当按规定报经批准后将该无形资产的账面价值予以核销。

转入待处理资产时，按照待核销无形资产的账面价值，借记“待处理财产损溢”科目，按照已计提摊销，借记“累计摊销”科目，按照无形资产的账面余额，贷记本科目。

报经批准予以核销时，按照核销无形资产的账面价值，借记“资产基金——无形资产”科目，贷记“待处理财产损溢”科目。

（四）无形资产应每年至少盘点一次，对盘盈、盘亏的无形资产，参照“固定资产”科日相关规定进行账务处理。

三、主要业务举例

【例 3-46】202× 年某工会采购软件一套，价款 500 000 元。验收合格后银行付讫。会计处理如下：

借：资本性支出	500 000	
贷：银行存款		500 000

同时：

借：无形资产	500 000	
贷：资产基金——无形资产		500 000

【例 3-47】202× 年某市总工会建立门户网站，经过相关采购程序后，合同约定总价 500 000 元。根据进度分期付款。会计处理如下：

（1）按照合同约定，支付首付款 150 000 元：

借：资本性支出——信息网络购建	150 000	

贷：银行存款　　150 000

（2）根据网站开发进度，支付 300 000 元：

借：资本性支出——信息网络购建　　300 000

贷：银行存款　　300 000

（3）验收合格支付尾款：

借：资本性支出——信息网络购建　　50 000

贷：银行存款　　50 000

同时：

借：无形资产　　500 000

贷：资产基金——无形资产　　500 000

第十五节　累计摊销

一、累计摊销的核算内容

本科目核算工会对使用年限有限的无形资产计提的累计摊销。本科目应当按照所对应无形资产的明细分类进行明细核算。本科目期末贷方余额，反映工会计提的无形资产摊销累计数。

工会应当按月对无形资产进行摊销，使用年限不确定的、以名义金额计量的无形资产除外。

工会应当按照以下原则确定无形资产的摊销年限：法律规定了有限年限的，按照法律规定的有效年限作为摊销年限；法律没有规定有效年限的，按照相关合同中的受益年限作为摊销年限；上述两种方法无法确定有效年限的，应当根据无形资产为工会带来服务潜力或者经济利益的实际情况，预计其使用年限。

工会应当采用年限平均法或工作量法对无形资产进行摊销，应摊销金额为其成本，不考虑预计净残值。

工会应当按月进行摊销。当月增加的无形资产，当月进行摊销；当月减少的无形资产，当月不再进行摊销。无形资产提足摊销后，无论是否继续使用，均不再进行摊销；核销的无形资产，也不再补提摊销。

因发生后续支出而增加无形资产成本的，对于使用年限有限的无形资产，应当按照重新确定的无形资产成本以及重新确定的摊销年限计算摊销额。

二、账务处理

无形资产累计摊销的主要账务处理如下：

（一）按月对无形资产进行摊销时，按照应摊销的金额，借记“资产基金——无形资产”科目，贷记本科目。

（二）经批准处置无形资产时，按照所处置无形资产的账面价值，借记“资产基金——无形资产”“待处理财产损溢”等科目，按照已计提摊销，借记本科目，按照无形资产的账面余额，贷记“无形资产”科目。

三、主要业务举例

【例 3-48】202× 年 3 月 9 日，某工会购入一项软件技术，总价款 360 000 元，按规定摊销 10 年。购入无形资产当月，开始计提摊销（无形资产月摊销额 = 360 000 ÷ 10 ÷ 12=3 000 元）。会计处理如下：

借：资产基金——无形资产　　3 000

　　贷：累计摊销　　3 000

【例 3-49】202× 年 3 月 9 日，某工会报废 App 软件一套，账面原值 50 000 元，已经提取摊销 45 000 元，净额 5 000 元。会计处理如下：

计划报废时：

借：待处理财产损溢　　5 000

　　累计摊销　　45 000

　　贷：无形资产　　50 000

审批完成后，处理时：

借：资产基金——无形资产　　5 000

　　贷：待处理财产损溢　　5 000

第十六节　长期待摊费用

一、长期待摊费用的核算内容

本科目核算工会已经支出，但应由本期和以后各期负担的分摊期限在 1 年以上（不含 1 年）的各项支出。如对以经营租赁方式租入的固定资产的改扩建支出。本科目应当按照对应资产的类别进行明细核算。本科目期末借方余额，反映工会尚未摊销完毕的长期待摊费用。

二、账务处理

长期待摊费用的主要账务处理如下：

（一）发生长期待摊费用时，按照支出金额，借记本科目，贷记“资产基金——长期待摊费用”科目。同时，借记“资本性支出”科目，贷记“银行存款”“零余额账户用款额度”等科目。

（二）在受益期间摊销长期待摊费用时，按照摊销金额，借记“资产基金——长期待摊费用”科目，贷记本科目。

（三）如果某项长期待摊费用已经不能使工会受益，应当将其摊余金额一次性转销。按照剩余待摊销金额，借记“资产基金——长期待摊费用”科目，贷记本科目。

三、主要业务举例

【例 3–50】202× 年 4 月 1 日，某工会对其以经营租赁方式新租入的办公楼进行装修，总造价 450 000 元，已经支出 420 000 元，30 000 元尾款质保期满支付。相关会计处理如下：

（1）装修支付工程款：

借：资本性支出——大型修缮　　420 000

　　贷：银行存款　　420 000

（2）同年 11 月 30 日，该办公楼装修完工，达到预期可使用状态并交付使用，尾款 30 000 元尚未支付。

借：资本性支出——大型修缮　　30 000

　　贷：其他应付款——某装修公司　　30 000

同时：

借：长期待摊费用　　450 000

　　贷：资产基金——长期待摊费用　　450 000

（3）按租赁合同期限 10 年进行摊销。投入使用当月开始摊销：

借：资产基金——长期待摊费用　　3 750

　　贷：长期待摊费用　　3 750

第十七节　待处理财产损溢

一、待处理财产损溢的核算内容

本科目核算工会待处理财产的价值及财产处理损溢。工会财产的处理包括资产的报废、毁损、盘盈、盘亏以及货币性资产损失核销等。本科目应当按照待处理的资产项目进行明细核算；对于在资产处理过程中取得收入或发生相关费用的项目，还应当设置“待处理财产价值”“处理净收入”明细科目，进行明细核算。工会财产的处理，一般应当先记入本科目，按照规定报经批准后及时进行账务处理。年末结账前一般应处理完毕。

本科目期末如为借方余额，反映工会尚未处理完毕的各种资产的净损失；期末如为贷方余额，反映尚未处理完毕的各种资产净溢余。年末，经批准处理后，本科目一般应无余额。

二、账务处理

待处理财产损溢的主要账务处理如下：

（一）账款核对时发现短缺或溢余的库存现金。

1. 每日账款核对中发现现金短缺或溢余，属于现金短缺，按照实际短缺的金额，借记本科目，贷记“库存现金”科目；属于现金溢余，按照实际溢余的金额，借记“库存现金”科目，贷记本科目。

2. 如为现金短缺，属于应由责任人等赔偿的，借记“其他应收款”科目，贷记本科目；属于无法查明原因的，报经批准核销时，借记“其他支出”科目，贷记本科目。

3. 如为现金溢余，属于应支付给有关人员或单位的，借记本科目，贷记“其他应付款”科目；属于无法查明原因的，报经批准后，借记本科目，贷记“其他收入”科目。

（二）按规定报经批准予以核销的其他应收款、股权投资、无形资产。

1. 转入待处理资产时，按照资产的账面价值，借记本科目（核销无形资产的，还应按照计提的摊销金额，借记“累计摊销”科目），按照资产的账面余额，贷记“其他应收款”“投资”“无形资产”等科目。

2. 报经批准予以核销时，借记“其他支出”科目（其他应收款核销）或“资产基金——投资、无形资产”科目（投资、无形资产核销），贷记本科目。

（三）资产清查过程中发现的盘盈、盘亏或报废、毁损的库存物品、固定资产、无形资产等各种资产。

1. 盘盈的各类资产。

（1）转入待处理资产时，按照确定的成本，借记“库存物品”“固定资产”“无形资产”等科目，贷记本科目（待处理财产价值）。

（2）按照规定报经批准后处理时，借记本科目（待处理财产价值），贷记“资产基金”科目。

2. 盘亏或者毁损、报废的各类资产。

（1）转入待处理资产时，借记本科目（待处理财产价值）（盘亏、毁损、报废固定资产、无形资产的，还应借记“累计折旧”“累计摊销”科目），贷记“库存物品”“固定资产”“无形资产”等科目。

报经批准处理时，借记“资产基金”科目，贷记本科目（待处理财产价值）。

（2）处理毁损、报废实物资产过程中取得的残值或残值变价收入、保险理赔和过失人赔偿等，借记“库存现金”“银行存款”“其他应收款”等科目，贷记本科目（处理净收入）；处理毁损、报废实物资产过程中发生的相关费用，借记本科目（处理净收入），贷记“库存现金”“银行存款”等科目。

处理收支结清，如果处理收入大于相关费用的，按照处理收入减去相关费用后的净收入，借记本科目（处理净收入），贷记“其他收入”科目，需按规定上缴同级政府财政的，贷记“其他应付款”科目；如果处理收入小于相关费用的，按照相关费用减去处理收入后的净支出，借记“其他支出”科目，贷记本科目（处理净收入）。

三、主要业务举例

【例 3-51】某市总工会在 202× 年 11 月 10 日进行财产盘点，盘盈电脑一台，重置价值为 3 000 元。报经批准后在 202× 年 12 月 10 日对该设备进行处理。会计处理如下：

202× 年 11 月 10 日：

借：固定资产——通用设备——×× 电脑　　3 000

　　贷：待处理财产损溢　　3 000

202× 年 12 月 10 日：

借：待处理财产损溢　　3 000

　　贷：资产基金——固定资产　　3 000

【例 3-52】某县总工会对固定资产盘点时，发现一台设备毁损，账面余额 20 000 元，已计提折旧 10 000 元。经批准处理变卖，取得变价收入现金 3 000 元，以现金支付清理费用 500 元。会计处理如下：

（1）盘点发现毁损时：

借：待处理财产损溢——待处理财产价值　　10 000

　　累计折旧　　10 000

　　贷：固定资产　　20 000

（2）经批准处理时：

借：资产基金——固定资产　　10 000

　　贷：待处理财产损溢——待处理财产价值　　10 000

（3）收到变价收入时：

借：库存现金　　3 000

　　贷：待处理财产损溢——处理净收入　　3 000

（4）支付清理费用时：

借：待处理财产损溢——处理净收入　　500

　　贷：库存现金　　500

（5）处埋收支结清时：

借：待处理财产损溢——处理净收入　　2 500

　　贷：其他收入　　2 500

第四章

负　债

第一节　负债概述

一、负债的概念

负债是指由工会过去的经济业务或者事项形成的，预期会导致经济资源流出的现时义务。现时义务是指工会在现行条件下已承担的义务。未来发生的经济业务或者事项形成的义务不属于现时义务，不应当确认为负债。

二、负债的内容

工会的负债包括应付职工薪酬、应付款项等。

应付职工薪酬是工会按照国家有关规定应付给本单位职工及为职工支付的各种薪酬，包括基本工资、国家统一规定的津贴补贴、规范津贴补贴（绩效工资）、改革性补贴、社会保险费（如职工基本养老保险费、职业年金、基本医疗保险费等）和住房公积金等。

应付款项包括应付上级经费、应付下级经费和其他应付款。应付上级经费指本级工会按规定应上缴上级工会的工会拨缴经费。应付下级经费指本级工会应付下级工会的各项补助以及应转拨下级工会的工会拨缴经费。其他应付款指除应付上下级经费之外的其他应付及暂存款项，包括工会按规定收取的下级工会筹建单位交来的建会筹备金等。

代管经费是指工会代管的、有指定用途的、不属于工会收入的资金。

三、负债的特征

工会在同时满足以下条件时，应当确认为负债：

（一）履行该义务很可能导致含有服务潜力或者经济利益的经济资源流出工会；

（二）该义务的金额能够可靠计量。

符合负债定义并确认的负债项目，应当列入资产负债表。

工会负债是工会需承担的清偿责任，清偿的预期将导致工会资产的减少。工会的计划和承诺、将在未来发生的事项，不形成负债。

工会只能将属于本级工会的经费计入收入，属于上级和下级的经费作为应付上级经费和应付下级经费处理，真实反映各级工会在经费收缴上的权属关系。

四、负债类会计科目的设置

负债类会计科目有 5 个，如表 4–1 所示。

表 4–1　　负债类科目名称和编码

序号	科目编码		名称
负债类	一级科目	明细科目	
1	201 △		应付职工薪酬
2	211		应付上级经费
3	212 △		应付下级经费
		21201	应付下级补助
		21202	应付下级转拨经费
4	215		其他应付款
5	221		代管经费

注：△为县级以上工会专用科目，未标符号的为通用科目。

上述负债类科目中，应付职工薪酬为县级以上工会专用科目。应付上级经费和其他应付款为基层工会主要使用的会计科目。部分基层工会发生相应业务时也可以使用代管经费科目进行核算。本章案例为适当简化，未对收入和支出科目进行明细标注，具体明细核算可以参见收入、支出章节。

第二节　应付职工薪酬

一、核算内容

本科目核算县级以上工会按照有关规定应付给本单位职工及为职工支付的各种薪酬，包括基本工资、国家统一规定的津贴补贴、规范津贴补贴（绩效工资）、改革性补贴、社会保险费（如职工基本养老保险费、职业年金、基本医疗保险费等）和住房公积金等。该科目是县级以上工会专用科目，基层工会不使用此科目。

二、会计科目设置

本科目应当根据国家有关规定按照“基本工资（含离休费及退休人员统筹外养老保险待遇）”“国家统一规定的津贴补贴”“规范津贴补贴（绩效工资）”“改革性补贴”“社会保险费”“住房公积金”“其他个人收入”等进行明细核算。其中，“社会保险费”“住房公积金”明细科目核算内容包括工会从职工工资中代扣代缴的社会保险费、住房公积金，以及工会为职工计算缴纳的社会保险费、住房公积金。

三、主要账务处理

（一）计算确认当期应付职工薪酬（含工会为职工计算缴纳的社会保险费、住房公积金）时，借记“行政支出”科目，贷记本科目。

（二）向职工支付工资、津贴补贴等薪酬时，按照实际支付的金额，借记本科目，贷记“银行存款”等科目。

（三）按照税法规定代扣职工个人所得税时，借记本科目，贷记“其他应付款”科目。从应付职工薪酬中代扣为职工垫付的水电费、房租等费用时，按照实际扣除的金额，借记本科目（基本工资），贷记“其他应收款”等科目。从应付职工薪酬中代扣社会保险费和住房公积金，按照代扣的金额，借记本科目（基本工资），贷记本科目（社会保险费、住房公积金）。

（四）按照国家有关规定缴纳职工社会保险费和住房公积金时，按照实际支付的金额，借记本科目（社会保险费、住房公积金），贷记“银行存款”等科目。

（五）从应付职工薪酬中支付的其他款项，借记本科目，贷记“银行存款”等科目。

（六）本科目期末贷方余额，反映县级以上工会应付未付的职工薪酬。

四、主要业务举例

【例 4-1】某市总工会发放职工工资，202× 年 2 月 1 日应发工资总额为 400 000 元，工资项目构成：基本工资 100 000 元，津贴补贴 120 000 元，绩效工资 150 000 元，其他个人收入 30 000 元。代扣代缴项目构成：代扣住房公积金 20 000 元，代扣各项社会保险 2 500 元，代扣个人所得税 10 000 元，代扣职工水电费、房租 20 000 元。该市总为职工支付住房公积金 20 000 元，为职工支付各项社会保险 6 000 元。该市总工会通过银行转账至职工个人银行工资卡。会计处理如下：

（1）计算确认当期应付职工薪酬：

借：行政支出——工资福利支出　400 000

　　贷：应付职工薪酬——基本工资　100 000

　　　　　　　　　　——津贴补贴　120 000

　　　　　　　　　　——绩效工资　150 000

　　　　　　　　　　——其他个人收入　30 000

（2）代扣住房公积金、各项社会保险等：

借：应付职工薪酬——基本工资　42 500

　　贷：应付职工薪酬——住房公积金　20 000

　　　　应付职工薪酬——社会保险费　2 500

　　　　其他应收款——代扣款项　20 000

（3）代扣代缴个人所得税：

借：应付职工薪酬——基本工资　10 000

　　贷：其他应付款——个人所得税　10 000

（4）计算单位应负担的住房公积金、社会保险等：

借：行政支出——工资福利支出　26 000

　　贷：应付职工薪酬——住房公积金　20 000

　　　　应付职工薪酬——社会保险费　6 000

（5）向职工支付工资、津贴补贴等薪酬：

借：应付职工薪酬——基本工资　47 500

　　　　　　　　——津贴补贴　120 000

　　　　　　　　——绩效工资　150 000

　　　　　　　　——其他个人收入　30 000

　　贷：银行存款　347 500

（6）缴纳住房公积金、社会保险、代扣水电费、房租等：

借：应付职工薪酬——住房公积金　40 000

　　应付职工薪酬——社会保险费　8 500

　　其他应收款——代扣款项　20 000

　　贷：银行存款　68 500

（7）缴纳个人所得税：

借：其他应付款——个人所得税　　10 000

　　贷：银行存款　　10 000

第三节　应付上级经费

一、核算内容

本科目核算工会按规定应上缴的工会拨缴经费。

二、主要账务处理

（一）本级工会确认工会拨缴经费时，按照下级工会经费收缴报告表中的相关金额或实际收到的总金额，借记“应收下级经费”“银行存款”等科目，按规定属于本级工会的部分，贷记“拨缴经费收入”科目，按规定应上缴上级工会的部分，贷记本科目，按规定应转拨下级工会的部分，贷记“应付下级经费——应付下级转拨经费”科目。

（二）实际上缴工会经费时，借记本科目，贷记“银行存款”科目。

（三）本科目期末贷方余额，反映工会应缴上级但尚未上缴的工会拨缴经费。

三、主要业务举例

【例 4-2】某县工会 202× 年 4 月 3 日收到其所属基层工会上解 40% 经费 40 000 元，按规定该县工会应按照 15% 的比例上缴市总工会 15 000 元。县总工会会计处理如下：

（1）收到经费时：

借：银行存款　　40 000

　　贷：拨缴经费收入　　25 000

　　　　应付上级经费　　15 000

（2）上解市总工会经费时：

借：应付上级经费　　15 000

　　贷：银行存款　　15 000

【例 4-3】202× 年 1 月 5 日，某县总工会按照规定程序确认某基层工会进入筹建期，符合《中华全国总工会办公厅关于规范建会筹备金收缴管理的通知》（厅字〔2021〕20 号）及当地关于建会筹备金管理的要求。收到税务部门转来某企业建会筹备金 100 000 元，3 月 10 日，该企业被批准建立工会，收到县总工会返还的建会筹备金 60 000 元，该县总工会本级工会留成 25 000 元，应上缴上级工会 15 000 元。县总工会会计处理如下：

（1）某县总工会收到建会筹备金时：

借：银行存款　　100 000

　　贷：其他应付款　　100 000

（2）企业正式建会，县总工会按照规定分成时：

借：其他应付款　　100 000

　　贷：应付下级经费——应付下级转拨经费　　60 000

　　　　拨缴经费收入　　25 000

　　　　应付上级经费　　15 000

（3）县总工会上解上级工会经费时：

借：应付上级经费　　15 000

　　贷：银行存款　　15 000

（4）返还企业建会筹备金时：

借：应付下级经费——应付下级转拨经费　　60 000

　　贷：银行存款　　60 000

第四节　应付下级经费

一、核算内容

本科目核算县级以上工会应付下级工会的各项补助和应转拨下级工会的工会拨缴经费。

二、会计科目设置

工会可以根据需要在本科目下设置以下明细科目：

21201　应付下级补助：核算县级以上工会应拨付给下级工会的一般性转移

支付补助和专项转移支付补助。

21202　应付下级转拨经费：核算县级以上工会采用税务代收、财政划拨的形式收缴的应划转给下级工会作为下级工会拨缴经费收入的工会拨缴经费。

三、主要账务处理

（一）本级工会年末清算对下级工会的补助时，根据补助通知中的相关金额，借记“补助下级支出”科目，贷记本科目（应付下级补助）。

次年，实际拨付补助时，借记本科目（应付下级补助），贷记“银行存款”科目。

（二）采用税务代收、财政划拨方式收缴工会经费的：

1. 本级工会通过税务部门代收、财政部门划拨的工会经费，按照实际收到的总金额，借记“银行存款”科目，按规定属于本级工会的部分，贷记“拨缴经费收入”科目，按规定应上缴上级工会的部分，贷记“应付上级经费”科目，按规定应转拨下级工会的部分，贷记本科目（应付下级转拨经费）。

实际转拨下级工会经费时，借记本科目，贷记“银行存款”科目。

2. 本级工会确认上级工会通过税务部门代收、财政部门划拨的工会经费，按照上级工会经费转拨通知中的金额或实际收到的总金额，借记“应收上级经费——应收上级转拨经费”“银行存款”科目，按规定属于本级工会的部分，贷记“拨缴经费收入”科目，按规定应转拨下级工会的部分，贷记本科目（应付下级转拨经费）。

实际转拨下级工会经费时，借记本科目，贷记“银行存款”科目。

（三）本科目期末贷方余额，反映县级以上工会应拨付下级但尚未拨付的补助和工会拨缴经费。

四、主要业务举例

【例 4-4】某省总工会于 202× 年末，根据全年本地区市级工会上解经费情况及相关管理规定，确定应回拨给下级市级工会补助 6 700 000 元，截至年末尚未支付完毕。会计处理如下：

（1）202× 年末

借：补助下级支出——回拨补助　　6 700 000

　　贷：应付下级经费——应付下级补助　　6 700 000

（2）第二年实际拨付上年应回拨市级工会补助时

借：应付下级经费——应付下级补助　　6 700 000

　　贷：银行存款　　6 700 000

【例 4-5】某市工会已实行全额税务代收经费，202× 年 5 月底收到税务局转来代收所属 5 个基层工会 2% 经费 1 000 000 元，该地区分成比例为：基层工会 60%，市级工会 25%，上级工会 15%。该市总工会会计处理如下：

（1）收到税务局转来经费时：

借：银行存款　　1 000 000

　　贷：拨缴经费收入　　250 000

　　　　应付上级经费　　150 000

　　　　应付下级经费——应付下级转拨经费　　600 000

（2）转付下级经费时：

借：应付下级经费——应付下级转拨经费　　600 000

　　贷：银行存款　　600 000

（3）上解上级经费时：

借：应付上级经费　　150 000

　　贷：银行存款　　150 000

第五节　其他应付款

一、核算内容

本科目核算工会除应付上下级经费之外的其他应付及暂存款项，包括工会按规定收取的下级工会的建会筹备金、应支付的税金等。

二、会计科目设置

本科目应按对方单位或个人设置明细账，进行明细核算。

三、主要账务处理

（一）本级工会收到筹建单位交来的建会筹备金，按照实际收到的总金额，借记“银行存款”科目，贷记本科目。

在筹建单位建立工会后，本级工会按照规定对建会筹备金进行处理。按照对应的金额，借记本科目，按规定属于本级工会的部分，贷记“拨缴经费收入”科目；按规定应上缴上级工会的部分，贷记“应付上级经费”科目；按规定需返还筹建单位工会的部分，贷记“应付下级经费”科目。

（二）发生房产税等纳税义务，以及按照税法规定应代扣代缴个人所得税的，按照应缴税费金额，借记“行政支出”“应付职工薪酬”等科目，贷记本科目。工会实际缴纳上述各种税费时，借记本科目，贷记“银行存款”等科目。

（三）发生其他应付及暂存款项，借记“库存现金”“银行存款”等科目，贷记本科目。支付款项时，借记本科目，贷记“库存现金”“银行存款”等科目。

（四）本科目期末贷方余额，反映工会尚未支付的其他应付及暂存款项。

四、主要业务举例

【例 4-6】202× 年 1 月 5 日，某市工会收到税务部门转来某市直属企业建会筹备金 100 000 元。该地区经费分成比例为应上缴上级工会 15%，应转拨下级工会 60%，本级留成 25%。会计处理如下：

（1）收到建会筹备金时：

借：银行存款　　100 000

　　贷：其他应付款——建会筹备金——某企业　　100 000

（2）筹建单位建立工会后：

借：其他应付款——建会筹备金——某企业　　100 000

　　贷：拨缴经费收入　　25 000

　　　　应付上级经费　　15 000

　　　　应付下级经费——应付下级转拨经费　　60 000

（3）筹建单位建立工会后，按照比例分成上缴上级工会经费时：

借：应付上级经费　　15 000

　　贷：银行存款　　15 000

（4）按照比例分成，转拨下级工会留成经费时：

借：应付下级经费——应付下级转拨经费　　60 000

　　贷：银行存款　　60 000

【例 4-7】某基层工会 202× 年 9 月聘请专家为职工开展业务专题培训，为此支付专家劳务费 2 000 元，代扣应缴个人所得税 240 元。会计处理如下：

（1）计算支付劳务费：

借：职工教育支出——劳务费 2 000

贷：其他应付款——代扣个人所得税 240

银行存款 1 760

（2）缴纳个人所得税：

借：其他应付款——代扣个人所得税 240

贷：银行存款 240

【例 4-8】202× 年 3 月 5 日，某市总工会开展业务活动收取某单位押金 10 000 元，银行账户已收到款项。会计处理如下：

（1）收到押金时：

借：银行存款 10 000

贷：其他应付款——某单位 10 000

（2）退还押金时：

借：其他应付款——某单位 10 000

贷：银行存款 10 000

第六节　代管经费

一、核算内容

本科目核算其他组织委托工会代管的有指定用途的、不属于工会收入的资金，如代管的社团活动费、职工互助保险等。

二、会计科目设置

本科目应当按照拨入代管经费的项目或单位设置明细账。

三、主要账务处理

（一）收到代管的资金时，按照实际收到的金额，借记“库存现金”“银行存款”科目，贷记本科目。

（二）实际支出时，按照实际支出的金额，借记本科目，贷记“库存现金”“银行存款”科目。

（三）本科目期末贷方余额，反映工会受托代管的资金。

四、主要业务举例

【例 4-9】202× 年 5 月 10 日，某企业工会收到企业乒乓球社团会员缴纳的会费 12 000 元。会计处理如下：

（1）收到乒乓球社团会费时：

借：库存现金　　12 000

　　贷：代管经费——乒乓球社团会费　　12 000

（2）按规定用途使用乒乓球社团会费 5 000 元时：

借：代管经费——乒乓球社团会费　　5 000

　　贷：库存现金　　5 000

【例 4-10】202× 年 6 月 28 日，某企业工会组织开展职工重大疾病医疗互助活动，收取职工缴纳的医疗互助金 450 000 元。会计处理如下：

（1）收到医疗互助金时：

借：银行存款　　450 000

　　贷：代管经费——职工互助保险　　450 000

（2）按规定标准支付职工患重大疾病费用 20 000 元时：

借：代管经费——职工互助保险　　20 000

　　贷：银行存款　　20 000

第五章

净资产

第一节　净资产概述

一、净资产的概念

净资产是指工会的资产减去负债后的余额，它表明工会组织的资产总额在抵偿了一切现存义务之后的那部分差额。用公式可表示为：资产 – 负债 = 净资产。提供净资产增减变动情况的信息是工会组织会计核算的重要任务之一。

二、净资产的内容

工会净资产按其核算的内容包括资产基金、专用基金、工会资金结转、工会资金结余、财政拨款结转、财政拨款结余和预算稳定调节基金。

（一）资产基金是指工会库存物品、固定资产、在建工程、无形资产、投资和长期待摊费用等非货币性资产在净资产中占用的金额。

（二）专用基金是指县级以上工会按规定依法提取和使用的有专门用途的基金。工会提取专用基金时，应当按照实际提取金额计入当期支出；使用专用基金时，应当按照实际支出金额冲减专用基金余额；专用基金未使用的余额，可以滚存下一年度使用。

（三）工会资金结转是指工会预算安排项目的支出年终尚未执行完毕或者因故未执行，且下年需要按原用途继续使用的工会资金。

（四）工会资金结余是指工会年度预算执行终了，预算收入实际完成数扣除预算支出和工会结转资金后剩余的工会资金。

（五）财政拨款结转是指县级以上工会预算安排项目的支出年终尚未执行完毕或者因故未执行，且下年需要按原用途继续使用的财政拨款资金。

（六）财政拨款结余是指县级以上工会年度预算执行终了，预算收入实际完成数扣除预算支出和财政拨款结转资金后剩余的财政拨款资金。

（七）预算稳定调节基金是指县级以上工会为平衡年度预算按规定设置的储备性资金。

三、净资产类会计科目的设置

工会的净资产类一级会计科目有 7 个，具体见表 5-1：

表 5-1　　净资产类一级会计科目名称和编码

序　号	科目编码		名　称
	一级科目	明细科目	
净资产类			
1	301 ▲		资产基金
		30101	库存物品
		30102	投资
		30103	在建工程
		30104	固定资产
		30105	无形资产
		30106	长期待摊费用
2	311 △		专用基金
3	321 ▲		工会资金结转
4	322 ▲		工会资金结余
5	331		财政拨款结转
6	332		财政拨款结余
7	341 △		预算稳定调节基金

注：▲为基层工会主要科目，△为县级以上工会专用科目，未标符号的为通用科目。

上述净资产类会计科目中，基层工会的会计科目主要有资产基金、工会资金结转和工会资金结余等科目。

第二节　资产基金

一、核算内容

本科目核算工会库存物品、投资、在建工程、固定资产、无形资产、长期待摊费用等非货币性资产在净资产中占用的金额。资产基金应当在取得库存物品、固定资产、在建工程、无形资产、投资及发生长期待摊费用时确认。资产基金应当按照实际发生额入账。

二、会计科目设置

工会应当设置“301 资产基金”科目，同时在本科目下级应当设置“库存物品”“投资”“在建工程”“固定资产”“无形资产”“长期待摊费用”等明细科目，进行明细核算。科目的余额反映了工会组织的相关资产实际价值。

“30104 资产基金——固定资产”科目余额与“162 固定资产”科目和“163 累计折旧”备抵后的金额相等。“30105 资产基金——无形资产”科目余额与“171 无形资产”科目和“172 累计摊销”备抵后的金额相等。其他明细科目余额分别与对应的资产科目余额相等。

三、主要账务处理

（一）资产基金——库存物品增加

在发生购入、接受捐赠或者其他库存物品增加的情况，按照确认的库存物品的金额同时确认资产基金。即按照确定的成本或金额，借记“库存物品”科目，贷记本科目（库存物品）；同时，按照实际发生的支出，借记“职工活动支出”“行政支出”等科目，贷记“银行存款”“零余额账户用款额度”等科目。

（二）资产基金——库存物品减少

在发生领用和发出、对外捐赠或者其他库存物品减少的情况，按照减少的库存物品的账面价值，借记本科目（库存物品），贷记“库存物品”科目。

（三）资产基金——投资增加

1.以货币资金对外进行股权投资时，按照确定的成本，借记“投资”科目，贷记本科目（投资）；同时，按照投资成本金额，借记“工会资金结余——累计结余”科目，贷记“银行存款”等科目。

2.以库存物品、固定资产、无形资产对外进行股权投资时，按照确定的成本，借记“投资”科目，贷记本科目（投资）；同时，按照投出资产的账面价值，借记本科目（库存物品、固定资产、无形资产），按照已计提的折旧、摊销金额，借记“累计折旧”“累计摊销”科目，按照投出资产的账面余额，贷记“库存物品”“固定资产”“无形资产”科目。

（四）资产基金——投资减少

1. 因被投资单位破产清算等，有确凿证据表明投资发生损失按规定批准后予以核销，通过“待处理财产损溢”科目核算，相关业务的账务处理详见“待处理财产损溢”科目。已经核销的投资呆账，保留备查账簿，对投资失误者要追查责任。已经核销的投资呆账、重新收回的，借记“银行存款”科目，贷记“其他收入”科目。收回实物的，需重新进行评估，按公允价值入账。

2. 收回投资时，按照收回投资的账面余额，借记本科目（投资），贷记“投资”科目。同时，按照实际取得的价款，借记“银行存款”等科目；按照收回投资的账面余额，贷记“工会资金结余”科目；按照其差额，贷记或借记“投资收益”科目。

（五）资产基金——在建工程增加

在工程开始时，按照确定的成本或金额，借记“在建工程”科目，贷记本科目（在建工程）；同时，按照实际发生的支出，借记“资本性支出”科目，贷记“银行存款”“零余额账户用款额度”等科目。

（六）资产基金——在建工程减少

在建工程完工交付使用时，按照确定的固定资产成本，借记“固定资产”科目，贷记本科目（固定资产）；同时，借记本科目（在建工程），贷记“在建工程”科目。

（七）资产基金——固定资产增加

1. 购入、有偿调入固定资产，借记“资本性支出”等科目，贷记“银行存款”等科目，同时借记“固定资产”科目，贷记本科目（固定资产）。

2. 自行建造固定资产，发生基建支出时，借记“在建工程”科目，贷记本科目（在建工程），同时借记“资本性支出”科目，贷记“银行存款”科目。工程完工时，借记“固定资产”科目，贷记本科目（固定资产）；同时借记本科目（在建工程），贷记“在建工程”科目。

3. 无偿调入、接受捐赠固定资产，借记“固定资产”科目，贷记本科目（固定资产）。

（八）资产基金——固定资产减少

1. 计提固定资产折旧，按照应计提折旧金额，借记本科目（固定资产），贷记“累计折旧”科目。

2. 出售、对外捐赠、无偿调出固定资产，按照出售固定资产的账面价值，借记本科目（固定资产），按照已计提折旧，借记“累计折旧”科目，按照固定资产的账面余额，贷记“固定资产”科目。

3. 盘亏或者毁损、报废固定资产，通过“待处理财产损溢”科目核算，相关业务的账务处理详见“待处理财产损溢”。

（九）资产基金——无形资产增加和减少

1. 外购、委托开发、接受捐赠、无偿调入无形资产，按照确定的成本或金额，借记“无形资产”科目，贷记本科目（无形资产）；同时，按照实际发生的支出，借记“资本性支出”科目，贷记“银行存款”“零余额账户用款额度”等科目。

2. 按月摊销无形资产，按照应摊销的金额，借记本科目（无形资产），贷记“累计摊销”科目。

3. 出售、对外捐赠、无偿调出无形资产，按照无形资产的账面价值，借记本科目（无形资产）；按照已计提摊销，借记“累计摊销”科目；按照无形资产的账面余额，贷记本科目。

4. 盘亏或者毁损、报废无形资产，通过“待处理财产损溢”科目核算，相关业务的账务处理详见“待处理财产损溢”。

（十）资产基金——长期待摊费用增加和减少

1. 发生长期待摊费用增加时，按照支出金额，借记“长期待摊费用”，贷记本科目（长期待摊费用）。

2. 摊销长期待摊费用时，按照摊销金额，借记本科目（长期待摊费用），贷记“长期待摊费用”科目。不具有使用价值的，应当将其摊余金额一次性转销。

四、主要业务举例

【例 5-1】202× 年 6 月 25 日，某基层工会集中采购职工活动用奖品一批，计划用于本年组织的各种职工活动。价值 20 000 元，100 元 / 件，共 200 件，现已经验收入库。会计处理如下：

借：职工活动支出——文体活动支出　　20 000

　　贷：银行存款　　20 000

同时：

借：库存物品　　20 000

　　贷：资产基金——库存物品　　20 000

【例 5-2】202× 年 7 月 12 日，某县级以上工会组织购入国债 100 000 元，银行存款转账支付。会计处理如下：

借：投资——债券投资　　100 000

　　贷：资产基金——投资　　100 000

同时：

借：工会资金结余——累计结余 100 000

贷：银行存款 100 000

【例 5-3】202× 年 6 月 8 日，某工会以货币资金 40 000 元投资于本级工会所属的 A 企业。会计处理如下：

借：投资——股权投资——A 企业 40 000

贷：资产基金——投资 40 000

同时：

借：工会资金结余——累计结余 40 000

贷：银行存款 40 000

【例 5-4】202× 年 10 月 28 日，某工会以固定资产进行股权投资，固定资产评估价 60 000 元，固定资产账面原值 50 000 元，累计折旧 10 000 元。会计处理如下：

借：投资——股权投资——×公司 60 000

贷：资产基金——投资 60 000

同时：

借：资产基金——固定资产 40 000

累计折旧 10 000

贷：固定资产 50 000

【例 5-5】202× 年 10 月 9 日，工会所属的 D 企业破产，账面显示股权投资账面价值 44 000 元，已知该公司已破产，投资不能收回。经规定程序后核销。会计处理如下：

该公司破产时：

借：待处理财产损溢——待处理财产价值 44 000

贷：投资——股权投资——D 企业 44 000

经规定程序批准核销时：

借：资产基金——投资 44 000

贷：待处理财产损溢——待处理财产价值 44 000

【例 5-6】202× 年 10 月 30 日，转让出售股权投资，股权投资账面价值 44 000 元，出售价格 54 000 元，银行存款已经收回并入账完毕。会计处理如下：

借：资产基金——投资 44 000

贷：投资——股权投资 44 000

同时：

借：银行存款　　54 000

　　贷：工会资金结余——累计结余　　44 000

　　　　投资收益　　10 000

【例 5-7】202× 年 2 月 12 日，某工会用银行存款采购职工活动室建设设备一套，价款 60 000 元。会计处理如下：

借：资本性支出——专用设备购置　　60 000

　　贷：银行存款　　60 000

同时：

借：固定资产　　60 000

　　贷：资产基金——固定资产　　60 000

【例 5-8】202× 年 3 月 18 日，某市总工会以承包方式自建楼房一栋。按规定累计支付工程建设款项 13 000 000 元，现该工程验收合格后交付使用。会计处理如下：

（1）支付工程款时：

借：在建工程——建筑安装工程投资　　13 000 000

　　贷：资产基金——在建工程　　13 000 000

同时：

借：资本性支出　　13 000 000

　　贷：银行存款　　13 000 000

（2）工程验收合格并交付使用时：

借：资产基金——在建工程　　13 000 000

　　贷：在建工程——建筑安装工程投资　　13 000 000

同时：

借：固定资产　　13 000 000

　　贷：资产基金——固定资产　　13 000 000

【例 5-9】202× 年 4 月 19 日，某工会组织经批准将一台闲置设备出售，账面价值 10 000 元，累计折旧 1 500 元，售价 8 000 元，未发生其他支出。银行存款收讫。会计处理如下：

借：资产基金——固定资产　　8 500

　　累计折旧　　1 500

　　贷：固定资产　　10 000

同时：

借：银行存款　　8 000

　　贷：其他收入　　8 000

【例 5-10】202× 年 4 月 27 日，某市进行街道规划，规划范围内工会所属沿街房经批准拆除，账面价值 3 000 000 元，累计折旧 2 000 000 元，拆除清理费用 30 000 元。政府拆迁补助 1 000 000 元。会计处理如下：

（1）拆迁沿街房转入待处理财产损溢时：

借：待处理财产损溢——待处理财产价值　　1 000 000

　　累计折旧　　2 000 000

　　贷：固定资产　　3 000 000

（2）报经批准处理时：

借：资产基金——固定资产　　1 000 000

　　贷：待处理财产损溢——待处理财产价值　　1 000 000

（3）收到政府拆迁补助时：

借：银行存款　　1 000 000

　　贷：待处理财产损溢——处理净收入　　1 000 000

（4）发生拆除清理费用时：

借：待处理财产损溢——处理净收入　　30 000

　　贷：银行存款　　30 000

（5）处理收支结清时：

借：待处理财产损溢——处理净收入　　970 000

　　贷：其他收入　　970 000

【例 5-11】202× 年 6 月 30 日，某工会计提当月折旧 200 000 元（明细略）。会计处理如下：

借：资产基金——固定资产　　200 000

　　贷：累计折旧　　200 000

【例 5-12】202× 年 6 月 30 日，某工会盘点过程中发现不具有使用价值的家具一件，账面价值 2 000 元，已经提取折旧 1 800 元。发生清理支出 100 元。残值收入 60 元。会计处理如下：

（1）盘点发现时：

借：待处理财产损溢——待处理财产价值　　200

　　累计折旧　　1 800

　　贷：固定资产　　2 000

（2）批准处理时：

借：资产基金——固定资产　　200

　　贷：待处理财产损溢——待处理财产价值　　200

（3）发生清理支出：

借：待处理财产损溢——处理净收入　　100

　　贷：银行存款　　100

（4）残值收入：

借：银行存款　　60

　　贷：待处理财产损溢——处理净收入　　60

（5）处理收支结清时：

借：其他支出　　40

　　贷：待处理财产损溢——处理净收入　　40

【例 5-13】202× 年 6 月 30 日，某工会对无形资产进行摊销，摊销金额 50 000 元。会计处理如下：

借：资产基金——无形资产　　50 000

　　贷：累计摊销　　50 000

【例 5-14】202× 年 4 月 30 日，某工会对账面核算的长期待摊费用进行摊销，当月摊销金额 600 000 元。会计处理如下：

借：资产基金——长期待摊费用　　600 000

　　贷：长期待摊费用　　600 000

第三节　专用基金

一、核算内容

本科目核算县级以上工会根据国家和全国总工会有关规定，依法提取和使用的有专门用途的基金，包括权益保障金、住房改革支出等。

权益保障金是县（区）级以上工会为坚持主动依法科学维权，保护企业工会主席合法权益而提取的专用基金。根据《企业工会主席合法权益保护暂行办法》（总工发〔2007〕32 号）第十条规定，“县（区）级以上工会领导机关要设立工会干部权益保障金，省级工会 50 万元、地（市）级工会 30 万元、县（区）

级工会10万元，年末结余滚存下一年度使用。当年使用不足时可以动用滚存结余，仍不足时可追加。本级工会经费有困难时，可向上级工会提出补助申请”。

二、会计科目设置

工会应当设置“311专用基金”科目。该科目借方登记专用基金的使用，贷方登记提取的专用基金，期末贷方余额反映工会专用基金的数额。

三、主要账务处理

（一）提取专用基金时，借记“维权支出”“其他支出”等科目，贷记本科目。接受社会募集、捐款增加工会干部权益保障金，借记“库存现金”或“银行存款”等科目，贷记“专用基金——权益保障金”科目。

（二）实际使用专用基金时，借记本科目，贷记“库存现金”“银行存款”等科目。

四、主要业务举例

【例5-15】202×年12月29日，某县级工会提取工会干部权益保障金100 000元。会计处理如下：

借：维权支出——其他维权支出　　100 000

　　贷：专用基金——权益保障金　　100 000

【例5-16】202×年1月30日，某县级工会用该笔资金为所属单位的工会主席维权，发生维权支出5 000元。以银行转账方式支付。会计处理如下：

借：专用基金——权益保障金　　5 000

　　贷：银行存款　　5 000

第四节　工会资金结转

一、核算内容

本科目核算工会资金结转资金的调整、结转和滚存情况。本科目期末贷方余额，反映工会滚存的工会资金结转资金数额。

二、会计科目设置

本科目应当设置以下明细科目：

32101　年初余额调整：核算工会因发生会计差错更正、以前年度支出收回等，需要调整工会资金结转的金额。

32102　单位内部调剂：核算工会经批准对工会结余资金改变用途，调整用于工会其他未完成项目等的金额。

32103　本年收支结转：核算工会本期专项工会资金收支相抵后的余额。

32104　累计结转：核算工会滚存的工会资金专项资金结转金额。

三、主要账务处理

（一）因发生会计差错更正、以前年度支出收回的，按照调整或收回的属于工会资金结转的金额，借记或贷记"银行存款"等科目，贷记或借记本科目（年初余额调整）。

（二）经批准对工会资金结余资金改变用途，调整用于工会其他未完成项目的，按照批准的金额，借记"工会资金结余——单位内部调剂"科目，贷记本科目（单位内部调剂）。

（三）期末，将各类财政拨款以外的工会经费专项资金的收入、支出本期发生额转入本科目，借记"拨缴经费收入""上级补助收入""政府补助收入——非同级财政拨款收入""行政补助收入""附属单位上缴收入""投资收益""其他收入"科目下各专项资金收入明细科目，贷记本科目（本年收支结转）；借记本科目（本年收支结转），贷记"职工活动支出""职工活动组织支出""职工服务支出""维权支出""业务支出""行政支出""资本性支出""补助下级支出""对附属单位的支出""其他支出"的"工会资金"明细科目下各专项资金支出明细科目。

（四）年末，冲销有关明细科目余额。将本科目（本年收支结转、年初余额调整、单位内部调剂）余额转入本科目（累计结转）。结转后，本科目除"累计结转"明细科目外，其他明细科目应无余额。

（五）年末，对工会结转资金各项目执行情况进行分析，按照有关规定将符合结余资金性质的剩余资金转入"工会资金结余"科目。借记本科目（累计结转），贷记"工会资金结余——结转转入"科目。

四、主要业务举例

年末结转应将科目下一级科目和项目以及相应的经济分类一并结转完毕。本案例为适当简化，未对收支科目的核算进行明细标注，收支科目的具体明细核算可以参见收入、支出章节。

【例 5-17】202× 年 4 月 12 日，某市级总工会在 202× 年 3 月 30 日的对账中发现，上年市总工会困难职工帮扶补助项目资金多付了 100 000 元给下级工会，资金来源为工会经费，主要原因为困难职工人数发生变化，查清后下级工会退回多收款项，款项已通过银行存款收讫。会计处理如下：

借：银行存款　　100 000

　　贷：工会资金结转——年初余额调整　　100 000

【例 5-18】202× 年 10 月 31 日，某市总工会女职工专项补助项目已经开展完成，该项目资金来源为上级工会专项补助，项目完成后形成工会结余资金 50 000 元。报经上级工会批准后，全部结余资金允许改变用途，调整用于困难职工专项帮扶补助。会计处理如下：

（1）项目完成，未使用经费形成结余资金时：

借：工会资金结转——累计结转　　50 000

　　贷：工会资金结余——结转转入　　50 000

（2）经上级工会批准，改变用途用于困难职工专项帮扶补助时：

借：工会资金结余——结转转入　　50 000

　　贷：工会资金结余——单位内部调剂　　50 000

借：工会资金结余——单位内部调剂　　50 000

　　贷：工会资金结转——单位内部调剂　　50 000

【例 5-19】202× 年 12 月 31 日，某市总工会进行年度账务结转。发现以下工会经费收入项目：上级工会补助的工会专项资金收入项目困难职工专项补助 200 000 元、劳模专项补助收入 500 000 元，用本级拨缴经费收入经费安排预算工程项目 1 000 000 元。经批准，上述收入项目均可结转下年继续使用。年末收入结转会计处理如下：

借：上级补助收入——劳模专项补助　　500 000

　　　　　　　　——困难职工补助　　200 000

　　拨缴经费收入——某工程项目　　1 000 000

　　贷：工会资金结转——本年收支结转　　1 700 000

【例 5-20】202× 年 12 月 31 日，某市总工会进行年度账务结转。发现以下工会经费支出项目：上级工会补助的工会专项资金收入项目困难职工专项补助 200 000 元、劳模专项补助收入 500 000 元，分别开支 180 000 元和 480 000 元，经批准，未使用资金允许结转下年继续使用。本年安排的工程项目预算 1 000 000 元，本年仅开支 200 000 元，经批准该项目作为结转项目，下年继续使用。年末支出结转会计处理如下：

借：工会资金结转——本年收支结转　　860 000
　　贷：职工活动组织支出——劳模职工疗养支出　　480 000
　　　　维权支出——困难职工帮扶支出　　180 000
　　　　资本性支出——某工程项目　　200 000

【例 5-21】202× 年 12 月 31 日，某市总工会进行年度账务结转。在收支结转后，发现“工会资金结转——年初余额调整”“工会资金结转——单位内部调剂”“工会资金结转——本年收支结转”，三个科目的贷方余额分别为 100 000 元，50 000 元和 300 000 元。年末“工会资金结转”明细科目转账的会计处理如下：

借：工会资金结转——本年收支结转　　300 000
　　　　　　　　——年初余额调整　　100 000
　　　　　　　　——单位内部调剂　　50 000
　　贷：工会资金结转——累计结转　　450 000

【例 5- 22】202× 年 12 月 31 日，某市总工会进行年度结转。在收支结转后，对累计结转的明细项目进行分析，发现项目 A 已经完工，剩余资金为 20 000 元。经必要程序后转入结余。会计处理如下：

借：工会资金结转——累计结转　　20 000
　　贷：工会资金结余——结转转入　　20 000

第五节　工会资金结余

一、核算内容

本科目核算工会资金结余资金的调整、结余和滚存情况。本科目期末贷方余额，反映工会滚存的工会资金结余资金数额。

二、会计科目设置

本科目应当设置以下明细科目：

32201　年初余额调整：核算工会因发生会计差错更正、以前年度支出收回等，需要调整工会资金结余的金额。

32202　单位内部调剂：核算工会经批准对工会结余资金改变用途，调整用于工会其他未完成项目等的金额。

32203　本年收支结转：核算工会本期各非专项工会资金收支相抵后的余额。

32204　结转转入：核算工会按规定转入工会资金结余的工会结转资金。

32205　累计结余：核算工会滚存的工会结余资金。

三、主要账务处理

（一）因发生会计差错更正、以前年度支出收回的，按照调整或收回的属于工会资金结余的金额，借记或贷记“银行存款”等科目，贷记或借记本科目（年初余额调整）。

（二）经批准对工会结余资金改变用途，调整用于工会其他未完成项目的，按照批准的金额，借记本科目（单位内部调剂），贷记“工会资金结转——单位内部调剂”科目。

（三）以货币资金对外投资时，按照投资成本金额，借记本科目（累计结余），贷记“银行存款”等科目；同时，按照确定的投资成本，借记“投资”科目，贷记“资产基金——投资”科目。

转让或收回投资时，按照实际取得的价款，借记“银行存款”等科目，按照转让或收回投资的账面余额，贷记本科目（累计结余），按照其差额，贷记或借记“投资收益”科目；同时，按照转让或收回投资的账面余额，借记“资产基金——投资”科目，贷记“投资”科目。

（四）期末，将除财政拨款以外的各工会经费非专项资金的收入、支出本期发生额转入本科目，借记“会费收入”“拨缴经费收入”“上级补助收入”“政府补助收入——非同级财政拨款收入”“行政补助收入”“附属单位上缴收入”“投资收益”“其他收入”科目下各非专项资金收入明细科目和“动用预算稳定调节基金”科目，贷记本科目（本年收支结转）；借记本科目（本年收支结转），贷记“职工活动支出”“职工活动组织支出”“职工服务支出”“维权支出”“业务支出”“行政支出”“资本性支出”“补助下级支出”“对附属单位的支出”“其他支出”的“工会资金”明细科目下各非专项资金支出明细科目和“安排预算稳定调节基金”科目。

（五）年末，对工会结转资金各明细科目执行情况进行分析，按照有关规定将符合结余资金性质的项目余额转入本科目，借记“工会资金结转——累计结转”科目，贷记本科目（结转转入）。

（六）年末，冲销有关明细科目余额。将本科目（本年收支结转、年初余额调整、单位内部调剂、结转转入）余额转入本科目（累计结余）。结转后，本科目除“累计结余”明细科目外，其他明细科目应无余额。

四、主要业务举例

年末转账结转也可以称为年末结账，在转账时应将各科目下一级科目和项目以及相应的经济分类一并结转完毕。本案例为适当简化，未对收支科目的核算进行明细标注，收支科目的具体明细核算可以参见收入、支出章节。

【例 5-23】202× 年 12 月 31 日，某市总工会进行年度账务结转。发现本级工会经费拨缴收入 8 000 000 元，上级工会补助非专项资金余额 500 000 元，附属单位上缴收入 600 000 元，投资收益 50 000 元，其他收入 2 000 元，动用预算稳定调节基金 2 000 000 元。以上收入用于工会本年的基本支出。年末收入结转会计处理如下：

借：拨缴经费收入	8 000 000	
上级补助收入	500 000	
附属单位上缴收入	600 000	
投资收益	50 000	
其他收入	2 000	
动用预算稳定调节基金	2 000 000	
贷：工会资金结余——本年收支结转		11 152 000

【例 5-24】202× 年 12 月 31 日，某市总工会进行年度账务结转。发现年末职工活动组织支出 3 000 000 元，职工服务支出 2 000 000 元，维权支出 1 800 000 元，业务支出 1 100 000 元，行政支出 1 000 000 元，资本性支出 500 000 元，补助下级支出 400 000 元，对附属单位支出 300 000 元，其他支出 100 000 元，安排预算稳定调节基金 600 000 元。以上各项支出均为非专项支出。年末，各支出科目的结转会计处理如下：

借：工会资金结余——本年收支结转　10 800 000
　　贷：职工活动组织支出　3 000 000
　　　　职工服务支出　2 000 000
　　　　维权支出　1 800 000
　　　　业务支出　1 100 000
　　　　行政支出　1 000 000
　　　　资本性支出　500 000
　　　　补助下级支出　400 000
　　　　对附属单位支出　300 000
　　　　其他支出　100 000
　　　　安排预算稳定调节基金　600 000

【例 5-25】202× 年 12 月 31 日，某市总工会进行年度账务结转。在收支结转后，发现“工会资金结余——年初余额调整”“工会资金结余——单位内部调剂”“工会资金结余——本年收支结转”“工会资金结余——结转转入”，四个科目的贷方余额分别为 1 000 000 元、500 000 元、3 000 000 元和 300 000 元。年末，“工会资金结余”明细科目的会计处理如下：

借：工会资金结余——本年收支结转　3 000 000
　　　　　　　　——年初余额调整　1 000 000
　　　　　　　　——单位内部调剂　500 000
　　　　　　　　——结转转入　300 000
　　贷：工会资金结余——累计结余　4 800 000

第六节　财政拨款结转

一、核算内容

本科目核算从同级政府财政部门取得财政拨款的县级以上工会财政拨款结转资金的调整、结转和滚存情况。本科目期末贷方余额，反映县级以上工会滚存的财政拨款结转资金数额。

二、会计科目设置

本科目应当设置以下明细科目：

33101　年初余额调整：核算工会因发生会计差错更正、以前年度支出收回等，需要调整财政拨款结转的金额。

33102　单位内部调剂：核算工会经财政部门批准对财政拨款结余资金改变用途，调整用于工会其他未完成项目等的金额。

33103　本年收支结转：核算工会本期财政拨款收支相抵后的余额。

33104　累计结转：核算工会滚存的财政拨款结转资金。

本科目还应按照“基本支出结转”和“项目支出结转”进行明细核算，在“基本支出结转”明细科目下按照“人员经费”和“公用经费”进行明细核算，在“项目支出结转”明细科目下按照具体项目进行明细核算；同时，按照《政府收支分类科目》中“支出功能分类科目”的项级科目进行明细核算。

三、主要账务处理

（一）因发生会计差错更正、以前年度支出收回的，按照调整或收回的金额，借记或贷记“零余额账户用款额度”“财政应返还额度”等科目，贷记或借记本科目（年初余额调整）。

（二）经财政部门批准对财政拨款结余资金改变用途，调整用于工会其他未完成项目的，按照批准的金额，借记“财政拨款结余——单位内部调剂”科目，贷记本科目（单位内部调剂）。

（三）期末，将财政拨款收入、支出的本期发生额转入本科目，借记“政府补助收入——财政拨款收入”科目，贷记本科目（本年收支结转）；借记本科目（本年收支结转），贷记“职工活动组织支出”“职工服务支出”“维权支出”“业务支出”“行政支出”“资本性支出”“补助下级支出”“对附属单位的支出”和“其他支出”科目的“财政拨款”明细科目。

（四）年末，冲销有关明细科目余额。将本科目（本年收支结转、年初余额调整、单位内部调剂）余额转入本科目（累计结转）。结转后，本科目除“累计结转”明细科目外，其他明细科目应无余额。

（五）年末，对各项目执行情况进行分析，按照有关规定将符合结余资金性质的金额转入“财政拨款结余”科目。借记本科目（累计结转），贷记“财政拨款结余——结转转入”科目。

四、主要业务举例

年末结转应将各科目下一级科目和项目以及相应的功能分类、经济分类等辅助核算项一并结转完毕。本案例为适当简化未对收入和支出科目核算进行明细标注，收入和支出科目具体明细核算可以参见收入、支出章节。

【例 5-26】202× 年 3 月 31 日，某市总工会法律援助项目已经开展完成，该项目经费全部来自同级财政部门拨款，项目结束后形成结余资金 40 000 元。报经财政部门批准后，全部结余资金允许改变用途，调整用于困难职工专项帮扶补助。会计处理如下：

（1）项目完成，未使用经费形成结余资金时：

借：财政拨款结转——累计结余　　40 000

　　贷：财政拨款结余——结转转入　　40 000

（2）经财政部门批准，结余资金改变用途用于困难职工帮扶补助时：

借：财政拨款结余——结转转入　　40 000

　　贷：财政拨款结转——单位内部调剂　　40 000

借：财政拨款结余——单位内部调剂　　40 000

　　贷：财政拨款结转——单位内部调剂　　40 000

【例 5-27】202× 年 12 月 31 日，某市总工会进行年度财务结转。发现同级财政补助的项目专项资金 400 000 元，基本支出 300 000 元。年末收入结转会计处理如下：

借：政府补助收入——项目支出——× 项目　　400 000

　　　　　　　　——基本支出——人员经费　　300 000

　　贷：财政拨款结转——本年收支结转　　700 000

【例 5-28】202× 年 12 月 31 日，某市总工会进行年度账务结转。发现同级财政补助的项目专项资金 400 000 元，已在维权支出中列支该项目支出 350 000 元核算，剩余部分将根据工作需要在次年春节前后使用完毕，经批准，该项目资金允许结转下年继续使用。同级财政补助的行政支出 300 000 元全部支出完毕。年末支出结转会计处理如下：

借：财政拨款结转——本年收支结转　　650 000

　　贷：维权支出——项目支出——× 项目　　350 000

　　　　行政支出——基本支出——人员经费　　300 000

【例 5-29】202× 年 12 月 31 日，某市总工会进行年度账务结转。在收支结转后，发现“财政拨款结转——年初余额调整”“财政拨款结转——单位内部调剂”“财政拨款结转——本年收支结转”，三个科目的贷方余额分别为 80 000 元、50 000 元和 300 000 元。年末财政拨款结转明细科目会计处理如下：

借：财政拨款结转——本年收支结转　　300 000
　　　　　　　　——年初余额调整　　80 000
　　　　　　　　——单位内部调剂　　50 000
　贷：财政拨款结转——累计结转　　430 000

【例 5-30】202×年 12 月 31 日，某市总工会进行年度账务结转。在收支结转后，对累计结转的明细项目进行分析，发现财政拨款支持的 F 项目已经完工，剩余资金为 20 000 元，将确认为结余资金转入财政拨款结余。会计处理如下：

借：财政拨款结转——累计结转　　20 000
　贷：财政拨款结余——结转转入　　20 000

第七节 财政拨款结余

一、核算内容

本科目核算从同级政府财政部门取得财政拨款的县级以上工会财政拨款项目支出结余资金的调整、结转和滚存情况。本科目期末贷方余额，反映县级以上工会滚存的财政拨款结余资金数额。

二、会计科目设置

本科目应当设置以下明细科目：

33201　年初余额调整：核算工会因发生会计差错更正、以前年度支出收回等，需要调整财政拨款结余的金额。

33202　归集上缴：核算工会按规定上缴财政拨款结余资金时，实际核销的额度数额或上缴的资金数额。

33203　单位内部调剂：核算工会经财政部门批准对财政拨款结余资金改变用途，调整用于工会其他未完成项目等的金额。

33204　结转转入：核算工会按规定转入财政拨款结余的财政拨款结转资金。

33205　累计结余：核算工会滚存的财政拨款结余资金。

本科目还应当按照具体项目、《政府收支分类科目》中“支出功能分类科目”的项级科目进行明细核算。

三、主要账务处理

（一）因发生会计差错更正、以前年度支出收回的，按照调整或收回的金额，借记或贷记“零余额账户用款额度”“财政应返还额度”等科目，贷记或借记本科目（年初余额调整）。

（二）按规定上缴财政拨款结余资金或注销财政拨款结余资金额度的，按照实际上缴资金数额或注销资金额度，借记本科目（归集上缴），贷记“零余额账户用款额度”“财政应返还额度”等科目。

（三）经财政部门批准对财政拨款结余资金改变用途，调整用于工会其他未完成项目的，按照批准的金额，借记本科目（单位内部调剂），贷记“财政拨款结转——单位内部调剂”科目。

（四）年末，对财政拨款结转各项目执行情况进行分析，按照有关规定将符合结余资金性质的金额转入本科目。借记“财政拨款结转——累计结转”科目，贷记本科目（结转转入）。

（五）年末，冲销有关明细科目余额。将本科目（年初余额调整、归集上缴、单位内部调剂、结转转入）余额转入本科目（累计结余）。结转后，本科目除“累计结余”明细科目外，其他明细科目应无余额。

四、主要业务举例

年末转账结转也可以称为年末结账，在转账时应将各科目下一级科目和项目以及相应的经济分类等辅助核算项目一并结转完毕。本案例为适当简化未对收入和支出科目进行明细标注，具体明细核算可以参见收入、支出章节。

【例 5-31】202× 年 3 月 30 日，某市级总工会在对账中发现，上年市总工会基本支出资金多付了 800 元，资金来源为财政部门拨款，查清后收回，款项已通过国库支付红字退库收讫。收回资金的会计处理如下：

借：零余额账户用款额度　　800

　　贷：财政拨款结余——年初余额调整　　800

【例 5-32】202× 年 3 月 30 日，某市级总工会在对账中发现，上年市总工会财政资金支持项目开展完毕，形成结余资金 20 000 元，经一定程序后财政收回。会计处理如下：

（1）项目验收后，确认项目结余资金时：

借：财政拨款结转——累计结转　　20 000

　　贷：财政拨款结余——结转转入　　20 000

（2）按照规定需归集上缴财政部门时：

借：财政拨款结余——结转转入　　20 000

　　贷：财政拨款结余——归集上缴　　20 000

（3）当年上缴财政部门，直接注销额度时：

借：财政拨款结余——归集上缴　　20 000

　　贷：零余额账户用款额度　　20 000

（4）或次年财政部门注销额度时：

借：财政拨款结余——归集上缴　　20 000

　　贷：财政应返还额度　　20 000

【例 5-33】202× 年 12 月 31 日，某市总工会进行年度账务结转。在收支结转后，发现“财政拨款结余——年初余额调整”“财政拨款结余——单位内部调剂”“财政拨款结余——归集上缴”“财政拨款结余——结转转入”，四个科目的贷方余额分别为 10 000 元、50 000 元、20 000 元和 30 000 元。年末，“财政拨款结余”明细科目会计处理如下：

借：财政拨款结余——年初余额调整　　10 000

　　　　　　　　——归集上缴　　20 000

　　　　　　　　——单位内部调剂　　50 000

　　　　　　　　——结转转入　　30 000

　　贷：财政拨款结余——累计结余　　110 000

第八节　预算稳定调节基金

一、预算稳定调节基金的概念

工会预算稳定调节基金是指县级以上工会为平衡年度预算设置的储备性资金。县级以上工会拨缴经费收入预算的超收收入，应全部用于设置和补充预算稳定调节基金。预算稳定调节基金的管理按照全总有关预算稳定调节基金管理办法执行。

二、会计科目设置

本科目是县级以上工会专用科目。县级以上工会组织应设置“预算稳定调节基金科目”，用于核算县级以上工会按照工会预算管理规定设置的预算稳定调节基金的滚存情况。本科目期末贷方余额，反映县级以上工会预算稳定调节基金的滚存金额。

三、主要账务处理

（一）按规定使用超收的拨缴经费收入设置和补充预算稳定调节基金时，按照计提的金额，借记“安排预算稳定调节基金”科目，贷记本科目。

（二）按规定动用预算稳定调节基金用于弥补本年预算收入的不足时，按照动用的金额，借记本科目，贷记“动用预算稳定调节基金”科目。

四、主要业务举例

【例 5–34】202× 年 12 月 31 日，某市总工会根据规定将当年超预算经费拨缴收入 600 000 元，补充预算稳定调节基金。会计处理如下：

（1）日常收到经费时：

借：银行存款　　600 000

　　贷：拨缴经费收入　　600 000

（2）根据本年预算确定超收收入时：

借：安排预算稳定调节基金　　600 000

　　贷：预算稳定调节基金　　600 000

（3）年末结账结转时：

借：拨缴经费收入　　600 000

　　贷：工会资金结余——本年收支结转　　600 000

借：工会资金结余——本年收支结转　　600 000

　　贷：安排预算稳定调节基金　　600 000

【例 5–35】202× 年 4 月 30 日，某市总工会根据规定程序动用预算稳定调节基金用于补助下级工会工作经费 300 000 元。会计处理如下：

（1）使用预算稳定调节基金对下拨款时：

借：补助下级支出——专项转移支付　　300 000

贷：银行存款　　300 000

借：预算稳定调节基金　　300 000

贷：动用预算稳定调节基金　　300 000

（2）年末结账结转时：

借：工会资金结余——本年收支结转　　300 000

贷：补助下级支出——专项转移支付　　300 000

借：动用预算稳定调节基金　　300 000

贷：工会资金结余——本年收支结转　　300 000

第六章
收　入

第一节　收入概述

一、收入的概念和特点

收入是指工会根据《工会法》以及有关政策规定开展业务活动所取得的非偿还性资金。

《工会法》第四十二条明确规定了工会经费的来源，包括：工会会员缴纳的会费；建立工会组织的企业、事业单位、机关按每月全部职工工资总额的2%向工会拨缴的经费；工会所属的企业、事业单位上缴的收入；人民政府的补助；其他收入。

工会收入具有以下几个特点：

1. 工会收入是依法取得的。

2. 工会收入是通过多种形式、多种渠道、多个方面取得的。

3. 工会收入是非偿还性资金。工会收入是工会取得的非偿还性资金，这一特征使工会收入与工会的各种借入款相区分。

4. 工会收入能够引起工会净资产的增加。工会的收入能增加资产或减少负债，最终引起工会净资产的增加。

二、收入的分类

工会收入按照其来源分类，具体包括会费收入、拨缴经费收入、上级补助收入、政府补助收入、行政补助收入、附属单位上缴收入、投资收益、其他收入。

（一）会费收入

会费收入是指工会会员依照规定向所在基层工会组织缴纳的会费。

（二）拨缴经费收入

拨缴经费收入是指基层单位行政拨缴、下级工会按规定上缴及上级工会按规定转拨的工会经费中归属于本级工会的经费。

（三）上级补助收入

上级补助收入是指本级工会收到的上级工会补助的款项，包括一般性转移支付补助和专项转移支付补助。

（四）政府补助收入

政府补助收入是指各级人民政府按照《工会法》和国家有关规定给予县级以上工会的补助款项。

（五）行政补助收入

行政补助收入是指基层工会取得的所在单位行政方面按照《工会法》和国家有关规定给予工会的补助款项。

（六）附属单位上缴收入

附属单位上缴收入是指独立核算的工会所属企事业单位按规定上缴的收入。

（七）投资收益

投资收益是指工会对外投资发生的损溢。

（八）其他收入

其他收入是指工会除上述收入以外的其他各项收入，如资产盘盈、固定资产处置净收入、接受捐赠收入、银行存款利息收入等。

三、收入的确认和计量

（一）收入核算的基础

工会在确认收入时，一般情况下应当遵循收付实现制原则。收付实现制是以款项的实际收付为标准来处理经济业务、确认本期的收入和支出的会计核算基础。在收付实现制的基础上，凡在本期实际收到的款项，不论其是否属于本期均应作为本期的收入处理；反之，凡本期还没有实际收到的收入，即使它归属于本期，也不作为本期的收入处理。

在年终决算前的整理期，工会可以运用权责发生制的原则确认有关收入，即根据下级工会应上缴经费的报告数和上级工会应转拨经费的通知数中归属于本级工会的经费、上级工会已确定的应付未付的各项补助经费的通知数，确认本级工会有关收入，并在本年度入账。

（二）收入入账金额

工会各项收入应当按照实际发生额入账。

四、收入类会计科目的设置

工会的收入类一级会计科目有9个，具体见表6–1。

表6–1　收入类科目名称和编码

序号	科目编码		名　称
收入类	一级科目	明细科目	
1	401 ▲		会费收入
2	402		拨缴经费收入
3	403		上级补助收入
		40301	一般性转移支付补助
		40302	专项转移支付补助
4	404 △		政府补助收入
		40401	财政拨款收入
		40402	非同级财政拨款收入
5	405 ▲		行政补助收入
6	406		附属单位上缴收入
7	407		投资收益
8	408		其他收入
9	411 △		动用预算稳定调节基金

注：▲为基层工会专用科目，△为县级以上工会专用科目，未标符号的为通用科目。

上述收入类科目中，“会费收入”“行政补助收入”科目为基层工会专用科目，“政府补助收入”“动用预算稳定调节基金”为县级以上专用科目，其他的科目适用于各级工会。

动用预算稳定调节基金是指县级以上工会为平衡年度预算设置的储备性资金，为核算县级以上工会按照工会预算管理规定动用的预算稳定调节基金而设置的收入类科目。

第二节　会费收入

一、会费收入的内容

会费收入是指工会会员依照规定向所在基层工会组织缴纳的会费。缴纳会费是工会会员应尽的义务。根据中华全国总工会的有关规定，工会会员每月按本人工资收入的5‰缴纳会费，工资收入尾数不足10元和各类津贴补贴、奖金等收入，暂不计算缴纳会费；会费收入暂时全部留在基层工会，暂不分成上缴，主要用于基层工会组织开展会员活动和对会员的特殊困难补助等。

二、会计科目设置

为了核算工会会员依照规定向工会组织缴纳的会费收入，基层工会组织应当设置“会费收入”一级科目，本科目为基层工会专用科目。本科目贷方登记基层工会本期取得的会员会费收入，借方登记期末结转入“工会资金结余——本年收支结转”的金额；期末结转后，本科目无余额。

三、主要账务处理

（一）取得会费时，借记“库存现金”“银行存款”等科目，贷记本科目。

（二）期末结转时，借记本科目，贷记“工会资金结余——本年收支结转”科目。

四、主要业务举例

【例6-1】202×年3月，某基层工会收到会员缴纳会费现款5 000元，并存入开户银行。会计处理如下：

借：库存现金	5 000	
贷：会费收入		5 000
借：银行存款	5 000	
贷：库存现金		5 000

【例6-2】202×年末，年终决算，某基层工会全年共收到会员缴纳的会费60 000元。年末结转前“会费收入”科目余额为60 000元。会计处理如下：

借：会费收入	60 000	
贷：工会资金结余——本年收支结转		60 000

第三节　拨缴经费收入

一、拨缴经费收入的内容

拨缴经费收入是指基层单位行政拨缴、下级工会按规定上缴及上级工会按规定转拨的工会经费中归属于本级工会的经费。企业、事业单位、机关和其他经济社会组织依据《工会法》和中华全国总工会的规定，每月按全部职工工资总额的百分之二向工会拨缴的工会经费，凡归属于本级工会的留成部分，计入拨缴经费收入。即拨缴经费收入只反映归属本级工会的经费，应缴上级工会的经费不属于本级工会的收入，应确认为本级工会的负债。

全部职工工资总额的计算，按照国家统计局的统一规定执行。全部职工是指在企业、事业单位、机关和其他经济社会组织工作、取得工资或其他形式的劳动报酬的全部人员（含外籍人员和港澳台人员），包括正式职工、合同制职工和临时性、季节性用工以及离开本单位但保留劳动关系并领取生活费的职工和内部退养职工等。工资总额是指各单位在一定时期内直接支付给本单位全部职工的劳动报酬总额，包括计时工资、计件工资、奖金、津贴和补贴、加班加点工资、其他工资和单位发放的职工生活费等。

《工会法》明确规定，企业、事业单位、机关按每月全部职工工资总额的百分之二向工会拨缴经费，充分体现了党和政府对工会组织的重视，以及对工会工作的支持。拨缴经费收入是工会组织最主要的收入来源之一，是工会履行职能、发挥作用的重要物质基础，因此，依法收好工会经费，是各级工会组织的重要任务。各级工会必须按规定分成、留用和上缴工会经费，对截留、挪用应上缴工会经费的相关单位和直接责任人，应按有关规定进行严肃处理。

二、会计科目设置

为了核算基层单位行政拨缴、下级工会按规定上缴及上级工会按规定转拨的工会经费中归属于本级工会的经费，工会组织应当设置“拨缴经费收入”一级科目。本科目贷方登记本期拨缴经费收入的实际发生额和决算整理期下级应上缴、上级应转拨经费中归属于本级工会的经费；借方登记期末转入相应结转结余科目的金额。期末结转后，本科目无余额。

对于有用本级工会拨缴经费收入安排跨年的专项资金时，需要按照对应的具体项目进行核算。

工会应设置拨缴经费收入台账，同时，可以根据需要在本科目下设置明细科目，进行明细核算。

三、主要账务处理

（一）采用自主收缴工会经费的：

收到工会经费，按实际收到的总金额，借记“银行存款”科目，按规定属于本级工会的部分，贷记本科目，按规定应上缴上级工会的部分，贷记“应付上级经费”科目。

年末，存在应收未收的拨缴经费收入的，按照下级工会经费收缴报告表中的金额，借记“应收下级经费”科目；按规定属于本级工会的部分，贷记本科目；按规定应上缴上级工会的部分，贷记“应付上级经费”科目。

（二）采用税务代收、财政划拨方式收取工会经费的：

1. 本级工会通过税务部门代收、财政部门划拨的工会经费，按实际收到的总金额，借记“银行存款”科目，按规定属于本级工会的部分，贷记本科目，按规定应上缴上级工会的部分，贷记“应付上级经费”科目，按规定应转拨下级工会的部分，贷记“应付下级经费——应付下级转拨经费”科目。

2. 本级工会收到上级工会转拨的通过税务部门代收、财政部门划拨的工会经费，按照实际收到的总金额，借记“银行存款”科目；按规定属于本级工会的部分，贷记本科目；按规定属于下级工会的部分，贷记“应付下级经费——应付下级转拨经费”科目。

年末，存在应收未收的拨缴经费收入的，按照上级工会经费转拨通知中的金额，借记“应收上级经费——应收上级转拨经费”科目；按规定属于本级工会的部分，贷记本科目；按规定属于下级工会的部分，贷记“应付下级经费——应付下级转拨经费”科目。

（三）期末结转时，将本科目本期发生额中的专项资金收入转入工会资金结转，借记本科目各专项资金收入明细科目，贷记“工会资金结转——本年收支结转”科目；将本科目本期发生额中的非专项资金收入转入工会资金结余，借记本科目各非专项资金收入明细科目，贷记“工会资金结余——本年收支结转”科目。本科目期末结转后无余额。

四、主要业务举例

【例 6-3】202× 年 3 月，某基层工会收到本月行政拨缴工会经费 50 000 元，其中，本级留成 30 000 元，应上缴上级工会 20 000 元。会计处理如下：

借：银行存款　　50 000

　贷：拨缴经费收入　　30 000

　　　应付上级经费　　20 000

采用自主收缴经费方式的各级地方总工会和独立管理经费的产业工会，对拨缴经费收入的账务处理可参照上例办理。

【例 6-4】202× 年 6 月，某县总工会收到财政统一划拨 2% 工会经费 200 000 元，其中，本级工会留成 50 000 元，应上缴上级工会 30 000 元，应返还各基层工会 120 000 元；收到财政统一划拨 2% 建会筹备金 20 000 元，其中，本级工会留成 5 000 元，应上缴上级工会 3 000 元，各筹建单位建会后应返还 12 000 元。会计处理如下：

借：银行存款　　220 000

　贷：拨缴经费收入　　50 000

　　　应付上级经费　　30 000

　　　应付下级经费——应付下级转拨经费　　120 000

　　　其他应付款——建会筹备金　　20 000

在上例中需注意：①建会筹备金不再确认为拨缴经费收入，应确认为其他应付款，后续按照建会筹备金管理相关办法，等建会后再进行具体账务处理。②如财政部门划拨工会经费中未包括基层工会应分成部分，则会计账务处理中应无“应付下级经费”科目。

【例 6-5】202× 年 6 月，某县总工会收到税务部门代收 2% 工会经费 400 000 元（已按规定扣除应支付税务部门手续费），其中，本级工会留成 100 000 元，应上缴上级工会 60 000 元，应返还各基层工会 240 000 元；收到税务部门代收 2% 建会筹备金 40 000 元（已按规定扣除应支付税务部门手续费）。会计处理如下：

借：银行存款　　440 000

　贷：拨缴经费收入　　100 000

　　　应付上级经费　　60 000

　　　应付下级经费——应付下级转拨经费　　240 000

其他应付款——建会筹备金　　40 000

在上例中需注意：①建会筹备金不再确认为拨缴经费收入，应确认为其他应付款，后续按照建会筹备金管理相关办法，等建会后再进行具体账务处理。②如税务部门实行差额代收，即所代收工会经费中未包括基层工会应分成部分，则会计账务处理中应无“应付下级经费”科目。

【例6-6】202×年7月，某县总工会收到市总工会转拨税务代收工会经费12 000元，其中，本级工会留成2 500元，应返还各基层工会7 500元；收到市总工会转拨税务代收建会筹备金2 000元。会计处理如下：

借：银行存款　　12 000

　　贷：拨缴经费收入　　2 500

　　　　应付下级经费——应付下级转拨经费　　7 500

　　　　其他应付款　　2 000

收到上级工会转拨财政统一划拨工会经费及建会筹备金的账务处理参照上例办理。

【例6-7】202×年8月，某基层工会收到县总工会转拨税务代收工会经费8 000元。会计处理如下：

借：银行存款　　8 000

　　贷：拨缴经费收入　　8 000

【例6-8】202×年4月，某单位组建工会后，收到县总工会返还的建会筹备金15 000元。会计处理如下：

借：银行存款　　15 000

　　贷：拨缴经费收入　　15 000

【例6-9】202×年决算整理期，某省总工会收到所属市、州总工会应上缴工会经费3 000 000元，其中，本级工会留成2 000 000元，应上缴全国总工会1 000 000元。会计处理如下：

借：应收下级经费　　3 000 000

　　贷：拨缴经费收入　　2 000 000

　　　　应付上级经费　　1 000 000

上述例子所列各级工会拨缴经费收入的分成比例，可能与各地实际情况并不完全一致，各单位在具体的会计账务处理中，应严格按照全国总工会和省级总工会规定的分成比例分解工会经费。

【例6-10】202×年末，年终决算，某省总工会拨缴经费收入共计5 800 000

元。年终结转前“拨缴经费收入”科目余额为 5 800 000 元。会计处理如下：

借：拨缴经费收入　　5 800 000

　　贷：工会资金结余——本年收支结转　　5 800 000

第四节　上级补助收入

一、上级补助收入的内容

上级补助收入是指本级工会收到的上级工会的各类补助款项。

上级补助收入包括一般性转移支付补助、专项转移支付补助。一般性转移支付补助是指上级工会按照有关规定拨付给下级工会未指定专门用途的补助；专项转移支付补助是指上级工会拨付的指定专门用途的项目补助，包括帮扶困难职工的补助、用于开展向困难职工和家庭送温暖活动的补助、救灾补助等。

为平衡各级工会财力，支持下级工会开展工作，促进工会经济资源的最优化配置，推动工会组织全面、协调和可持续发展，各级工会应当经过合乎规定的相关程序，在本级工会经费中适度安排对下级工会的各类补助，下级工会据此作为上级补助收入。上级补助收入属于工会经费的二次分配，其来源包括《工会法》中所规定的多种渠道。

二、会计科目的设置

为了核算本级工会收到的上级工会的各类补助款项，工会应当设置“上级补助收入”一级科目，核算本级工会收到的上级工会的各类补助款项；同时《工会会计制度》规定，本科目设置“一般性转移支付补助”“专项转移支付补助”两个明细科目。本科目贷方登记本期本级工会收到上级工会已拨付的各类补助的实际金额，借方登记会计期末结转转入相应结转结余科目的金额；期末结转后本科目无余额。

上级补助收入中如有专项资金收入，还应按照具体项目进行明细核算。

三、主要账务处理

（一）按银行收款单的金额，借记“银行存款”科目，贷记本科目相关明细科目。

（二）年末清算时，存在上级应付未付补助款项的，借记“应收上级经费——应收上级补助”科目，贷记本科目相关明细科目。

（三）本科目余额应与上级工会的补助下级支出科目金额核对一致。

（四）期末结转时，应将本科目贷方本期发生额中的专项资金收入转入工会资金结转，借记本科目各专项资金收入明细科目，贷记“工会资金结转——本年收支结转”科目；将本科目本期发生额中的非专项资金收入转入工会资金结余，借记本科目各非专项资金收入明细科目，贷记“工会资金结余——本年收支结转”科目。本科目期末结转后无余额。

四、主要业务举例

【例 6-11】202× 年 8 月，某县总工会收到市总工会安排的专项转移支付（困难职工帮扶补助）补助款 50 000 元。会计处理如下：

借：银行存款　50 000

　贷：上级补助收入——专项转移支付补助——困难职工帮扶补助　50 000

注：困难职工帮扶补助明细项目可通过三级明细科目或项目辅助核算实现。（下同）

【例 6-12】202× 年终决算前，某县总工会收到补助通知：市总工会安排一般性转移支付补助款 250 000 元。会计处理如下：

借：应收上级经费——应收上级补助　250 000

　贷：上级补助收入——一般性转移支付补助　250 000

【例 6-13】202× 年末，年终决算，某县总工会全年上级补助收入共计 800 000 元。其中，专项资金收入 300 000 元，非专项资金收入 500 000 元。该县总工会结转拨缴经费收入的会计处理如下：

借：上级补助收入——专项资金相关明细科目　300 000

　上级补助收入——非专项资金相关明细科目　500 000

　贷：工会资金结转——本年收支结转——专项资金相关明细科目　300 000

　　工会资金结余——本年收支结转　500 000

第五节 政府补助收入

一、政府补助收入的内容

政府补助收入是指县级以上工会收到的各级人民政府按照《工会法》和国家的有关规定给予工会的补助款项。落实中共中央要求和国家有关法律规定，赋予工会组织更多的资源和手段，支持和帮助工会组织正常开展工作，强化工会服务大局、服务职工群众的物质基础，是各级人民政府的职责。

政府补助收入是工会经费的重要来源之一，包括工会收到财政拨付的离退休人员离退休费和生活补贴、帮扶资金、送温暖经费、疗养事业补助、劳模补助、基建、维修及大型活动补助等，但不包括财政列入预算并统一划拨的工会经费或建会筹备金。

二、会计科目设置

为了核算各级人民政府按照《工会法》和国家有关规定给予工会的各类补助款项，县级以上工会设置“政府补助收入”一级科目，该科目为县级以上工会专用科目。

本科目应当设置“财政拨款收入”和“非同级财政拨款收入”分别核算县级以上工会从同级政府部门和非同级政府部门取得的财政拨款收入。本科目贷方登记本期本级工会收到人民政府给予的各类补助的实际发生额和当年未安排使用、财政同意结转下一年度使用的政府补助年终结余资金额。借方登记会计期末，应将本科目结转转入相应结转结余科目的金额。期末结转后，本科目无余额。

“财政拨款收入”下应当设置“基本支出”和“项目支出”两个明细科目，在“基本支出”明细科目下按照“人员经费”和“日常公用经费”进行明细核算，在“项目支出”明细科目下按照具体项目进行明细核算；同时，按照《政府收支分类科目》中“支出功能分类科目”的项级科目进行明细核算。

“非同级财政拨款收入”应当按照非同级财政拨款收入的类别、来源等进行明细核算。如有专项资金收入，还应按照具体项目进行明细核算。

三、主要账务处理

（一）财政拨款收入

1. 收到财政直接支付的政府补助，根据财政国库支付执行机构委托代理银行转来的《财政直接支付入账通知书》及原始凭证入账，借记有关支出科目，贷记本科目——财政拨款收入。形成非货币性资产的，应当同时按照确定的资产成本，借记相关资产科目，贷记“资产基金”科目。

年末，根据本年度财政直接支付预算指标数与当年财政直接支付实际支出数的差额，借记“财政应返还额度——财政直接支付”科目，贷记本科目。

2. 收到财政授权支付的政府补助，根据代理银行盖章的《授权支付到账通知书》与分月用款计划核对后记账，借记“零余额账户用款额度”科目，贷记本科目——财政拨款收入。

年末，工会本年度财政授权支付预算指标数大于零余额账户用款额度下达数的，按照两者差额，借记“财政应返还额度——财政授权支付”科目，贷记本科目——财政拨款收入。

3. 其他方式下，未实行国库集中支付的单位，在本期预算收到财政拨款收入时，按照实际收到的金额，借记“银行存款”等科目，贷记本科目——财政拨款收入。

4. 因差错更正、购货退回等发生国库直接支付款项退回的，属于本年期支付的款项，按照退回金额，借记本科目——财政拨款收入，贷记“维权支出”“资本性支出”等科目。

（二）非同级财政拨款收入

取得非同级财政拨款收入时，按照实际收到的金额，借记“银行存款”等科目，贷记本科目——非同级财政拨款收入。

（三）年终结转的账务处理

期末结转时，将本科目本期发生额中的财政拨款收入转入财政拨款结转，借记本科目——财政拨款收入，贷记“财政拨款结转——本年收支结转”科目；将本科目本期发生额中的非同级财政拨款专项资金收入转入工会资金结转，借记本科目——非同级财政拨款收入，贷记“工会资金结转——本年收支结转”科目；将本科目本期发生额中的非同级财政拨款非专项资金收入转入工会资金结余，借记本科目——非同级财政拨款收入，贷记“工会资金结余——本年收支结转”科目。

本科目期末结转后无余额。

四、主要业务举例

【例 6-14】202× 年 5 月，某县总工会向县财政局申请拨付县劳模大会会议费 5 000 元，由国库支付中心直接支付，已收到《财政直接支付入账通知书》。会计处理如下：

借：业务支出——会议费　　5 000

　　贷：政府补助收入——财政拨款收入——县劳模大会会议　　5 000

【例 6-15】202× 年 3 月，某县总工会向县财政局申请已列入年度预算的劳动竞赛经费 10 000 元，县财政局已审核同意，并将该款拨付县总工会零余额账户，已收到《授权支付到账通知书》（有的地区可能是《财政资金授权支付额度通知书》）。会计处理如下：

借：零余额账户用款额度　　10 000

　　贷：政府补助收入——财政拨款收入——劳动竞赛　　10 000

【例 6-16】202× 年 10 月，某市总工会收到市财政局按预算拨付的帮扶资金补助 150 000 元（该地区已实行国库集中支付）。会计处理如下：

借：零余额账户用款额度　　150 000

　　贷：政府补助收入——财政拨款收入——帮扶资金　　150 000

【例 6-17】202× 年 10 月，某市总工会收到市直机关管理局按预算拨付的电子政务专项经费 200 000 元（该地区已实行国库集中支付）。会计处理如下：

借：零余额账户用款额度　　200 000

　　贷：政府补助收入——非同级财政拨款收入——电子政务专项经费

　　200 000

【例 6-18】202× 年末，某县财政局安排县总工会财政直接支付预算指标数尚结余 5 000 元，财政同意该差额作为下年度返还的资金额度。会计处理如下：

借：财政应返还额度——财政直接支付　　5 000

　　贷：政府补助收入——财政拨款收入　　5 000

【例 6-19】202× 年末，年终决算，某县总工会全年政府补助收入共计 800 000 元，其中财政拨款收入共计 500 000 元，全部为专项资金；非同级财政拨款收入 300 000 元，其中，专项资金收入 200 000 元，非专项资金收入 100 000 元。会计处理如下：

借：政府补助收入——财政拨款收入——专项资金相关明细科目

500 000

政府补助收入——非同级财政拨款收入——专项资金相关明细科目

200 000

政府补助收入——非同级财政拨款收入　　100 000

贷：财政拨款结转——本年收支结转——专项资金相关明细科目

500 000

工会资金结转——本年收支结转——专项资金相关明细科目

200 000

工会资金结余——本年收支结转　　100 000

第六节　行政补助收入

一、行政补助收入的内容

行政补助收入是指基层工会取得的所在单位行政方面按照《工会法》和国家的有关规定给予工会的补助款项，包括工会收到行政拨付的劳动竞赛经费、工会开展活动的补助等，不包括行政方面按规定向工会拨缴的工会经费。

二、会计科目的设置

为了核算基层工会取得的所在单位行政方面按照《工会法》和国家的有关规定给予工会的补助款项，基层工会组织应当设置“行政补助收入”一级科目。本科目为基层工会专用科目，贷方登记工会本期收到所在单位给予的各类补助的实际发生额，借方登记会计期末，应将本科目结转转入相应结转结余科目的金额。期末结转后，本科目无余额。

行政补助收入中如有专项资金收入，应当按照具体项目进行明细核算。

三、主要账务处理

（一）收到行政补助时，借记“银行存款”等科目，贷记本科目。

（二）期末结转时，将本科目本期发生额中的专项资金收入转入工会资金结转，借记本科目各专项资金收入明细科目，贷记“工会资金结转——本年收支结转”科目；将本科目本期发生额中的非专项资金收入转入工会资金结余，借记本科目各非专项资金收入明细科目，贷记“工会资金结余——本年收支结转”科目。

（三）本科目期末结转后无余额。

四、主要业务举例

【例 6-20】202× 年 5 月，某基层工会收到单位行政拨付的职工运动会补助 20 000 元。会计处理如下：

借：银行存款　　20 000

　　贷：行政补助收入——职工运动会　　20 000

【例 6-21】202× 年末，年终决算，某基层工会收到单位行政拨付补助共计 30 000 元，其中，职工运动会补助 20 000 元，办公用品补助 10 000 元。会计处理如下：

借：行政补助收入——职工运动会　　20 000

　　行政补助收入——公用经费　　10 000

　　贷：工会资金结转——本年收支结转——职工运动会　　20 000

　　　　工会资金结余——本年收支结转——公用经费　　10 000

第七节　附属单位上缴收入

一、附属单位上缴收入的内容

附属单位上缴收入指按照《工会法》和国家的有关规定工会取得的工会所属的企业、事业单位上缴的收入。

二、会计科目的设置

为核算独立核算的工会附属企业、事业单位上缴的收入，工会组织应当设置“附属单位上缴收入”一级科目。本科目贷方反映工会各企业、事业单位本期实际上缴收入的发生额；借方登记会计期末，应将本科目结转转入相应结转结余科目的金额；期末结转后，本科目无余额。

本科目应当按照缴款项目或缴款单位名称设置明细账。

所属单位上缴收入中如有专项资金收入，还应当按照具体项目进行明细核算。

三、主要账务处理

（一）收到相关收入时，借记“银行存款”等科目，贷记本科目。

（二）期末结转时，将本科目本期发生额中的专项资金收入转入工会资金结转，借记本科目各专项资金收入明细科目，贷记“工会资金结转——本年收支结转”科目；将本科目本期发生额中的非专项资金收入转入工会资金结余，借记本科目各非专项资金收入明细科目，贷记“工会资金结余——本年收支结转”科目。本科目期末结转后无余额。

四、主要业务举例

【例 6-22】202× 年末，某县总工会所属某事业单位当年上缴收入 5 000 元。会计处理如下：

借：银行存款	5 000	
贷：附属单位上缴收入——某事业单位		5 000

【例 6-23】202× 年末，年终决算，某县总工会收到所属某事业单位当年上缴收入 10 000 元，其中，某专项资金 5 000 元，非专项资金 5 000 元。会计处理如下：

借：附属单位上缴收入——某事业单位	5 000	
附属单位上缴收入——某事业单位——某专项资金	5 000	
贷：工会资金结余——本年收支结转		5 000
工会资金结转——本年收支结转——某专项资金		5 000

第八节　投资收益

一、投资收益的主要内容

投资收益是指按照国家的有关规定工会对外投资发生的损溢。

二、会计科目的设置

为核算工会对外投资发生的损溢，设置“投资收益”一级科目。本科目贷方登记工会本期对外投资的实际发生的收益金额，或期末结转时应将本期发生的损失结转转入相应结转结余科目的金额；本科目借方登记会计期末将本期收益结转转入相应结转结余科目的金额，或登记本期发生的实际损失金额；期末结转后，本科目无余额。

投资收益中如有专项资金收入，应当按照具体项目进行明细核算。

三、主要账务处理

（一）投资持有期间，收到利息、股利等投资收益时，按照实际收到的金额，借记“银行存款”科目，贷记本科目。

（二）对外转让或到期收回债券投资本息，按照实际收到的金额，借记“银行存款”科目，按照收回投资的账面余额，贷记“工会资金结余”科目，按照其差额，贷记或借记本科目；同时，按照收回投资的账面余额，借记“资产基金——投资”科目，贷记“投资”科目。

（三）期末结转时，将本科目本期发生额中的专项资金收入转入工会资金结转，借记本科目各专项资金收入明细科目，贷记“工会资金结转——本年收支结转”科目；将本科目本期发生额中的非专项资金收入转入工会资金结余，借记本科目各非专项资金收入明细科目，贷记“工会资金结余——本年收支结转”科目。本科目期末结转后无余额。

四、主要业务举例

【例 6-24】202× 年 2 月，某市总工会收到某投资项目的上年分红 30 000 元。会计处理如下：

借：银行存款	30 000	
贷：投资收益——某投资项目		30 000

【例 6-25】202× 年 10 月，经主席办公会商定，并报上级工会批准，某市总工会某投资项目账面价值 800 000 元，以评估价 850 000 元转让外部单位，对方已按合同支付全部价款，并按规定办理有关产权过户手续。会计处理如下：

借：资产基金——投资	800 000	
贷：投资——某投资项目		800 000
借：银行存款	850 000	
贷：工会资金结余——累计结余		800 000
投资收益		5 000

【例 6-26】202× 年末，年终决算，某县总工会当年投资收益共计 10 000 元，其中，某专项资金 5 000 元，非专项资金 5 000 元。会计处理如下：

借：投资收益——专项资金　　5 000
　　投资收益　　5 000
　　贷：工会资金结转——本年收支结转——某专项资金　　5 000
　　　　工会资金结余——本年收支结转　　5 000

第九节　其他收入

一、其他收入的主要内容

其他收入是指工会取得的工会除会费收入、拨缴经费收入、上级补助收入、政府补助收入、行政补助收入、事业收入、投资收益之外的其他各项收入。

其他收入包括资产盘盈、固定资产处置净收入、接受捐赠收入、银行存款利息收入等。

二、会计科目的设置

为了核算工会取得的除会费收入、拨缴经费收入、上级补助收入、政府补助收入、行政补助收入、事业收入、投资收益之外的其他各项收入，工会应当设置“其他收入”一级科目。本科目贷方登记工会本期各项其他收入的实际发生额；本科目借方登记会计期末将本期收益结转转入相应结转结余科目的金额；期末结转后，本科目无余额。

本科目可以按其他收入的具体项目设置明细账，进行明细核算。

其他收入中如有专项资金收入，应当按照具体项目进行明细核算。

三、主要账务处理

（一）取得银行存款利息收入，借记“银行存款”等科目，贷记本科目。

（二）接受捐赠的款项，借记“银行存款”等科目，贷记本科目。

（三）每日现金账款核对中如发现现金溢余，属于无法查明原因的，报经批准后处理时，借记“待处理财产损溢”科目，贷记本科目。

（四）已核销其他应收款在以后期间收回的，按照实际收回的金额，借记

“银行存款”等科目，贷记本科目。

（五）盘亏或者毁损、报废的各类资产，报经批准处理后收支结清时，如果处理收入大于相关支出的，按照处理收入减去相关支出后的净收入，借记“待处理财产损溢”科目，贷记本科目，需按规定上缴同级政府财政的，贷记“其他应付款”科目。

（六）有偿调出、出售的固定资产和无形资产，按照有偿调出、出售过程中取得的价款，借记“银行存款”等科目，贷记本科目，按规定应上缴同级财政的，贷记“其他应付款”科目；同时，按照有偿调出、出售资产的账面价值，借记“资产基金”科目，按照已计提的折旧或摊销，借记“累计折旧”“累计摊销”科目，按照资产的账面余额，贷记“固定资产”“无形资产”科目。

（七）期末结转时，将本科目本期发生额中的专项资金收入转入工会资金结转，借记本科目各专项资金收入明细科目，贷记“工会资金结转——本年收支结转”科目；将本科目本期发生额中的非专项资金收入转入工会资金结余，借记本科目各非专项资金收入明细科目，贷记“工会资金结余——本年收支结转”科目。本科目期末结转后无余额。

四、主要业务举例

【例 6-27】202× 年 12 月，某市总工会取得银行存款利息收入 5 000 元，接受外单位捐赠 20 000 元，经批准报废固定资产后净收入 40 000 元。会计处理如下：

借：银行存款	65 000	
贷：其他收入——银行存款利息		5 000
其他收入——接受捐赠收入		20 000
其他收入——资产报废		40 000

【例 6-28】202× 年 3 月，某市总工会按规定报废汽车一台，账面价值 150 000 元，收回残值 3 000 元。会计处理如下：

借：资产基金——固定资产	150 000	
贷：固定资产——交通工具		150 000
借：银行存款	3 000	
贷：其他收入		3 000

【例 6-29】202× 年 9 月，某省总工会某项固定资产报废，账面价值 100 000 元，清理过程中发生净支出 500 元，收回残值 2 000 元。会计处理如下：

借：资产基金——固定资产	100 000	

贷：固定资产——交通工具　　100 000

借：银行存款　　2 000

贷：其他收入　　2 000

借：其他支出　　500

贷：库存现金　　500

第十节　动用预算稳定调节基金

一、动用预算稳定调节基金的主要内容

动用预算稳定调节基金是指县级以上工会按照工会预算管理规定，动用的预算稳定调节基金。该科目仅是为提取预算稳定调节基金而设置的收入类科目。

二、会计科目的设置

为了核算工会提取预算稳定调节基金，工会应当设置“动用预算稳定调节基金”一级科目。本科目贷方登记工会本期提取预算稳定调节基金的实际发生额；本科目借方登记会计期末将本期发生的动用预算稳定调节基金转入工会资金结余科目的金额；期末结转后，本科目无余额。

三、主要账务处理

（一）按规定动用预算稳定调节基金时，按照动用的金额，借记“预算稳定调节基金”科目，贷记本科目。

（二）期末结转时，将本科目本期发生额转入工会资金结余科目，借记本科目，贷记“工会资金结余——本年收支结转”科目。本科目期末结转后无余额。

四、主要业务举例

【例 6-30】202× 年 6 月，某市总工会经批准，提取预算稳定调节基金 200 000 元。会计处理如下：

借：预算稳定调节基金　　200 000

贷：动用预算稳定调节基金　　200 000

第七章

支　出

第一节　支出概述

一、支出的概念和特点

支出是指工会为开展各项工作和活动所发生的各项资金耗费和损失。工会支出具有以下特点：

1. 工会支出必须严格遵循有关法律法规制度的规定。《工会法》明确规定，工会经费主要用于为职工服务和工会活动。工会经费的具体使用应当遵循中华全国总工会的各项管理办法。

2. 工会支出能够引起工会净资产的减少。工会支出能够引起资产的减少或负债的增加，最终引起工会净资产的减少。

二、支出的分类

支出的分类有两种：功能分类和经济分类。功能分类和经济分类结合使用，可以进一步细化对支出的分析，为评估和改进工会工作提供详细信息。

按功能分类反映了工会做了什么，如基层工会有职工活动支出、职工服务支出、维权支出、业务支出、资本性支出、其他支出；县级以上工会有职工活动组织支出、职工服务支出、维权支出、业务支出、行政支出、资本性支出、补助下级支出、对附属单位的支出、其他支出。

按经济分类反映工会支出的经济性质和具体支出方向，例如：用于职工工资福利支出基本工资方面的，用于商品服务支出办公费方面的，用于对个人和家庭的补助离休费方面的。经济分类参照《政府部门支出经济分类科目》设定。

三、支出的核算基础和入账金额

（一）支出的核算基础

各项工会支出的确认，主要以收付实现制为基础，但对个别事项的处理，采用权责发生制为补充。例如，年末清算对下级工会的补助时，可以根据补助通知中应付未付的各项补助金额，确认本级工会有关支出。

（二）支出的入账金额

工会的各项支出应当按照实际发生额入账。

四、支出类会计科目的设置

工会的支出类一级会计科目有 11 个，具体见表 7-1。

表 7-1　支出类会计科目的名称和编码

科目编码		名　称
一级科目	明细科目	
501 ▲		**职工活动支出**
	50101	职工教育支出
	50102	文体活动支出
	50103	宣传活动支出
	50104	劳模职工疗休养支出
	50105	会员活动支出
	50106	其他活动支出
502 △		**职工活动组织支出** 按照预算管理等规定，除无“会员活动支出”外，参照“职工活动支出”设置明细科目
503		**职工服务支出**
	50301	劳动和技能竞赛活动支出
	50302	建家活动支出
	50303	职工创新活动支出
	50304	职工书屋活动支出
	50305	其他服务支出
504		**维权支出**
	50401	劳动关系协调支出
	50402	劳动保护支出
	50403	法律援助支出
	50404	困难职工帮扶支出
	50405	送温暖支出
	50406	其他维权支出
505		**业务支出**
	50501	培训费

续 表

科目编码		名 称
一级科目	明细科目	
	50502	会议费
	50503	专项业务费
	50504	其他业务支出
506 △		**行政支出**
	50601	工资福利支出
	50602	商品和服务支出
	50603	对个人和家庭的补助
	50604	其他行政支出
507		**资本性支出**
	50701	房屋建筑物购建
	50702	办公设备购置
	50703	专用设备购置
	50704	交通工具购置
	50705	大型修缮
	50706	信息网络购建
	50707	其他资本性支出
508 △		**补助下级支出**
	50801	一般性转移支付补助
	50802	专项转移支付补助
509		**对附属单位的支出**
510		**其他支出**
521 △		**安排预算稳定调节基金**

注：▲为基层工会专用科目，△为县级以上工会专用科目，未标符号的为通用科目。

上述支出类会计科目中，“职工活动组织支出”“行政支出”“补助下级支出”“安排预算稳定调节基金”科目为县级以上工会专用科目。“职工活动支出”为基层工会专用科目。

五、支出的明细核算规则

对于本制度中规定的各支出类会计科目，除“安排预算稳定调节基金”科目外，工会应当分别按照“基本支出”和“项目支出”进行明细核算，在“项目支出”下按照具体项目进行明细核算；同时，按照《政府收支分类科目》中

“部门预算支出经济分类科目”的款级科目进行明细核算。

各支出科目可能涉及的主要部门预算支出经济分类科目的对应关系表详见附件4。该表提供了各科目与部门预算支出经济分类科目之间的主要对应关系，因部门预算支出经济分类由财政部发布每年更新，因此该表仅供参考。各级工会组织可根据财政部发布的《政府收支分类科目》和全国总工会有关文件及时调整。

从同级政府财政部门取得财政拨款的县级以上工会，除“安排预算稳定调节基金”科目外，还应当在其他各支出类科目下根据资金来源按照“财政拨款”“工会资金”进行明细核算；同时，在“财政拨款”明细科目下按照《政府收支分类科目》中“支出功能分类科目”的项级科目进行明细核算。

第二节　职工活动支出

一、职工活动支出的内容

职工活动支出是指基层工会为会员及其他职工开展教育活动、文体活动、宣传活动、劳模疗休养活动、会员活动等发生的支出。基层工会组织会员开展集体活动发生的支出以及向会员发放的特殊困难补助，也属于职工活动支出。

职工活动支出包括职工教育支出、文体活动支出、宣传活动支出、劳模职工疗休养支出、会员活动支出、其他活动支出。

职工教育支出指基层工会用于开展政治、法律、科技、业务等专题培训和职工技能培训所需的教材资料、教学用品、场地租金等方面的支出，用于支付职工教育活动聘请授课人员的酬金，用于基层工会开展的职工素质提升补助和职工教育培训优秀学员的奖励。

文体活动支出指基层工会用于开展或参加上级工会组织的职工业余文体活动所需器材、服装、用品等购置、租赁与维修方面的支出以及活动场地、交通工具的租金支出等，用于文体活动优胜者的奖励支出，及文体活动中必要的伙食补助支出。

宣传活动支出指基层工会用于开展重点工作、重大主题和重大节日宣传活动所需的材料消耗、场地租金、购买服务等方面的支出，用于培育和践行社会主义核心价值观，弘扬劳模精神、劳动精神、工匠精神等经常性宣传活动方面的支出，用于基层工会开展或参加上级工会举办的知识竞赛、宣讲、演讲比赛、展览等宣传活动的支出。

劳模职工疗休养支出指基层工会用于组织和开展的劳动模范和先进职工疗休养活动的公杂费等补助支出。

会员活动支出指基层工会用于组织会员观看电影、文艺演出、开展春游秋游，为会员购买当地公园年票等的支出；用于基层工会在重大节日（传统节日）和会员生日、婚丧嫁娶、退休离岗的慰问支出。

其他活动支出指基层工会用于开展其他活动的各项职工活动支出。

二、会计科目设置

为了核算基层工会为会员和其他职工开展教育、文体、宣传等活动发生的支出，基层工会应当设置“职工活动支出”一级科目。本科目借方登记基层工会本期发生的各项职工活动支出，贷方登记期末结转入“工会资金结余——本年收支结转”或“工会资金结转——本年收支结转”的金额；期末结转后，本科目无余额。

本科目根据核算内容不同，下设“职工教育支出”“文体活动支出”“宣传活动支出”“劳模职工疗休养支出”“会员活动支出”“其他活动支出”明细科目。

本科目为基层工会专用科目，一般不存在“财政拨款”的来源。

三、主要账务处理

（一）发生职工活动支出时，按照实际支付的金额，借记本科目，贷记“库存现金”“银行存款”等科目。支出的款项中有形成库存物品等资产的，应当同时按照确定的成本借记“库存物品”等科目，贷记“资产基金”科目。

（二）期末结转时，将本科目本期发生额中的工会资金专项资金支出转入工会资金结转，借记“工会资金结转——本年收支结转”科目，贷记本科目；将本科目本期发生额中的工会资金非专项资金支出转入工会资金结余，借记“工会资金结余——本年收支结转”科目，贷记本科目。本科目期末结转后无余额。

四、主要业务举例

【例 7-1】202× 年 4 月，为庆祝五一国际劳动节，某工会为职工购买电影票发生费用 26 000 元，用支票支付。会计处理如下：

借：职工活动支出——文体活动支出（二级明细会计科目）/ 项目支出（分基本支出和项目支出辅助核算）/ 五一观影（分具体项目辅助核算）/ 其他商品和服务支出（按部门预算支出经济分类辅助核算） 26 000

贷：银行存款 26 000

【例 7-2】202× 年 5 月，某公司工会为解决 3 名工会会员因工伤住院导致生活困难的情况，依据工会委员会会员特殊困难补助规定，给予每人 2 000 元补助。会计处理如下：

借：职工活动支出——其他活动支出（二级明细会计科目）/ 项目支出（分基本支出和项目支出辅助核算）/ 特殊慰问（分具体项目辅助核算）/ 其他对个人和家庭的补助（按部门预算支出经济分类辅助核算） 6 000

贷：库存现金 6 000

【例 7-3】202× 年 5 月，某公司工会为普及《劳动法》知识，决定在本公司举办专题讲座，发生场租 20 000 元（银行转账形式支付），教材费用 900 元（用现金支付）。会计处理如下：

借：职工活动支出——职工教育支出（二级明细会计科目）/ 项目支出（分基本支出和项目支出辅助核算）/《劳动法》专题讲座（分具体项目辅助核算）/ 租赁费（按部门预算支出经济分类辅助核算） 20 000

职工活动支出——职工教育支出（二级明细会计科目）/ 项目支出（分基本支出和项目支出辅助核算）/《劳动法》专题讲座（分具体项目辅助核算）/ 印刷费（按部门预算支出经济分类辅助核算） 900

贷：银行存款 20 000

库存现金 900

【例 7-4】202× 年 7 月，某公司工会为增强广大职工安全生产意识，决定开辟一个宣传栏，发生材料费 5 000 元（银行转账形式支付）。会计处理如下：

借：职工活动支出——宣传活动支出（二级明细会计科目）/ 项目支出（分基本支出和项目支出辅助核算）/ 安全生产宣传栏（分具体项目辅助核算）/ 专用材料费（按部门预算支出经济分类辅助核算） 5 000

贷：银行存款 5 000

【例 7-5】接上例，202× 年该工会收到上级工会用于职工活动支出的上级补助收入预算为 115 500 元。年末该公司工会“职工活动支出”科目借方余额为 105 500 元。其中二级明细科目：职工教育支出 50 000 元，文体活动支出 20 000 元，宣传活动支出 30 000 元，其他活动支出 5 500 元。其中宣传活动支出中

10 000 元（其他商品和服务支出）未使用。会计处理如下：

（1）结转本年支出：

借：工会资金结转——本年收支结转 / 职工活动支出 / 职工教育支出　50 000

　　工会资金结转——本年收支结转 / 职工活动支出 / 文体活动支出　20 000

　　（同上）/ 宣传活动支出　30 000

　　（同上）/ 其他活动支出　5 500

　贷：职工活动支出——职工教育支出　50 000

　　　职工活动支出——文体活动支出　20 000

　　　职工活动支出——宣传活动支出　30 000

　　　职工活动支出——其他活动支出　5 500

（2）结转本年收入：

借：上级补助收入——专项转移支付补助 / 职工活动支出　115 500

　贷：工会资金结转——本年收支结转　115 500

（3）结转结余分析（结转下年继续使用）：

借：工会资金结转——本年收支结转 / 职工活动支出 / 宣传活动支出　10 000

　贷：工会资金结转——累计结转　10 000

（4）结转结余分析（项目完成转为结余资金）：

借：工会资金结转——本年收支结转 / 职工活动支出 / 宣传活动支出　10 000

　贷：工会资金结余——结转转入　10 000

第三节　职工活动组织支出

一、职工活动组织支出的内容

职工活动组织支出是指县级以上组织开展本辖区范围内的教育活动、文体活动、宣传活动、劳模疗休养活动等发生的支出。

职工活动组织支出包括职工教育支出、文体活动支出、宣传活动支出、劳模职工疗休养支出、其他活动支出。

职工教育支出指用于县级以上工会面向职工组织和开展的政治、法律、科技、业务等专题培训和职工技能培训方面的支出。

文体活动支出指用于县级以上工会组织和开展职工业余文体活动所需的各类支出。

宣传活动支出用于县级以上工会组织和开展重点工作、重大主题和重大节日宣传活动的支出。

劳模职工疗休养支出用于县级以上工会组织和开展的劳动模范和先进工作者职工疗休养活动的交通费、住宿费、伙食费、理疗费、公杂费，以及规定的其他支出。

其他活动支出指用于县级以上工会支付的工会开展其他活动的各项支出。

二、会计科目设置

为了核算县级以上工会组织开展职工教育活动、文体活动、宣传活动、劳模疗休养活动等发生的支出，县级以上工会应当设置“职工活动组织支出”一级科目。本科目借方登记县级以上工会本期发生的各项职工活动组织支出，贷方登记期末结转转入相应结转结余科目的金额；期末结转后，本科目无余额。

本科目根据应当按照工会预算管理等规定，参照“职工活动支出”核算内容不同，可下设“职工教育支出”“文体活动支出”“宣传活动支出”“劳模职工疗休养支出”“其他活动支出”明细科目。该科目因是县级以上工会专用科目，不涉及会员活动，所以不设置“会员活动支出”明细科目。

三、主要账务处理

（一）发生职工活动组织支出时，按照实际支付的金额，借记本科目，贷记“库存现金”“银行存款”“零余额账户用款额度”等科目。支出的款项中有形成库存物品等资产的，应当同时按照确定的成本借记“库存物品”等科目，贷记“资产基金”科目。

（二）期末结转时，将本科目本期发生额中的财政拨款支出转入财政拨款结转，借记“财政拨款结转——本年收支结转”科目，贷记本科目；将本科目本期发生额中的工会资金专项资金支出转入工会资金结转，借记“工会资金结转——本年收支结转”科目，贷记本科目；将本科目本期发生额中的工会资金非专项资金支出转入工会资金结余，借记“工会资金结余——本年收支结转”

科目，贷记本科目。本科目期末结转后无余额。

四、主要业务举例

【例 7-6】202× 年 7 月，某市总工会为组织劳模职工疗休养，共计支出 100 000 元，其中，交通费 20 000 元，住宿费 60 000 元，伙食费 20 000 元，银行转账形式支付。会计处理如下：

借：职工活动组织支出——劳模职工疗休养支出（二级明细会计科目）/ 工会资金（分财政拨款和工会资金辅助核算）/ 项目支出（分基本支出和项目支出辅助核算）/ 劳模疗休养（分具体项目辅助核算）/ 其他商品和服务支出（按部门预算支出经济分类辅助核算）　100 000

　　贷：银行存款　100 000

期末结转会计事例可参照“职工活动支出”（下同）。

第四节　职工服务支出

一、职工服务支出的内容

职工服务支出是用于工会服务和开展职工劳动和技能竞赛活动、职工创新活动、建家活动、职工书屋、职工互助保障等工作发生的支出。

劳动和技能竞赛活动支出。用于工会组织和开展合理化建议、技术革新、发明创造、岗位练兵、技术比武、技术培训等劳动和技能竞赛活动前发生的集训材料费，竞赛中发生的场租、设备租赁、资料费、交通费、工种补助、聘请裁判、专家等支出。

职工创新活动支出。用于工会开展的劳模和工匠人才创新工作室、职工创新项目活动发生的补助支出。

建家活动支出。用于工会组织建设、建家活动方面的支出，主要用于表彰模范职工之家、模范职工小家、工会之友等制作奖牌、证书、绶带的支出。

职工书屋活动支出。用于工会为建设职工书屋而发生的图书购置以及维护的支出。

其他服务支出。用于工会组织和开展会员、互助保障普遍惠及基层职工服务方面的支出。

二、会计科目设置

为了核算工会开展职工劳动和技能竞赛活动、职工创新活动、建家活动、职工书屋、职工互助保障等工作发生的支出，工会应当设置“职工服务支出”一级科目。本科目借方登记工会本期发生的各项职工服务支出，贷方登记期末结转转入相应结转结余科目的金额；期末结转后，本科目无余额。

本科目根据核算内容不同，可下设“劳动和技能竞赛活动支出”“建家活动支出”“职工创新活动支出”“职工书屋活动支出”“其他服务支出”等明细科目。

三、主要账务处理

（一）发生职工服务支出时，按照实际支付的金额，借记本科目，贷记“库存现金”“银行存款”“零余额账户用款额度”等科目。支出的款项中有形成库存物品等资产的，应当同时按照确定的成本借记“库存物品”等科目，贷记“资产基金”科目。

（二）期末结转时，将本科目本期发生额中的财政拨款支出转入财政拨款结转，借记“财政拨款结转——本年收支结转”科目，贷记本科目；将本科目本期发生额中的工会资金专项资金支出转入工会资金结转，借记“工会资金结转——本年收支结转”科目，贷记本科目；将本科目本期发生额中的工会资金非专项资金支出转入工会资金结余，借记“工会资金结余——本年收支结转”科目，贷记本科目。

（三）本科目期末结转后无余额。

四、主要业务举例

【例 7-7】202× 年 5 月，某县总工会开展 ×× 工种职工技能大赛，共计支出 100 000 元，以银行转账形式支付。其中，场租 40 000 元，设备租赁 30 000 元，资料费 10 000 元，聘请外部专业裁判按有关规定发放裁判费 20 000 元。会计处理如下：

借：职工服务支出——劳动和技能竞赛活动支出（二级明细会计科目）/ 工会资金（分财政拨款和工会资金辅助核算）/ 项目支出（分基本支出和项目支出辅助核算）/ ×× 工种职工技能大赛（分具体项目辅助核算）/ 租赁费（按部门预算支出经济分类辅助核算）

70 000

职工服务支出——劳动和技能竞赛活动支出（二级明细会计科目）/ 工会资金

（分财政拨款和工会资金辅助核算）/ 项目支出（分基本支出和项目支出辅助核算）/ ×× 工种职工技能大赛（分具体项目辅助核算）/ 印刷费（按部门预算支出经济分类辅助核算）

10 000

职工服务支出——劳动和技能竞赛活动支出（二级明细会计科目）/ 工会资金（分财政拨款和工会资金辅助核算）/ 项目支出（分基本支出和项目支出辅助核算）/ ×× 工种职工技能大赛（分具体项目辅助核算）/ 劳务费（按部门预算支出经济分类辅助核算）

20 000

贷：银行存款 100 000

【例 7–8】202× 年 6 月，某市总工会开展“×× 职工创新项目活动”，以购买服务形式委托第三方承办，发生费用 50 000 元，以银行转账形式支付。会计处理如下：

借：职工服务支出——职工创新活动支出（二级明细会计科目）/ 工会资金（分财政拨款和工会资金辅助核算）/ 项目支出（分基本支出和项目支出辅助核算）/ ×× 职工创新项目活动（分具体项目辅助核算）/ 委托业务费（按部门预算支出经济分类辅助核算）

50 000

贷：银行存款 50 000

【例 7–9】202× 年 7 月，某市总工会职工书屋，购买图书 500 000 元。会计处理如下：

借：固定资产——图书 500 000

贷：资产基金——固定资产 500 000

借：职工服务支出——资本性支出（二级明细会计科目）/ 工会资金（分财政拨款和工会资金辅助核算）/ 项目支出（分基本支出和项目支出辅助核算）/ 职工书屋（分具体项目辅助核算）/ 其他资本性支出（按部门预算支出经济分类辅助核算）

500 000

贷：银行存款 500 000

第五节 维权支出

一、维权支出的内容

维权支出是工会直接用于维护职工利益的支出。维权支出是工会组织维护职工合法权益的基本社会职能所耗费的资金。维权支出包括劳动关系协调支出、劳动保护支出、法律援助支出、困难职工帮扶支出、送温暖支出、其他维权支出。

劳动关系协调支出：工会用于推进创建劳动关系和谐企业活动、加强劳动争议调解和队伍建设、开展劳动合同咨询活动、集体合同示范文本印制与推广等方面的支出。

劳动保护支出：工会用于开展群众性安全生产和职业病防治活动、加强群众安全监督检查员队伍建设等以促进安全健康生产、保护职工生命安全为宗旨开展的职工劳动保护发生的支出。

法律援助支出：工会用于向职工群众提供法律咨询、法律服务等发生的支出。

困难职工帮扶支出：工会用于对困难职工提供资金和物质帮助等发生的支出。

送温暖支出：工会用于开展春送岗位、夏送清凉、金秋助学和送温暖等活动发生的支出。

其他维权支出：工会用于补助职工等其他方面的维权支出。

二、会计科目设置

为核算工会直接用于维护职工利益的支出，工会应当设置“维权支出”一级科目。本科目借方登记工会本期发生的各项维权支出，贷方登记期末结转转入相应结转结余科目的金额；期末结转后，本科目无余额。

本科目根据核算内容不同，可下设“劳动关系协调支出”“劳动保护支出”“法律援助支出”“困难职工帮扶支出”“送温暖支出”“其他维权支出”明细科目。

三、主要账务处理

（一）发生维权支出时，按照实际支付的金额，借记本科目，贷记“库存现金”“银行存款”“零余额账户用款额度”等科目。支出的款项中有形成库存物品等资产的，应当同时按照确定的成本借记“库存物品”等科目，贷记“资产基金”科目。

（二）县级以上工会提取工会干部权益保障金时，按照提取的金额，借记本科目，贷记“专用基金”科目。

（三）期末结转时，将本科目本期发生额中的财政拨款支出转入财政拨款结转，借记“财政拨款结转——本年收支结转”科目，贷记本科目；将本科目本期发生额中的工会资金专项资金支出转入工会资金结转，借记“工会资金结转——本年收支结转”科目，贷记本科目；将本科目本期发生额中的工会资金非专项资金支出转入工会资金结余，借记“工会资金结余——本年收支结转”科目，贷记本科目。本科目期末结转后无余额。

四、主要业务举例

【例 7-10】202× 年 4 月，某市总工会开展大型劳动合同主题咨询活动，支付场租费 50 000 元，以银行转账形式支付。会计处理如下：

借：维权支出——劳动关系协调支出（二级明细会计科目）/ 工会资金（分财政拨款和工会资金辅助核算）/ 项目支出（分基本支出和项目支出辅助核算）/ 劳动合同主题咨询活动（分具体项目辅助核算）/ 租赁费（按部门预算支出经济分类辅助核算）50 000

贷：银行存款　　50 000

【例 7-11】202× 年 5 月，某集团工会组织本系统安全员举办生产安全知识经验交流活动，发生资料费 10 000 元，场租费 20 000 元，食宿费 10 000 元，以银行转账形式支付。会计处理如下：

借：维权支出——劳动保护支出（二级明细会计科目）/ 工会资金（分财政拨款和工会资金辅助核算）/ 项目支出（分基本支出和项目支出辅助核算）/ 生产安全知识经验交流活动（分具体项目辅助核算）/ 印刷费（按部门预算支出经济分类辅助核算）

10 000

维权支出——劳动保护支出（二级明细会计科目）/ 工会资金（分财政拨款和工会资金辅助核算）/ 项目支出（分基本支出和项目支出辅助核算）/ 生产安全知识经验交流活动（分具体项目辅助核算）/ 租赁费（按部门预算支出经济分类辅助核算）　20 000

维权支出——劳动保护支出（二级明细会计科目）/ 工会资金（分财政拨款和工会资金辅助核算）/ 项目支出（分基本支出和项目支出辅助核算）/ 生产安全知识经验交流活动（分具体项目辅助核算）/ 其他商品和服务支出（按部门预算支出经济分类辅助核算）　10 000

　　贷：银行存款　40 000

【例 7-12】202× 年 5 月，某市总工会用购买服务的方式，为基层帮扶中心聘用专职律师，现按照合同约定支付酬金 100 000 元，以银行转账形式支付给律师事务所。会计处理如下：

借：维权支出——法律援助支出（二级明细会计科目）/ 工会资金（分财政拨款和工会资金辅助核算）/ 项目支出（分基本支出和项目支出辅助核算）/ 聘用专职律师（分具体项目辅助核算）/ 咨询费（按部门预算支出经济分类辅助核算）　100 000

　　贷：银行存款　100 000

【例 7-13】202× 年 9 月，某市总工会按照全总的统一部署，开展“金秋助学”活动，为 15 户困难职工家庭发放金秋助学款共计 30 000 元，用财政专项资金支付。会计处理如下：

借：维权支出——困难帮扶支出（二级明细会计科目）/ 财政资金（分财政拨款和工会资金辅助核算）/ 工会事务（按支出功能分类辅助核算）/ 项目支出（分基本支出和项目支出辅助核算）/ 金秋助学（分具体项目辅助核算）/ 生活补助（按部门预算支出经济分类辅助核算）　30 000

　　贷：零余额账户用款额度　30 000

【例 7-14】202× 年 1 月，春节前夕，某系统工会开展对 200 名困难职工“送温暖”活动，每位困难职工一份粮油一份慰问金，粮油价值 200 元，慰问金 1 000 元，共发生支出 240 000 元，属财政专项资金，慰问金发放到职工个人银行账户。会计处理如下：

借：维权支出——送温暖支出（二级明细会计科目）/ 财政资金（分财政拨款和工会资金辅助核算）/ 工会事务（按支出功能分类辅助核算）/ 项目支出（分基本支出和项目支出辅助核算）/ 送温暖支出（分具体项目辅助核算）/ 生活补助（按部门预算支出经济分类辅助核算）　200 000

维权支出——送温暖支出（二级明细会计科目）/ 财政资金（分财政拨款和工会资金辅助核算）/ 工会事务（按支出功能分类辅助核算）/ 项目支出（分基本支出和项目支出辅助核算）/ 送温暖支出（分具体项目辅助核算）/ 其他商品和服务支出（按部门预算支出经济分类辅助核算）　40 000

贷：零余额账户用款额度　240 000

【例 7-15】202× 年 7 月，某市总工会参与市人大关于涉及职工切身利益的法规修订，双方组成起草小组，深入厂矿调研，资料费 1 000 元，用支票方式付讫。会计处理如下：

借：维权支出——其他维权支出（二级明细会计科目）/ 工会资金（分财政拨款和工会资金明细核算）/ 项目支出（分基本支出和项目支出核算）/ 厂矿调研（分具体项目明细核算）/ 印刷费（按部门预算支出经济分类核算）　1000

贷：银行存款　1000

第六节　业务支出

一、业务支出的内容

业务支出是指工会培训工会干部、加强自身建设及开展业务工作发生的各项支出。业务支出包括培训支出、会议支出、专项业务支出、其他业务支出。

培训支出：工会用于开展工会干部和积极分子培训发生的支出。

会议支出：工会用于工会会员大会或会员代表大会、委员会、常委会、经费审查委员会以及其他专业工作会议的各项支出。

专项业务支出：核算工会用于开展组织建设、专题调研、专项工作、劳模津贴、劳模专项补助、扶贫活动及外事活动的支出。

其他业务支出：工会发生的不属于以上业务开支的其他业务支出，如工会用于发放兼职工会干部和专职社会化工会工作者补贴的支出等。

二、会计科目设置

为核算工会培训工会干部、加强自身建设及开展业务工作发生的各项支出，工会应当设置“业务支出”一级科目。本科目借方登记工会本期发生的各项业务支出，贷方登记期末结转转入相应结转结余科目的金额；期末结转后，本科目无余额。

本科目根据核算内容不同，可下设“培训支出”“会议支出”“专项业务支出”“其他业务支出”明细科目。

三、主要账务处理

（一）发生业务支出时，按照实际支付的金额，借记本科目，贷记“库存现金”“银行存款”“零余额账户用款额度”等科目。支出的款项中有形成库存物品等资产的，应当同时按照确定的成本借记“库存物品”等科目，贷记“资产基金”科目。

（二）期末结转时，将本科目本期发生额中的财政拨款支出转入财政拨款结转，借记“财政拨款结转——本年收支结转”科目，贷记本科目；将本科目本期发生额中的工会资金专项资金支出转入工会资金结转，借记“工会资金结转——本年收支结转”科目，贷记本科目；将本科目本期发生额中的工会资金非专项资金支出转入工会资金结余，借记“工会资金结余——本年收支结转”科目，贷记本科目。本科目期末结转后无余额。

四、主要业务举例

【例 7–16】202× 年 3 月，某集团工会召开工会代表大会发生费用 5 000 元。会计处理如下：

借：业务支出——会议费（二级明细会计科目）/ 工会资金（分财政拨款和工会资金辅助核算）/ 项目支出（分基本支出和项目支出辅助核算）/ 工会代表大会（分具体项目辅助核算）会议费（按部门预算支出经济分类辅助核算）　5 000

　　贷：银行存款　5 000

第七节　行政支出

一、行政支出的内容

行政支出是指县级以上工会为行政管理、后勤保障等发生的各项日常支出。行政支出包括工资福利支出、商品和服务支出、对个人和家庭的补助支出、其他行政支出。

工资福利支出：工会开支的专职工作人员和长期聘用人员的各类劳动报酬，以及为上述人员缴纳的各项社会保险费等。包括：基本工资、津贴补贴、奖金、社会保障缴费、伙食补助费、住房公积金等。

商品和服务支出：工会购买商品和服务的支出（不包括用于购置固定资产、无形资产的支出）。包括：办公费、印刷费、咨询费、手续费、水费、电费、邮电费、物业管理费、公务用车运行维护费（燃料费、维修费、过桥过路费、保险费、安全奖励费用等）、其他交通费用、差旅费（住宿费、城市间交通费、市内交通费、伙食补助费、杂费）、维修（护）费、租赁费、公务接待费、专用材料费、劳务费、委托业务费、工会经费、福利费等。

对个人和家庭的补助支出：工会用于对个人和家庭的补助支出。包括：离休费、退休费、退职费、抚恤金、生活补助、医疗费补助等。

其他行政支出：不能划分到上述明细科目的其他行政支出。

二、会计科目设置

为核算县级以上工会为行政管理、后勤保障等发生的各项日常支出，工会应当设置“行政支出”一级科目。本科目借方登记工会本期发生的各项行政支出，贷方登记期末结转转入相应结转结余科目的金额；期末结转后，本科目无余额。

本科目根据核算内容不同，可下设“工资福利支出”“商品和服务支出”“对个人和家庭的补助支出”“其他行政支出”明细科目。

三、主要账务处理

（一）计算确认本期人员经费时，按照计算确定的金额，借记本科目，贷记“应付职工薪酬”科目。

（二）支出公用经费时，按照实际支付的金额，借记本科目，贷记“库存现金”“银行存款”“零余额账户用款额度”等科目。支出的款项中有购入库存物品的，应当同时按照确定的成本借记“库存物品”科目，贷记“资产基金”科目。

（三）期末结转时，将本科目本期发生额中的财政拨款支出转入财政拨款结转，借记“财政拨款结转——本年收支结转”科目，贷记本科目；将本科目本期发生额中的工会资金专项资金支出转入工会资金结转，借记“工会资金结转——本年收支结转”科目，贷记本科目；将本科目本期发生额中的工会资金非专项资金支出转入工会资金结余，借记“工会资金结余——本年收支结转”科目，贷记本科目。本科目期末结转后无余额。

四、主要业务举例

【例 7-17】202× 年 7 月，某市总工会用“零余额账户用款额度”发放在职人员工资 158 000 元。会计处理如下：

借：行政支出——工资福利支出（二级明细会计科目）/ 财政资金（分财政拨款和工会资金明细核算）/ 工会事务（按支出功能分类明细核算）/ 基本支出（分基本支出和项目支出核算）/ 基本工资（按部门预算支出经济分类核算） 158 000

贷：应付职工薪酬 / 基本工资 158 000

借：应付职工薪酬——基本工资 158 000

贷：零余额账户用款额度 158 000

【例 7-18】202× 年 8 月，某市总工会为在职人员发放工资 150 000 元，直接发放于工资卡中。会计处理如下：

借：行政支出——工资福利支出（二级明细会计科目）/ 工会资金（分财政拨款和工会资金明细核算）/ 基本支出（分基本支出和项目支出核算）/ 基本工资（按部门预算支出经济分类核算） 150 000

贷：应付职工薪酬——基本工资 150 000

借：应付职工薪酬——基本工资 150 000

贷：银行存款 150 000

第八节　资本性支出

一、资本性支出的内容

资本性支出是工会从事建设工程、设备工具购置、大型修缮和信息网络购建而发生的实际支出。

房屋建筑物购建：工会用于购买、自行建造办公用房、仓库、食堂等建筑物（含附属设施，如电梯、通讯线路、电缆、水气管道等）的支出。

办公设备购置：工会购置纳入固定资产核算范围的办公家具和办公设备的支出。

专用设备购置：工会购置具有专门用途、纳入固定资产核算范围的各类专用设备的支出。

交通工具购置：工会用于购置各类交通工具的支出（含车辆购置税）。

大型修缮：工会各类设备、建筑物等的大型修缮支出。

信息网络购建：工会用于信息网络方面的支出。如计算机硬件软件购置、开发、应用支出等。购建的计算机硬件、软件等不符合固定资产、无形资产确认标准的，不在此科目核算。

其他资本性支出：工会其他上述科目中未包括的资本性支出。

资本性支出的特点是一次投入，多期受益，可比性差。资本性支出主要包括：固定资产的取得成本，固定资产的增添成本，固定资产的改良支出或延长使用年限的支出。只有本期收益的支出或正常维修不作为资本性支出。

资本性支出核算应注意三点：一是按照《工会会计制度》要求，工会的基建支出和改扩建支出，一律归入本科目核算。不得再单独设账、单独核算。二是要划清资本性支出和行政支出的界限，如房屋建筑物的日常性维修发生的支出不属于资本性支出。只有当增加、改良固定资产功能或延长使用年限的大型修缮才记入资本性支出科目。三是凡达不到固定资产确认标准的，不得计入资本性支出科目核算。

二、会计科目设置

为核算工会从事建设工程、设备工具购置、大型修缮和信息网络购建而发生的实际支出，工会应当设置“资本性支出”一级科目。本科目借方登记工会本期发生的各项行政支出，贷方登记期末结转转入相应结转结余科目的金额；期末结转后，本科目无余额。

本科目根据核算内容不同，可下设“房屋建筑物购建”“办公设备购置”“专用设备购置”“交通工具购置”“大型修缮”“信息网络购建”“其他资本性支出”明细科目。

三、主要账务处理

（一）购置、有偿调入固定资产、无形资产等时，按照实际支出的金额，借记本科目，贷记“银行存款”“零余额账户用款额度”“政府补助收入”等科目；同时，按照确定的资产成本，借记“固定资产”“无形资产”科目，贷记“资产基金”科目。

（二）自行建造房屋建筑物等固定资产、对固定资产进行大型修缮等时，按照自行建造过程中发生的实际支出，借记本科目，贷记“银行存款”“零余额账户用款额度”“政府补助收入”等科目；同时，借记“在建工程”科目，贷记“资产基金——在建工程”科目。

（三）发生长期待摊费用时，按照实际支出的金额，借记本科目，贷记“银行存款”“零余额账户用款额度”“政府补助收入”等科目；同时，借记“长期待摊费用”科目，贷记“资产基金——长期待摊费用”科目。

（四）期末结转时，将本科目本期发生额中的财政拨款支出转入财政拨款结转，借记“财政拨款结转——本年收支结转”科目，贷记本科目；将本科目本期发生额中的工会资金专项资金支出转入工会资金结转，借记“工会资金结转——本年收支结转”科目，贷记本科目；将本科目本期发生额中的工会资金非专项资金支出转入工会资金结余，借记“工会资金结余——本年收支结转”科目，贷记本科目。本科目期末结转后无余额。

四、主要业务举例

【例 7-19】202× 年 2 月，某市总工会进行机关办公自动化构建 OA 信息系统（该系统合同签订受益期限为 10 年），按照合同约定，预付建设资金 30 000 元，余款 10 000 元待建设完工并调试应用软件合格后支付。同时购买计算机 20 台，每台 5 000 元。会计处理如下：

（1）预付建设资金时：

借：资本性支出——信息网络购建（二级明细会计科目）/ 工会资金（分财政拨款和工会资金辅助核算）/ 项目支出（分基本支出和项目支出辅助核算）/ OA 系统（分具体项目辅助核算）/ 信息网络及软件购置更新（按部门预算支出经济分类辅助核算）

30 000

贷：银行存款 30 000

（2）工程完毕并调试应用软件合格后支付余款 10 000 元时：

借：资本性支出——信息网络购建（二级明细会计科目）/ 工会资金（分财政拨款和工会资金辅助核算）/ 项目支出（分基本支出和项目支出辅助核算）/OA 系统（分具体项目辅助核算）/ 信息网络及软件购置更新（按部门预算支出经济分类辅助核算）

10 000

贷：银行存款 10 000

（3）系统安装完毕确认无形资产时：

借：无形资产——OA 系统 40 000

贷：资产基金——无形资产 40 000

（4）支付计算机价款时：

借：资本性支出——信息网络购建（二级明细会计科目）/ 工会资金（分财政拨款和工会资金辅助核算）/ 项目支出（分基本支出和项目支出辅助核算）/OA 系统（分具体项目

辅助核算）/ 信息网络及软件购置更新（按部门预算支出经济分类辅助核算）

100 000

贷：银行存款 100 000

借：固定资产——通用设备 100 000

贷：资产基金——固定资产 100 000

（5）当月计提折旧和摊销：

借：资产基金——固定资产 1 389

资产基金——无形资产 3 333

贷：累计折旧 1 389

累计摊销 3 333

【例 7-20】202× 年，某市总工会当年 7 月初对其工会有产权的自建办公楼进行大型修缮，按照合同约定，预付工程款 200 万元，工程于次年 2 月底完工，工程竣工验收后，支付余款 100 万元。会计处理如下：

（1）按照合同约定预付修缮费用时：

借：在建工程——建筑安装工程投资——机关修缮 2 000 000

贷：资产基金——在建工程 2 000 000

借：资本性支出——大型修缮（二级明细会计科目）/ 工会资金（分财政拨款和工会资金辅助核算）/ 项目支出（分基本支出和项目支出辅助核算）/ 办公楼修缮（分具体项目辅助核算）/ 大型修缮（按部门预算支出经济分类辅助核算） 2 000 000

贷：银行存款 2 000 000

（2）工程竣工后验收合格，支付合同余款，并结转固定资产：

借：在建工程——建筑安装工程投资——机关修缮 1 000 000

贷：资产基金——在建工程 1 000 000

借：资本性支出——大型修缮（二级明细会计科目）/ 工会资金（分财政拨款和工会资金辅助核算）/ 项目支出（分基本支出和项目支出辅助核算）/ 办公楼修缮（分具体项目辅助核算）/ 大型修缮（按部门预算支出经济分类辅助核算） 1 000 000

贷：银行存款 1 000 000

借：固定资产——房屋及建筑物——办公楼 3 000 000

贷：在建工程——建筑安装工程投资——机关修缮 3 000 000

借：资产基金——在建工程 3 000 000

贷：资产基金——固定资产 3 000 000

另外，该办公楼资产价值从当月起重新计算计提折旧的金额。

第九节　补助下级支出

一、补助下级支出的内容

补助下级支出是指县级以上工会为解决下级工会经费不足或根据有关规定给予下级工会的各类补助款项。包括一般性转移支付补助和专项转移支付补助。

一般性转移支付补助：工会按有关规定对下级未指定用途的补助。

专项转移支付补助：工会按有关规定对下级指定专门用途的项目补助，包括对下级困难职工的帮扶补助、用于开展向困难职工和家庭送温暖活动的补助、救灾补助等。

二、会计科目设置

为核算县级以上工会为解决下级工会经费不足或根据有关规定给予下级工会的各类补助，县级以上工会应当设置“补助下级支出”一级科目。本科目借方登记工会本期发生的各项补助下级支出，贷方登记期末结转转入相应结转结余科目的金额；期末结转后，本科目无余额。

本科目根据核算内容不同，可下设“一般性转移支付补助”“专项转移支付补助”明细科目。

三、主要账务处理

（一）发生补助下级支出时，按照实际支付的金额，借记本科目，贷记“银行存款”“零余额账户用款额度”等科目。

（二）年末清算时，存在应付未付下级补助款项的，借记本科目，贷记“应付下级经费——应付下级补助”科目。

（三）期末结转时，将本科目本期发生额中的财政拨款支出转入财政拨款结转，借记“财政拨款结转——本年收支结转”科目，贷记本科目；将本科目本期发生额中的工会资金专项资金支出转入工会资金结转，借记“工会资金结转——本年收支结转”科目，贷记本科目；将本科目本期发生额中的工会资金非专项资金支出转入工会资金结余，借记“工会资金结余——本年收支结转”科目，贷记本科目。本科目期末结转后无余额。

四、主要业务举例

【例 7-21】202× 年 3 月某市总工会拨付给下属某县总工会送温暖款项 10 000 元。会计处理如下：

借：补助下级支出——专项转移支付补助（二级明细会计科目）/ 工会资金（分财政拨款和工会资金辅助核算）/ 项目支出（分基本支出和项目支出辅助核算）/ 送温暖补助（分具体项目辅助核算）/ 生活补助（按部门预算支出经济分类辅助核算）/ 某县总工会（按补助对象辅助核算）　10 000

贷：银行存款　15 000

第十节　对附属单位的支出

一、对附属单位的支出内容

对附属单位的支出是指工会按规定对所属企事业单位的补助。

二、会计科目设置

为核算工会按规定对所属企事业单位的补助，工会应当设置“对附属单位的支出”一级科目。本科目借方登记工会本期发生的各项对附属单位的支出，贷方登记期末结转转入相应结转结余科目的金额；期末结转后，本科目无余额。

本科目根据所属单位设置明细科目。

三、主要账务处理

（一）发生相关支出时，按照实际支付的金额，借记本科目，贷记“银行存款”“零余额账户用款额度”等科目。

（二）期末结转时，将本科目本期发生额中的财政拨款支出转入财政拨款结转，借记“财政拨款结转——本年收支结转”科目，贷记本科目；将本科目本期发生额中的工会资金专项资金支出转入工会资金结转，借记“工会资金结转——本年收支结转”科目，贷记本科目；将本科目本期发生额中的工会资金非专项资金支出转入工会资金结余，借记“工会资金结余——本年收支结转”

科目，贷记本科目。本科目期末结转后无余额。

四、主要业务举例

【例 7-22】202× 年 4 月某市级工会对所属干校拨付经常性补助公用经费 100 000 元。会计处理如下：

借：对附属单位的支出——某干校（按补助对象明细核算）/ 工会资金（分财政拨款和工会资金明细核算）/ 基本支出（分基本支出和项目支出核算）/ 其他商品和服务支出（按部门预算支出经济分类核算） 100 000

贷：银行存款 100 000

第十一节　其他支出

一、其他支出内容

其他支出是指工会除前面几节介绍的支出以外的各项支出，如资产盘亏、资产处置净损失、捐赠支出、汇兑损溢以及按规定计提有关专用基金等。

二、会计科目设置

为核算工会除上述支出以外的各项支出，工会应当设置“其他支出”一级科目。本科目借方登记工会本期发生的各项其他支出，贷方登记期末结转转入相应结转结余科目的金额；期末结转后，本科目无余额。

三、主要账务处理

（一）每日现金账款核对中如发现现金短缺，属于无法查明原因的部分，报经批准前，借记本科目，贷记“待处理财产损溢”科目。

（二）核销预计无法收回的其他应收款时，报经批准后，借记本科目，贷记“待处理财产损溢”科目。

（三）接受捐赠、无偿调入或对外捐赠、无偿调出实物资产、无形资产时，发生应由本级工会承担的相关税费、运输费等的，借记本科目，贷记“银行存款”“零余额账户用款额度”等科目。

（四）报废、毁损的实物资产，处理收支结清时，如果处理收入小于相关费用的，按照相关费用减去处理收入后的净支出，借记本科目，贷记“待处理财产损溢”科目。

（五）对外捐赠支出，借记本科目，贷记“库存现金”“银行存款”等科目。

（六）提取按规定计提的专用基金时，借记本科目，贷记“专用基金”科目。

（七）期末确认外币汇兑损溢时，借记或贷记本科目，贷记或借记“银行存款”等科目。

（八）期末结转时，将本科目本期发生额中的财政拨款支出转入财政拨款结转，借记“财政拨款结转——本年收支结转”科目，贷记本科目；将本科目本期发生额中的工会资金专项资金支出转入工会资金结转，借记“工会资金结转——本年收支结转”科目，贷记本科目；将本科目本期发生额中的工会资金非专项资金支出转入工会资金结余，借记“工会资金结余——本年收支结转”科目，贷记本科目。本科目期末结转后无余额。

四、主要业务举例

【例 7-23】202× 年 9 月，某市级工会报废一批家具，账面原值 20 000 元，已提折旧 19 000 元，在清理过程中，取得变价收入 200 元，拆装及搬运人工费支出 300 元。会计处理如下：

（1）转入处理资产时：

借：待处理财产损溢——待处理财产价值　　1 000

　　累计折旧　　19 000

　　贷：固定资产——通用设备　　20 000

（2）报经批准处理时：

借：资产基金——固定资产　　1 000

　　贷：待处理财产损溢——待处理财产价值　　1 000

（3）报废后取得的残值变价收入：

借：银行存款　　200

　　贷：待处理财产损溢——处理净收入　　200

（4）支付搬运费时：

借：待处理财产损溢——处理净收入　　300

　　贷：银行存款　　300

（5）处理收支结清时：

借：其他支出——工会经费（分财政拨款和工会资金辅助核算）/基本支出（分基本支出和项目支出辅助核算）/其他商品和服务支出（按部门预算支出经济分类辅助核算）

100

贷：待处理财产损溢——处理净收入 100

第十二节 安排预算稳定调节基金

一、安排预算稳定调节基金的主要内容

安排预算稳定调节基金是指经过预算管理中规定程序使用超收的拨缴经费收入安排的预算稳定调节基金。

该科目仅是为安排、补充预算稳定调节基金而设置的支出类科目，安排预算稳定调节基金本身不属于工会支出之一。

二、会计科目的设置

为了核算工会安排的预算稳定调节基金，工会应当设置“安排预算稳定调节基金”一级科目。本科目借方登记工会本期安排的预算稳定调节基金的实际发生额；本科目贷方登记会计期末将本期发生的安排预算稳定调节基金转入工会资金结余科目的金额；期末结转后，本科目无余额。

三、主要账务处理

（一）按规定安排预算稳定调节基金时，按照计提的金额，借记本科目，贷记“预算稳定调节基金”科目。

（二）期末，将本科目本期发生额转入工会资金结余科目，借记“工会资金结余——本年收支结转”科目，贷记本科目。本科目期末结转后无余额。

四、主要业务举例

【例7-24】202×年6月，某市总工会经批准，安排预算稳定调节基金200 000元。会计处理如下：

借：安排预算稳定调节基金 200 000

贷：预算稳定调节基金 200 000

第八章

工会会计报表

第一节　工会会计报表概述

一、工会会计报表的概念

工会会计报表是反映各级工会财务状况、业务活动和预算执行结果的书面文件。工会会计报表是各级工会领导、上级工会及其他会计报表使用者了解情况、掌握政策、指导工作的重要资料。《工会会计制度》要求工会会计处理应当划分会计期间，分期结算账目和编制会计报表。

会计期间至少分为年度和月度。会计年度、月度等会计期间的起讫日期采用公历日期。会计年度自 1 月 1 日到 12 月 31 日。

二、工会会计报表的分类

工会财务报表包括会计报表和附注。会计报表分为主表和附表，主表包括资产负债表和收入支出表，附表包括财政拨款收入支出表、国有资产情况表和成本费用表。具体如表 8–1：

表 8–1　　工会财务报表的组成

编 号	会计报表名称	编制期	编制主体
工会 01 表	资产负债表	月度、年度	各级工会
工会 02 表	收入支出表	月度、年度	各级工会
工会附 01 表	财政拨款收入支出表	年度	县级以上工会
工会附 02 表	国有资产情况表	年度	县级以上工会
工会附 03 表	成本费用表	月度、年度	县级以上工会

工会财务报表分为年度财务报表和中期财务报表。以短于一个完整的会计年度的期间（如半年度、季度和月度）编制的财务报表称为中期财务报表。年度财务报表是以整个会计年度为基础编制的财务报表。

三、工会会计报表的编制要求

编制会计报表要做到数字准确、内容完整、报送及时。会计报表是根据登记完整、核对无误的账簿记录和其他有关资料编制的。会计报表必须经会计主管人员和单位负责人审阅签章并加盖公章后，按照规定期限定期上报。

（一）数字准确。要求会计报表如实反映财务状况，数字真实可靠。在编制报表之前本期发生的所有账务必须全部登记入账，并以账簿记录为依据编制，不能以预算数代替实际数，不能弄虚作假、隐瞒谎报。

（二）内容完整。会计报表是一套完整的指标体系。报表内容要严格按财政部制订的《工会会计制度》规定的统一种类，格式内容编制，不得漏编、漏报。

（三）报送及时。会计报表的时间性很强，如果不及时编制，就会失去会计报表应有的作用，不利于各级工会领导了解情况、掌握政策、指导工作。因此，各级工会必须按上级工会规定的时间和期限及时编制会计报表。

第二节　资产负债表

一、资产负债表的概念

资产负债表，是反映工会某一会计期末全部资产、负债和净资产情况的报表。本表反映工会某一特定日期全部资产、负债和净资产的情况。工会至少应当编制月度、年度资产负债表，可以根据需要编制季度、半年度资产负债表。

二、资产负债表的格式

资产负债表分为左右两方，左方列示资产各项目，反映全部资产的分布及存在形态，右方列示负债和净资产各项目，反映全部负债和净资产的内容及构成情况。资产按其流动性由强到弱顺序排列；负债按到期日远近或偿付紧迫程度顺序排列；净资产包括资产基金、专用基金、结余结转资金和预算稳定调节基金。资产负债表左右双方平衡，即资产总计等于负债总计加上净资产总计。具体格式见表 8-2：

表 8-2　　资产负债表　　工会 01 表

编制单位：　　____年__月__日　　单位：元

资 产	年初余额	期末余额	负债与净资产	年初余额	期末余额
一、资 产			**二、负 债**		
流动资产：			应付职工薪酬		
货币资金			应付上级经费		
零余额账户用款额度 *			应付下级经费		
财政应返还额度			其他应付款		
应收上级经费			代管经费		
应收下级经费			**负债合计**		
其他应收款					
库存物品			**三、净资产**		
流动资产合计			资产基金		
投 资			专用基金		
在建工程			工会资金结转		
固定资产原值			工会资金结余		
减：累计折旧			财政拨款结转		
固定资产净值			财政拨款结余		
无形资产原值			预算稳定调节基金		
减：累计摊销			**净资产合计**		
无形资产净值					
长期待摊费用					
待处理财产损溢					
资产总计			**负债与净资产总计**		

工会主席：　　财务负责人：　　复核：　　制表：

注："*"表示项目为中期报表项目，年报中不需列示。

三、资产负债表的编制方法

工会资产负债表的主体部分的各项目都列有"年初余额"和"期末余额"两个栏目，编制年度资产负债表时，将"期末余额"栏改为"年末余额"栏。以下分别说明各栏目的填列方法：

（一）本表"年初余额"栏内各项目，应当根据上年度资产负债表"年末余额"栏内各对应项目数字填列。

（二）本表“期末余额”栏各项目的内容和填列方法。

1. 资产类项目。

（1）“货币资金”项目，反映工会期末库存现金、银行存款的合计数。本项目应当根据“库存现金”“银行存款”科目的期末余额的合计数填列。

（2）“零余额账户用款额度”项目，反映县级以上工会期末尚未支用的零余额账户用款额度金额。本项目仅在中期报表中列示，年度报表中不列示。本项目应当根据“零余额账户用款额度”科目的期末余额填列。

（3）“财政应返还额度”项目，反映县级以上工会期末财政应返还额度的金额。本项目应当根据“财政应返还额度”科目的期末余额填列。

（4）“应收上级经费”项目，反映工会期末应收未收的上级工会应转拨（或拨付）的工会拨缴经费及补助金额。本项目应当根据“应收上级经费”科目的期末余额填列。

（5）“应收下级经费”项目，反映县级以上工会期末应收未收的下级工会应上缴的工会拨缴经费金额。本项目应当根据“应收下级经费”科目的期末余额填列。

（6）“其他应收款”项目，反映工会期末尚未收回的其他应收款金额。本项目应当根据“其他应收款”科目的期末余额填列。

（7）“库存物品”项目，反映工会期末存储的库存物品的实际成本。本项目应当根据“库存物品”科目的期末余额填列。

（8）“流动资产合计”项目，反映工会期末流动资产的合计数。本项目应当根据本表中“货币资金”、“零余额账户用款额度”（中期报表）、“财政应返还额度”、“应收上级经费”、“应收下级经费”、“其他应收款”和“库存物品”项目金额的合计数填列。

（9）“投资”项目，反映工会期末持有的投资账面余额。本项目应当根据“投资”科目的期末余额填列。

（10）“在建工程”项目，反映工会期末所有的建设项目工程的实际成本。本项目应当根据“在建工程”科目的期末余额填列。

（11）“固定资产原值”项目，反映工会期末固定资产的原值。本项目应当根据“固定资产”科目的期末余额填列。

“累计折旧”项目，反映工会期末固定资产已计提的累计折旧金额。本项目应当根据“累计折旧”科目的期末余额填列。

“固定资产净值”项目，反映工会期末固定资产的账面价值。本项目应当根据“固定资产”科目期末余额减去“累计折旧”科目期末余额后的金额填列。

（12）“无形资产原值”项目，反映工会期末无形资产的原值。本项目应当根据“无形资产”科目的期末余额填列。

“累计摊销”项目，反映工会期末无形资产已计提的累计摊销金额。本项目应当根据“累计摊销”科目的期末余额填列。

“无形资产净值”项目，反映工会期末无形资产的账面价值。本项目应当根据“无形资产”科目期末余额减去“累计摊销”科目期末余额后的金额填列。

（13）“长期待摊费用”项目，反映工会期末已经支出，但应由本期和以后各期负担的分摊期限在1年以上（不含1年）的各项支出金额。本项目应当根据“长期待摊费用”科目的期末余额填列。

（14）“待处理财产损溢”项目，反映工会期末尚未处理完毕的各种资产的净损失或净溢余。本项目应当根据“待处理财产损溢”科目的期末借方余额填列；如“待处理财产损溢”科目期末为贷方余额，以“-”号填列。

（15）“资产总计”项目，反映工会期末资产的合计数。本项目应当根据本表中“流动资产合计”“投资”“在建工程”“固定资产净值”“无形资产净值”“长期待摊费用”和“待处理财产损溢”项目金额的合计数填列。

2. 负债类项目。

（1）“应付职工薪酬”项目，反映县级以上工会期末按有关规定应付给职工及为职工支付的各种薪酬金额。本项目应当根据“应付职工薪酬”科目的期末余额填列。

（2）“应付上级经费”项目，反映工会期末应缴未缴上级的工会拨缴经费金额。本项目应当根据“应付上级经费”科目的期末余额填列。

（3）“应付下级经费”项目，反映县级以上工会期末应付未付下级的转拨（或拨付）工会拨缴经费及补助金额。本项目应当根据“应付下级经费”科目的期末余额填列。

（4）“其他应付款”项目，反映工会期末尚未支付的其他应付及暂收款项金额。本项目应当根据“其他应付款”科目的期末余额填列。

（5）“代管经费”项目，反映工会期末受托代管的其他组织的资金金额。本项目应当根据“代管经费”科目的期末余额填列。

（6）“负债合计”项目，反映工会期末负债的合计数。本项目应当根据本表中“应付职工薪酬”“应付上级经费”“应付下级经费”“其他应付款”和“代管经费”项目金额的合计数填列。

3. 净资产类项目。

（1）“资产基金”项目，反映工会期末库存物品、投资、在建工程、固定资产、无形资产、长期待摊费用等非货币性资产在净资产中占用的金额。本项目应当根据“资产基金”科目的期末余额填列。

（2）“专用基金”项目，反映县级以上工会期末累计提取但尚未使用的专用基金余额。本项目应当根据“专用基金”科目的期末余额填列。

（3）“工会资金结转”项目，反映工会累计滚存的除财政拨款外的工会经费结转金额。本项目应当根据“工会资金结转”科目的期末余额填列。

（4）“工会资金结余”项目，反映工会累计滚存的除财政拨款外的工会经费结余金额。本项目应当根据“工会资金结余”科目的期末余额填列。

（5）“财政拨款结转”项目，反映县级以上工会累计滚存的财政拨款结转金额。本项目应当根据“财政拨款结转”科目的期末余额填列。

（6）“财政拨款结余”项目，反映县级以上工会累计滚存的财政拨款结余金额。本项目应当根据“财政拨款结余”科目的期末余额填列。

（7）“预算稳定调节基金”项目，反映县级以上工会累计滚存的预算稳定调节基金金额。本项目应当根据“预算稳定调节基金”科目的期末余额填列。

（8）“净资产合计”项目，反映工会期末净资产合计数。本项目应当根据本表中“资产基金”“专用基金”“工会资金结转”“工会资金结余”“财政拨款结转”“财政拨款结余”“预算稳定调节基金”项目金额的合计数填列。

（9）“负债与净资产总计”项目，应当根据本表中“负债合计”和“净资产合计”项目金额的合计数填列。

四、资产负债表的编制举例

【例 8-1】假设某市总工会 202× 年 12 月 31 日的转账后的科目余额表如表 8-3 所示：

表 8-3　　某市总工会 202× 年 1 月 1 日—12 月 31 日科目发生额与余额表

单位：元

科目编码	科目名称	期初余额		全年累计发生额		期末余额	
		借方	贷方	借方	贷方	借方	贷方
101	库存现金	798.18		300 000.00	299 900.00	898.18	
102	银行存款	481 717 521.58		400 008 030.00	399 137 400.00	482 588 151.58	
111	零余额账户用款额度			8 050 000.00	8 050 000.00	—	
121	财政应返还额度	50 000.00		100 000.00	50 000.00	100 000.00	
12101	财政应返还额度——财政直接支付					—	
12102	财政应返还额吏——财政授权支付	50 000.00		100 000.00	50 000.00	100 000.00	
131	应收上级经费			60 000.00		60 000.00	
132	应收下级经费			—	—	—	
135	其他应收款	7 820 000.00		105 000.00	2 155 000.00	5 770 000.00	
13501	其他应收款——备用金	20 000.00		100 000.00	120 000.00	—	
13502	其他应收款——个人差旅	0.00		5 000.00	5 000.00	—	
13599	其他应收款——其他	7 800 000.00		—	2 030 000.00	5 770 000.00	
141	库存物品	79 800.00		100 000.00	160 000.00	19 800.00	
151	投资	39 685 715.00			10 000 000.00	29 685 715.00	
161	在建工程	359 505 600.29		22 000 000.00	259 500 000.00	122 005 600.29	
162	固定资产	100 323 553.66		260 700 000.00	600 000.00	360 423 553.66	

续 表

科目编码	科目名称	期初余额		全年累计发生额		期末余额	
		借方	贷方	借方	贷方	借方	贷方
163	累计折旧		5 000 000.00		15 475 000.00		20 475 000.00
171	无形资产	85 000 000.00		1 000 000.00		86 000 000.00	
172	累计摊销		40 500 000.00		10 500 000.00		51 000 000.00
181	长期待摊费用	6 000 000.00			600 000.00	5 400 000.00	
182	待处理财产损溢					—	
资产合计		1 080 182 988.71	45 500 000.00	666 448 030.00	680 552 300.00	1 092 053 718.71	71 475 000.00
201	应付职工薪酬		—	26 000 000.00	26 000 000.00		—
211	应付上级经费			—	1 260 000.00		1 260 000.00
212	应付下级经费		1 218 461.00	1 218 461.00			—
215	其他应付款		4 959 461.97	5 209 461.97	5 210 000.00		4 960 000.00
221	代管经费		334 148.00	100 000.00	679 147.28		913 295.28
负债合计			6 512 070.97	32 527 922.97	33 149 147.28	—	7 133 295.28
301	资产基金		545 094 668.95	296 835 000.00	283 800 000.00		532 059 668.95
30101	资产基金——库存物品		79 800.00	160 000.00	100 000.00		19 800.00
30102	资产基金——投资		39 685 715.00	10 000 000.00	—		29 685 715.00
30103	资产基金——在建工程		359 505 600.29	259 500 000.00	22 000 000.00		122 005 600.29
30104	资产基金——固定资产		95 323 553.66	16 075 000.00	260 700 000.00		339 948 553.66
30105	资产基金——无形资产		44 500 000.00	10 500 000.00	1 000 000.00		35 000 000.00
30106	资产基金——长期待摊费用		6 000 000.00	600 000.00			5 400 000.00
311	专用基金		9 557 949.86				9 557 949.86

续 表

科目编码	科目名称	期初余额		全年累计发生额		期末余额	
		借方	贷方	借方	贷方	借方	贷方
321	工会资金结转		50 000 000.00	22 060 000.00	22 060 000.00		50 000 000.00
32101	年初余额调整			30 000.00	30 000.00		—
32102	单位内部调剂						—
32103	本年收支结转			22 000 000.00	22 000 000.00		—
32104	累计结转		50 000 000.00	30 000.00	30 000.00		50 000 000.00
322	工会资金结余		414 968 298.93	106 129 505.69	107 089 011.38		415 927 804.62
32201	年初余额调整						—
32202	单位内部调剂						—
32203	本年收支结转			106 099 505.69	106 099 505.69		—
32204	结转转入			30 000.00	30 000.00		—
32205	累计结余		414 963 298.93		959 505.69		415 927 804.62
331	财政拨款结转		50 000.00	8 050 000.00	8 100 000.00	—	100 000.00
33101	年初余额调整						—
33102	单位内部调剂						—
33103	本年收支结转			8 000 000.00	8 000 000.00		—
33104	累计结转		50 000.00	50 000.00	100 000.00		100 000.00
332	财政拨款结余		—	—	—		—
33201	年初余额调整						—
33202	归集上缴						—
33203	单位内部调剂						—
33204	结转转入						—

续 表

科目编码	科目名称	期初余额		全年累计发生额		期末余额	
		借方	贷方	借方	贷方	借方	贷方
33205	累计结余						
341	预算稳定调节基金		8 500 000.00	3 500 000.00	800 000.00		5 800 000.00
净资产合计			1 028 170 917.74	436 574 505.69	421 849 011.38		1 013 445 423.43
401	会费收入			—	—	—	—
402	拨缴经费收入			78 457 513.72	78 457 513.72	—	—
403	上级补助收入			41 111 991.97	41 111 991.97	—	—
404	政府补助收入			8 000 000.00	8 000 000.00	—	—
405	行政补助收入			—	—	—	—
406	附属单位上缴收入			2 000 000.00	2 000 000.00	—	—
407	投资收益			3 000 000.00	3 000 000.00	—	—
409	其他收入			30 000.00	30 000.00	—	—
411	动用预算稳定调节基金			3 500 000.00	3 500 000.00	—	—
收入合计				136 099 505.69	136 099 505.69	—	—
501	职工活动支出					—	—
502	职工活动组织支出			6 000 000.00	6 000 000.00	—	—
503	职工服务支出			30 000 000.00	30 000 000.00	—	—
504	维权支出			33 390 000.00	33 390 000.00	—	—
505	业务支出			17 900 000.00	17 900 000.00	—	—
506	行政支出			10 000 000.00	10 000 000.00	—	—
50601	行政支出——财政资金			1 000 000.00	1 000 000.00		

续　表

科目编码	科目名称	期初余额		全年累计发生额		期末余额	
		借方	贷方	借方	贷方	借方	贷方
50602	行政支出——工会资金			9 000 000.00	9 000 000.00		
507	资本性支出			25 600 000.00	25 600 000.00	—	—
508	补助下级支出			3 400 000.00	3 400 000.00	—	—
509	对附属单位的支出			3 000 000.00	3 000 000.00	—	—
510	其他支出			5 000 000.00	5 000 000.00	—	—
521	安排预算稳定调节基金			800 000.00	800 000.00	—	—
支出合计				135 090 000.00	135 090 000.00		
合计		1 080 182 988.71	1 080 182 988.71	1 406 739 964.35	1 406 739 964.35	1 092 053 718.71	1 092 053 718.71

工会主席：张主席　　财务负责人：王部长　　复核：李会计　　制表：赵会计

根据上述编制方法，编制年度资产负债表如表 8–4 所示：

表 8–4　　**资产负债表**　　工会 01 表

编制单位：某市总工会　　202×年 12 月 31 日　　单位：元

资产	年初余额	期末余额	负债与净资产	年初余额	期末余额
一、资产			**二、负债**		
流动资产：			应付职工薪酬	—	—
货币资金	481 718 319.76	482 589 049.76	应付上级经费	—	1 260 000.00
零余额账户用款额度 *	—	—	应付下级经费	1 218 461.00	—
财政应返还额度	50 000.00	100 000.00	其他应付款	4 959 461.97	4 960 000.00
应收上级经费	—	60 000.00	代管经费	334 148.00	913 295.28

续 表

资 产	年初余额	期末余额	负债与净资产	年初余额	期末余额
应收下级经费	—	—	**负债合计**	6 512 070.97	7 133 295.28
其他应收款	7 820 000.00	5 770 000.00			
库存物品	79 800.00	19 800.00	**三、净资产**		
流动资产合计	489 668 119.76	488 568 849.76	资产基金	545 094 668.95	532 059 668.95
投 资	39 685 715.00	29 685 715.00	专用基金	9 557 949.86	9 557 949.86
在建工程	359 505 600.29	122 005 600.29	工会资金结转	50 000 000.00	50 000 000.00
固定资产原值	100 323 553.66	360 423 553.66	工会资金结余	414 968 298.93	415 927 804.62
减：累计折旧	5 000 000.00	20 475 000.00	财政拨款结转	50 000.00	100 000.00
固定资产净值	95 323 553.66	339 948 553.66	财政拨款结余	—	—
无形资产原值	85 000 000.00	86 000 000.00	预算稳定调节基金	8 500 000.00	5 800 000.00
减：累计摊销	40 500 000.00	51 000 000.00	**净资产合计**	1 028 170 917.74	1 013 445 423.43
无形资产净值	44 500 000.00	35 000 000.00			
长期待摊费用	6 000 000.00	5 400 000.00			
待处理财产损溢	—				
资产总计	1 034 682 988.71	1 020 578 718.71	**负债与净资产总计**	1 034 682 988.71	1 020 578 718.71

工会主席：张主席　　财务负责人：王部长　　复核：李会计　　制表：赵会计

注："*"表示项目为中期报表项目，年报中不需列示。

第三节　收入支出表

一、收入支出表的概念

收入支出表，是反映工会某一会计期间全部收入、支出及结转结余情况的报表。本表反映工会某一会计期间全部收入、支出和结转结余的情况。工会至少应当编制月度、年度收入支出表，可以根据需要编制季度、半年度收入支出表。

二、收入支出表的格式

收入支出表的格式由年初资金结转结余、资金结转结余调整及变动、收入、支出、本期收支差额和年末资金结转结余六部分组成。收入支出表的格式见表 8–5：

表 8–5　　　　收入支出表　　　　工会 02 表

编制单位：　　　　____年__月　　　　单位：元

项 目	本月数	本年累计数
一、年初资金结转结余		
（一）年初资金结转		
（二）年初资金结余		
二、资金结转结余调整及变动		
三、收入合计		
（一）会费收入		
（二）拨缴经费收入		
（三）上级补助收入		
（四）政府补助收入		
（五）行政补助收入		
（六）附属单位上缴收入		
（七）投资收益		
（八）其他收入		
（九）动用预算稳定调节基金		
四、支出合计		
（一）职工活动支出		

续 表

项 目	本月数	本年累计数
（二）职工活动组织支出		
（三）职工服务支出		
（四）维权支出		
（五）业务支出		
（六）行政支出		
（七）资本性支出		
（八）补助下级支出		
（九）对附属单位的支出		
（十）其他支出		
（十一）安排预算稳定调节基金		
五、本期收支差额		
六、年末资金结转结余		
（一）年末资金结转		
（二）年末资金结余		

工会主席：　　　　财务负责人：　　　　复核：　　　　制表：

三、收入支出表的编制方法

收入支出表的每一项都由“本月数”和“本年累计数”两栏构成。在编制年度收入支出表时，将“本月数”栏改为“本年数”栏，将“本年累计数”栏改为“上年数”栏。具体编制方法如下：

（一）本表“本月数”栏内各项目，根据本月各项目的实际发生额填列。年度收入支出表“本年数”栏内各项目，根据本年度各项目的实际发生额填列。

（二）本表“本年累计数”栏内各项目，根据自年初至本期期末各项目的累计实际发生额填列，也可以根据上月收入支出表“本年累计数”加上本月收入支出表“本月数”后的金额填列。

（三）年度收入支出表“上年数”栏内各项目，根据上年度收入支出表“本年数”栏内各对应项目数字填列。

（四）本表“本月数”栏各项目的内容和填列方法。

1.“年初资金结转结余”项目及其所属各明细项目，反映工会本年初所有资金结转结余的金额。本项目及其所属各明细项目，仅在编制年度收入支出表时填列。

“年初资金结转结余”项目根据各明细项目的合计数填列。“年初资金结转”项目根据“工会资金结转”“财政拨款结转”科目年初余额的合计数填列。“年初资金结余”项目根据“工会资金结余”“财政拨款结余”科目年初余额的合计数填列。

本项目及其所属各明细项目的数额，应当与上年年度收入支出表中“年末资金结转结余”中各项目的金额相等。

2.“资金结转结余调整及变动”项目，反映工会因发生需要调整以前年度各项资金结转结余的事项导致各项资金结转结余发生变动的金额。本项目根据“工会资金结转”“工会资金结余”“财政拨款结转”“财政拨款结余”科目下“年初余额调整”“归集上缴”科目本期发生额的合计数填列。若为负数，以“-”号填列。

3. 收入类项目。

（1）“收入合计”项目，反映工会本期收入总额。本项目应当根据本表中“会费收入”“拨缴经费收入”“上级补助收入”“政府补助收入”“行政补助收入”“附属单位上缴收入”“投资收益”“其他收入”“动用预算稳定调节基金”项目金额的合计数填列。

（2）“会费收入”项目，反映基层工会收到的工会会员会费的金额。本项目应当根据“会费收入”科目的本期发生额填列。

（3）“拨缴经费收入”项目，反映工会收到的基层单位行政拨缴、下级工会按规定上缴及上级工会按规定转拨的工会拨缴经费中归属于本级工会的经费金额。本项目应当根据“拨缴经费收入”科目的本期发生额填列。

（4）“上级补助收入”项目，反映工会收到的上级工会给予的补助金额。本项目应当根据“上级补助收入”科目的本期发生额填列。

（5）“政府补助收入”项目，反映县级以上工会收到的各级人民政府按照《工会法》和国家的有关规定给予工会的补助金额。本项目应当根据“政府补助收入”科目的本期发生额填列。

（6）“行政补助收入”项目，反映基层工会收到的所在单位行政方面按照《工会法》和国家的有关规定给予工会的补助金额。本项目应当根据“行政补助收入”科目的本期发生额填列。

（7）“附属单位上缴收入”项目，反映工会收到的所属企事业单位按规定上缴的金额。本项目应当根据“附属单位上缴收入”科目的本期发生额填列。

（8）“投资收益”项目，反映工会收到的对外投资发生的损溢金额。本项目应当根据“投资收益”科目的本期发生额填列；如为投资净损失，以“-”号填列。

（9）“其他收入”项目，反映工会收到的各类其他收入的金额。本项目应当根据“其他收入”科目的本期发生额填列。

（10）“动用预算稳定调节基金”项目，反映县级以上工会按照工会预算管理规定动用的预算稳定调节基金金额。本项目应当根据“动用预算稳定调节基金”科目的本期发生额填列。

4. 支出类项目。

（1）“支出合计”项目，反映工会本期支出总额。本项目应当根据本表中“职工活动支出”“职工活动组织支出”“职工服务支出”“维权支出”“业务支出”“行政支出”“资本性支出”“补助下级支出”“对附属单位的支出”“其他支出”“安排预算稳定调节基金”项目金额的合计数填列。

（2）“职工活动支出”项目，反映基层工会开展职工教育活动、文体活动、宣传活动、劳模疗休养活动、会员活动等发生的支出金额。本项目应当根据“职工活动支出”科目的本期发生额填列。

（3）“职工活动组织支出”项目，反映县级以上工会组织开展职工教育活动、文体活动、宣传活动、劳模疗休养活动等发生的支出金额。本项目应当根据“职工活动组织支出”科目的本期发生额填列。

（4）“职工服务支出”项目，反映工会开展职工劳动和技能竞赛活动、职工创新活动、建家活动、职工书屋、职工互助保障、心理咨询等工作发生的支出金额。本项目应当根据“职工服务支出”科目的本期发生额填列。

（5）“维权支出”项目，反映工会用于维护职工权益的支出金额。本项目应当根据“维权支出”科目的本期发生额填列。

（6）“业务支出”项目，反映工会培训工会干部、加强自身建设及开展业务工作发生的支出金额。本项目应当根据“业务支出”科目的本期发生额填列。

（7）“行政支出”项目，反映县级以上工会为行政管理、后勤保障等发生的各项日常支出金额。本项目应当根据“行政支出”科目的本期发生额填列。

（8）“资本性支出”项目，反映工会从事建设工程、设备工具购置、大型修缮和信息网络购建而发生的实际支出金额。本项目应当根据“资本性支出”科目的本期发生额填列。

（9）“补助下级支出”项目，反映县级以上工会为解决下级工会经费不足或根据有关规定给予下级工会的各类补助金额。本项目应当根据“补助下级支出”

科目的本期发生额填列。

（10）“对附属单位的支出”项目，反映工会按规定对所属企事业单位的补助金额。本项目应当根据“对附属单位的支出”科目的本期发生额填列。

（11）“其他支出”项目，反映工会发生的各项其他支出的金额。本项目应当根据“其他支出”科目的本期发生额填列；如为贷方发生额，以“-”号填列。

（12）“安排预算稳定调节基金”项目，反映县级以上工会按照有关规定使用超收的拨缴经费收入安排的预算稳定调节基金金额。本项目应当根据“安排预算稳定调节基金”科目的本期发生额填列。

5.“本期收支差额”项目，反映工会本期发生的各项资金收入和支出相抵后的余额。本项目应当根据本表中“收入合计”项目金额减去“支出合计”项目金额后的余额填列。如为负数，以“-”号填列。

6.“年末资金结转结余”项目及其所属各明细项目，反映工会本年各项资金结转结余的年末余额。本项目及其所属各明细项目，仅在编制年度收入支出表时填列。

“年末资金结转结余”项目根据各明细项目的合计数填列。“年末资金结转”项目根据“工会资金结转”“财政拨款结转”科目年末余额的合计数填列。“年末资金结余”项目根据“工会资金结余”“财政拨款结余”科目年末余额的合计数填列。

四、其他要求

采用本级工会与工会机关分账核算方式的县以上工会，要求机关财务每月向财务部报支出明细表。

五、收入支出表的编制举例

【例 8-2】接上例，根据收入支出表的编制方法，编制年度收入支出表如表 8-6 所示（上年数据取自上年收入支出表，上年数据在本案例中不再赘述）：

表 8-6　　　　**收入支出表**　　　　工会 02 表

编制单位：某市总工会　　　　202× 年　　　　单位：元

项 目	本年数	上年数
一、年初资金结转结余	465 018 298.93	463 118 298.93
（一）年初资金结转	50 050 000.00	33 050 000.00

续 表

项 目	本年数	上年数
（二）年初资金结余	414 968 298.93	430 068 298.93
二、资金结转结余调整及变动	30 000.00	—
三、收入合计	136 099 505.69	129 400 000.00
（一）会费收入	—	
（二）拨缴经费收入	78 457 513.72	75 000 000.00
（三）上级补助收入	41 111 991.97	39 000 000.00
（四）政府补助收入	8 000 000.00	10 000 000.00
（五）行政补助收入	—	—
（六）附属单位上缴收入	2 000 000.00	1 800 000.00
（七）投资收益	3 000 000.00	3 500 000.00
（八）其他收入	30 000.00	100 000.00
（九）动用预算稳定调节基金	3 500 000.00	—
四、支出合计	135 090 000.00	127 500 000.00
（一）职工活动支出	—	—
（二）职工活动组织支出	6 000 000.00	5 500 000.00
（三）职工服务支出	30 000 000.00	25 000 000.00
（四）维权支出	33 390 000.00	28 000 000.00
（五）业务支出	17 900 000.00	15 000 000.00
（六）行政支出	10 000 000.00	8 000 000.00
（七）资本性支出	25 600 000.00	17 000 000.00
（八）补助下级支出	3 400 000.00	27 000 000.00
（九）对附属单位的支出	3 000 000.00	1 000 000.00
（十）其他支出	5 000 000.00	1 000 000.00
（十一）安排预算稳定调节基金	800 000.00	—
五、本期收支差额	1 009 505.69	1 900 000.00
六、年末资金结转结余	466 027 804.62	465 018 298.93
（一）年末资金结转	50 100 000.00	50 050 000.00
（二）年末资金结余	415 927 804.62	414 968 298.93

工会主席：张主席　　财务负责人：王部长　　复核：李会计　　制表：赵会计

第四节　财政拨款收入支出表

一、财政拨款收入支出表的概念

财政拨款收入支出表，是反映县级以上工会某一会计期间从同级政府财政部门取得的财政拨款收入、支出及结转结余情况的报表。本表反映县级以上工会本年财政拨款的收入、支出和结转结余的情况。县级以上工会应当按年度编制财政拨款收入支出表。不从同级政府财政部门取得财政拨款的县级以上工会，不填列本表。财政拨款收入支出表是附表，仅要求县级以上工会填报。

二、财政拨款收入支出表的格式

本表的格式由年初财政拨款结转结余、调整年初结转结余、本期归集上缴、单位内部调剂、本年财政拨款收支和年末财政拨款结转结余等部分组成。财政拨款收入支出表的格式见表 8-7：

表 8–7

财政拨款收入支出表

编制单位：　　　　　　　　____年　　　　　　　　工会附 01 表

单位：元

项目	年初财政拨款结转结余		调整年初财政拨款结转结余	本年归集上缴	单位内部调剂		本年财政拨款收入	本年财政拨款支出	年末财政拨款结转结余	
	结转	结余			结转	结余			结转	结余
基本支出：										
1. 人员经费										
2. 公用经费										
项目支出：										
1. ×× 项目										
2. ×× 项目										
……										
总计										

工会主席：　　　　财务负责人：　　　　复核：　　　　制表：

三、财政拨款收入支出表的编制方法

（一）本表“项目”栏内各项目，应当根据县级以上工会取得的财政拨款分项设置。其中“项目支出”项目下，根据每个项目设置。

（二）本表各栏及其对应项目的内容和填列方法。

1.“年初财政拨款结转结余”栏中各项目，反映县级以上工会年初各项财政拨款结转结余的金额。各项目应当根据“财政拨款结转”“财政拨款结余”科目及其明细科目的年初余额填列。本栏中各项目的数额应当与上年度财政拨款收入支出表中“年末财政拨款结转结余”栏中各项目的数额相等。

2.“调整年初财政拨款结转结余”栏中各项目，反映县级以上工会对年初财政拨款结转结余的调整金额。各项目应当根据“财政拨款结转”“财政拨款结余”科目下“年初余额调整”明细科目及其所属明细科目的本年发生额填列；如调整减少年初财政拨款结转结余，以“-”号填列。

3.“本年归集上缴”栏中各项目，反映县级以上工会本年按规定实际上缴的财政拨款结余资金金额。各项目应当根据“财政拨款结余”科目下“归集上缴”科目及其所属明细科目的本年发生额，以“-”号填列。

4.“单位内部调剂”栏中各项目，反映县级以上工会本年财政拨款结转结余资金在工会内部不同项目之间的调剂金额。各项目应当根据“财政拨款结转”和“财政拨款结余”科目下的“单位内部调剂”明细科目及其所属明细科目的本年发生额填列；对工会内部调剂减少的财政拨款结余金额，以“-”号填列。

5.“本年财政拨款收入”栏中各项目，反映县级以上工会本年从同级政府部门取得的财政预算拨款金额。各项目应当根据“政府补助收入”科目下“财政拨款收入”明细科目及其所属明细科目的本年发生额填列。

6.“本年财政拨款支出”栏中各项目，反映县级以上工会本年发生的财政拨款支出金额。各项目应当根据除“安排预算稳定调节基金”科目以外的各支出类科目下“财政拨款”明细科目及其所属明细科目的本年发生额填列。

7.“年末财政拨款结转结余”栏中各项目，反映县级以上工会年末财政拨款结转结余的金额。各项目应当根据“财政拨款结转”“财政拨款结余”科目及其所属明细科目的年末余额填列。

四、财政拨款收入支出表的编制举例

【例 8-3】接上例，根据财政拨款收入支出表的编制方法，编制年度收入支出表如表 8-8 所示：

表 8-8

财政拨款收入支出表

工会附 01 表

编制单位：某市总工会　　202× 年　　单位：元

项 目	年初财政拨款结转结余		调整年初财政拨款结转结余	本年归集上缴	单位内部调剂		本年财政拨款收入	本年财政拨款支出	年末财政拨款结转结余	
	结转	结余			结转	结余			结转	结余
基本支出：	—	—	—	—	—	—	1 000 000.00	1 000 000.00	—	—
1. 人员经费	—	—	—	—	—	—	1 000 000.00	1 000 000.00	—	—
2. 公用经费	—									
项目支出：	—	50 000.00	—	—	—	—	7 000 000.00	6 950 000.00	100 000.00	—
1.A 项目		50 000.00	—	—	—	—	2 000 000.00	2 050 000.00	—	—
2.B 项目		—	—	—	—	—	1 500 000.00	1 400 000.00	100 000.00	—
3.C 项目		—	—	—	—	—	1 400 000.00	1 400 000.00	—	—
4.D 项目			—	—	—	—	2 100 000.00	2 100 000.00	—	—
总计	—	50 000.00	—	—	—	—	8 000 000.00	7 950 000.00	100 000.00	—

工会主席：张主席　　财务负责人：王部长　　复核：李会计　　制表：赵会计

第五节　国有资产情况表

一、国有资产情况表的概念

国有资产情况表，是反映县级以上工会某一会计期间持有的国有资产情况的报表。本表反映县级以上工会年末持有的国有资产情况。县级以上工会应当按年度编制国有资产情况表。国有资产情况表作为附表，仅要求县级以上工会填报。

二、国有资产情况表的格式

本表的格式由形成国有资产的各项和“年初余额”“年末余额”两列组成。国有资产情况表的格式见表 8-9：

表 8-9　　**国有资产情况表**　　工会附 02 表

编制单位：　　____年　　单位：元

项 目	年初余额	年末余额
流动资产：		
货币资金		
财政应返还额度		
库存物品		
流动资产合计		
非流动资产：		
在建工程		
固定资产原值		
减：累计折旧		
固定资产净值		
无形资产原值		
减：累计摊销		
无形资产净值		
长期待摊费用		
非流动资产合计		
资产总计		

工会主席：　　财务负责人：　　复核：　　制表：

三、国有资产情况表的编制方法

（一）本表“年初余额”栏各项目金额，应当根据上年度国有资产情况表“年末余额”栏内各对应项目数字填列。

（二）本表“年末余额”栏各项目的内容和填列方法。

1.“货币资金”项目，反映县级以上工会年末库存现金及银行存款中财政拨款的合计数。本项目应当根据“库存现金”“银行存款”科目下“国有资产”明细科目年末余额的合计数填列。

2.“财政应返还额度”项目，反映县级以上工会年末财政应返还额度的金额。本项目应当根据“财政应返还额度”科目的年末余额填列。

3.“库存物品”项目，反映县级以上工会年末存储的财政拨款形成的库存物品的实际成本。本项目应当根据“库存物品”科目下“国有资产”明细科目的年末余额填列。

4.“流动资产合计”项目，反映工会期末流动资产中国有资产的合计数。本项目应当根据本表中“货币资金”“财政应返还额度”“库存物品”项目金额的合计数填列。

5.“在建工程”项目，反映县级以上工会年末所有的建设项目工程中国有资产部分的实际成本。本项目应当根据“在建工程”科目下“国有资产”明细科目的年末余额填列。

6.“固定资产原值”项目，反映县级以上工会年末固定资产中国有资产部分的原值。本项目应当根据“固定资产”科目下“国有资产”明细科目的年末余额填列。

“累计折旧”项目，反映县级以上工会年末固定资产中国有资产部分已计提的累计折旧金额。本项目应当根据“累计折旧”科目下“国有资产”明细科目的年末余额填列。

“固定资产净值”项目，反映县级以上工会年末固定资产中国有资产部分的账面价值。本项目应当根据“固定资产原值”项目减去“累计折旧”项目后的金额填列。

7.“无形资产原值”项目，反映县级以上工会年末无形资产中国有资产部分的原值。本项目应当根据“无形资产”科目下“国有资产”明细科目的年末余额填列。

“累计摊销”项目，反映县级以上工会年末无形资产中国有资产部分已计提的累计摊销金额。本项目应当根据“累计摊销”科目下“国有资产”明细科目的年末余额填列。

“无形资产净值”项目，反映县级以上工会年末无形资产中国有资产部分的账面价值。本项目应当根据“无形资产原值”项目减去“累计摊销”项目后的金额填列。

8. “长期待摊费用”项目，反映县级以上工会年末已经支出的，应由本期和以后各期负担的分摊期限在 1 年以上（不含 1 年）的财政拨款支出。本项目应当根据“长期待摊费用”科目下“国有资产”明细科目的年末余额填列。

9. “非流动资产合计”项目，反映县级以上工会年末非流动资产中国有资产的合计数。本项目应当根据本表中“在建工程”“固定资产净值”“无形资产净值”“长期待摊费用”项目金额的合计数填列。

10. “资产总计”项目，反映县级以上工会年末国有资产的合计数。本项目应当根据“流动资产合计”项目与“非流动资产合计”项目金额的合计数填列。

四、国有资产情况表的编制举例

【例 8-4】接上例，根据财政拨款收入支出表的编制方法，编制年度收入支出表如表 8-10 所示：

补充信息如下：固定资产中有当地政府拨付的房屋建筑物一座，原价 600 万元，折旧年初年末分别为 50 万元和 75 万元。

表 8-10　　　　国有资产情况表　　　　工会附 02 表

编制单位：某市总工会　　　　202× 年　　　　单位：元

项 目	年初余额	年末余额
流动资产：		
货币资金		
财政应返还额度	50 000.00	100 000.00
库存物品		
流动资产合计	50 000.00	100 000.00
非流动资产：		
在建工程		
固定资产原值	6 000 000.00	6 000 000.00
减：累计折旧	500 000.00	750 000.00
固定资产净值		
无形资产原值		

续 表

项目	年初余额	年末余额
减：累计摊销		
无形资产净值		
长期待摊费用		
非流动资产合计	6 500 000.00	6 750 000.00
资产总计	6 550 000.00	6 850 000.00

工会主席：张主席　财务负责人：王部长　复核：李会计　制表：赵会计

第六节　成本费用表

一、成本费用表的概念

成本费用表，是反映县级以上工会某一会计期间成本费用情况的报表。本表反映县级以上工会某一会计期间内的成本费用情况。县级以上工会至少应当编制月度、年度成本费用表，可以根据需要编制季度、半年度成本费用表。成本费用表作为附表，仅要求县级以上工会填报。

二、成本费用表的格式

成本费用表的格式由形成成本费用的各项通过“本月数”“本年累计数”两列组成。成本费用表的格式见表 8-11：

表 8-11　　**成本费用表**　　工会附 03 表

编制单位：　　____年__月　　单位：元

项 目	本月数	本年累计数
职工活动组织费用		
职工服务费用		
维权费用		
业务费用		
行政费用		
补助下级费用		
对附属单位的费用		
折旧及摊销费用		

续　表

项目	本月数	本年累计数
其他费用		
调整事项		
费用总计		

工会主席：　　　　财务负责人：　　　　复核：　　　　制表：

三、成本费用表的编制方法

（一）编制年度成本费用表时，将“本月数”栏改为“本年数”栏，将“本年累计数”栏改为“上年数”栏。

（二）本表“本月数”栏内各项目，根据本月各项目的实际发生额填列。年度成本费用表“本年数”栏内各项目，根据本年度各项目的实际发生额填列。

（三）本表“本年累计数”栏内各项目，根据自年初至本期期末各项目的累计实际发生额填列，也可以根据上月成本费用表“本年累计数”加上本月成本费用表“本月数”后的金额填列。年度成本费用表“上年数”栏内各项目，根据上年度成本费用表“本年数”栏内各对应项目数字填列。

（四）本表“本月数”栏各项目的内容和填列方法。

1.“职工活动组织费用”项目，反映县级以上工会组织开展职工教育活动、文体活动、宣传活动、劳模疗休养活动等所发生的费用。本项目根据“职工活动组织支出”科目的本期发生额填列。

2.“职工服务费用”项目，反映县级以上工会开展职工劳动和技能竞赛活动、职工创新活动、建家活动、职工书屋、职工互助保障、心理咨询等工作发生的费用。本项目根据“职工服务支出”科目的本期发生额填列。

3.“维权费用”项目，反映县级以上工会用于维护职工权益的费用。本项目根据“维权支出”科目的本期发生额填列。

4.“业务费用”项目，反映县级以上工会培训工会干部、加强自身建设及开展业务工作发生的费用。本项目根据“业务支出”科目的本期发生额填列。

5.“行政费用”项目，反映县级以上工会为行政管理、后勤保障等发生的各项费用。本项目根据“行政支出”科目的本期发生额填列。

6.“补助下级费用”项目，反映县级以上工会补助下级发生的费用。本项目根据“补助下级支出”科目的本期发生额填列。

7.“对附属单位的费用”项目，反映县级以上工会按规定对附属企事业单位补助发生的费用。本项目根据“对附属单位的支出”科目的本期发生额填列。

8.“折旧及摊销费用”项目，反映县级以上工会应承担的折旧、摊销及待摊费用。本项目根据“累计折旧”“累计摊销”“长期待摊费用”科目本期贷方发生额的合计数填列。

9.“其他费用”项目，反映县级以上工会发生的除以上费用项目外的其他费用。本项目根据“其他支出”科目的本期发生额填列。

10.“调整事项”项目，反映由于会计核算基础差异导致的费用调整金额。本项目根据本期调整事项的实际发生额填列，若为调减事项，以“-”号填列。

11.“费用总计”项目，反映县级以上工会发生的成本费用合计数。本项目根据本表中“职工活动组织费用”“职工服务费用”“维权费用”“业务费用”“行政费用”“补助下级费用”“对附属单位的费用”“折旧及摊销费用”“其他费用”“调整事项”项目金额的合计数填列。

（五）调整事项。

1. 调整库存物品对当期费用的影响。

当期购入库存物品的支出，不作为当期费用；当期领用、发出库存物品对应的支出，作为当期费用。县级以上工会应当将“库存物品”科目期初余额减去期末余额后的差额，作为当期费用的调增金额。

2. 调整在建工程对当期费用的影响。

建设项目竣工验收并交付使用时，县级以上工会应当将在建工程中“待核销基建支出”明细科目的本期发生额计入当期费用，作为当期费用的调增金额。

3. 调整其他事项对当期费用的影响。

存在其他事项因核算基础不同导致当期费用与支出存在差异的，比照上述原则进行处理。

四、成本费用表的编制举例

【例 8-5】接上例，根据成本费用表的编制方法，编制年度收入支出表如表 8-12 所示：

补充信息如下：

1. 上年折旧摊销金额来自上年报表（本案例不再赘述上年数据）。

2. 当年存货差异引起调整事项，金额为 -60 000 元。

表 8-12　　**成本费用表**　　工会附 03 表

编制单位：某市总工会　　202×年　　单位：元

项 目	本年数	上年数
职工活动组织费用	6 000 000.00	5 500 000.00
职工服务费用	30 000 000.00	25 000 000.00
维权费用	33 390 000.00	28 000 000.00
业务费用	17 900 000.00	15 000 000.00
行政费用	10 000 000.00	8 000 000.00
补助下级费用	3 400 000.00	27 000 000.00
对附属单位的费用	3 000 000.00	1 000 000.00
折旧及摊销费用	25 975 000.00	6 750 000.00
其他费用	5 000 000.00	1 000 000.00
调整事项	-60 000.00	20 000.00
费用总计	134 605 000.00	117 270 000.00

工会主席：张主席　财务负责人：王部长　复核：李会计　制表：赵会计

第七节　会计报表附注

一、会计报表附注的概念

附注是对在资产负债表、收入支出表等报表中列示项目所作的进一步说明，以及未能在这些报表中列示项目的说明。

二、工会的年度会计报表附注至少应当披露下列内容

（一）遵循《工会会计制度》的声明；

（二）整体财务状况、预算执行情况的说明；

（三）重要会计政策、会计估计及其变更情况的说明；

（四）会计报表重要项目的进一步说明，包括其主要构成、增减变动情况等；

（五）重要资产处置、资产重大损失情况的说明；

（六）以名义金额计量的资产名称、数量等情况，以及以名义金额计量理由的说明；

（七）以前年度结转结余调整情况的说明；

（八）有助于理解和分析会计报表需要说明的其他事项。

三、会计报表附注的编制举例

【例 8-6】接上例，为更好地理解这部分内容，本书只做简单示范，各单位可以根据实际情况编制报表有关情况附注对报表数据进行说明。本例简要编制的主要年度会计报表附注事项如下（包括但不限于此内容）：

1. 我单位严格遵循了《工会会计制度》有关规定。

2. 202× 年末我单位资产总额 102 057.87 万元，负债总额 713.33 万元，净资产总额 101 344.54 万元，本年总收入 13 069.95 万元，总支出 13 509 万元，当年收支差额 100.95 万元，预算收入 12 989.95 万元，本年实际收入完成预算的 100.62%，预算支出 18 000 万元，本年实际支出完成 75.05%，经分析主要原因为：收入增加是下属两个地区调整了经费收缴的方式初见成效。支出未完成预算是 F 工程项目推进不理想。财政拨款下降是受财政预算关于“过紧日子”的要求对项目经费进行了压缩。

3. 本年未发生会计政策变更。房屋建筑物继续按照 30 年计提折旧。

4. 本年未发生重大资产处置和损失。

5. 本年报表中固定资产等项目变动率较大，主要原因如下：财政应返还额度增长率为 100%，主要是本年财政 B 项目在下年春节期间执行完毕。在建工程变化主要是新增项目建设投入继续增加以及完工项目转出。库存物品下降 75.19% 是本年仓库管理部门调整了库存物品管理方法，计划压缩库存，降低管理成本和管理风险，因此本年领用增加较少。其他应收款下降 25.83%，是部分解决历史遗留问题，收回账款。固定资产增加主要是本年项目完工一项并投入使用，涉及金额 25 950 万元。

6. 本年未发生名义价值入账事项。

7. 本年收回以前年度多拨的项目经费 3 万元，经请示上级工会同意本级工会作为结余资金留用。

第八节　工会决算报告

一、工会决算管理的含义和要求

（一）含义

工会决算是工会经费收支预算的执行情况，各项收支情况的反映。各级工会组织依据《工会决算报告制度》的规定和上级工会的年度工作部署编报年度工会决算报告。涉及基本建设工程项目的财务竣工决算批复按照有关办法执行。

（二）决算报告编制及工作要求

1. 各单位负责人对本单位的决算报告真实性和完整性负责。财务人员应当认真、如实编制决算报告，不得故意漏报、瞒报有关决算报告信息，更不得编造虚假决算报告信息。县级以上工会财务管理部门应当认真做好决算审核备案工作，确保报送数据资料真实、完整、准确。凡发现决算报告编制不符合规定的，应当要求有关单位立即纠正，并限期重新报送。

2. 各级工会应当在全面清理收入、支出、资产、负债以及年终结账的基础上编制工会决算报告，做到数据真实准确、内容完整。县级以上工会汇总决算报告时，应抵销上下级之间、平级单位之间对应的重复项目。

3. 年度终了，各级工会应当按照全国总工会财务部的统一部署和要求，根据“统一领导，分级管理”原则自下而上逐级编制、报送、汇总工会决算报告。县级以上工会财务管理部门根据分级管理的原则，分别组织和指导本地区各级工会决算报告的编制、汇总、批复以及数据汇总分析、考核评价、软件培训工作。

4. 各省级工会财务管理部门汇总的决算报告，应在次年的 3 月底前上报全国总工会财务部。省级以下工会报送、汇总决算报告的时间由各省级工会财务管理部门确定。

二、决算报告的编报范围

按照《工会决算报告制度》要求各级工会组织和工会所属事业单位在年度终了按照有关规定编报的年度财务收支决算和工会所属企业、协会、学会、基金会年度终了按照有关规定编制的年度会计报告均应纳入工会决算报告的编报范围。

三、决算报告的编制内容

工会决算报告主要包括决算报表和报表填报情况说明两个主要部分。每年决算报告编制内容可以有一定变化，具体按照当年决算报告的通知执行。决算报表主要反映单位决算结果、财务状况和机构人员等信息。报表填报情况说明包括决算报表的说明以及对重要指标的分析。报表说明包括单位基本情况、数据审核情况、年度主要收支指标增减变动情况以及因重大事项或特殊事项影响决算数据的说明。

四、决算编报程序及决算报告汇总程序

全国总工会财务部最终负责编制全会决算报告，并分别按工会组织、事业单位、企业及非营利组织四种类型汇总。自下而上具体程序如下：

（一）基层工会组织的程序。各基层工会应按照上级工会要求组织实施本单位的决算报告工作，并经必要程序审查通过。编制完成后将本单位的决算报告报送上一级工会财务管理部门。

（二）县级以上工会程序。县级工会财务管理部门负责编制本级机关决算报告，并分别按前述四种类型汇总本级和所属各级工会的决算报告。县本级工会决算须经同级工会委员会（或常委会、主席办公会）讨论通过，并经同级经费审查委员会审查通过。全县汇总决算需上报上一级工会财务管理部门。

（三）地市级工会财务管理部门负责编制本级机关决算报告，并分别按前述四种类型汇总本级和所属各级工会的决算报告。地市级本级工会决算须经同级工会委员会（或常委会、主席办公会）讨论通过，并经同级经费审查委员会审查通过。地市级工会汇总决算需上报上一级工会财务管理部门。

（四）省级工会财务管理部门负责编制本级机关决算报告，并分别按前述四种类型汇总省本级和所属各级工会的决算报告。省本级工会决算须经同级工会委员会（或常委会、主席办公会）讨论通过，并经同级经费审查委员会审查通过。省级工会汇总决算需上报全国总工会财务部。

（五）全国总工会财务部负责编制全国总工会机关决算报告，并分别按工会组织、事业单位、企业及非营利组织四种类型汇总全国总工会本级和各省级工会的决算报告。负责本级其他单位决算和各省级工会汇总决算的备案管理。全国总工会本级决算须向全国经费审查委员会汇报。

五、决算报告批复

工会系统的决算管理批复的机制有两种，分别为审批和备案。执行决算审批的，决算批复内容包括所批复单位的工会经费收入、支出、结余及其他决算数据。批复文件中可列出所批复单位在财务管理工作以及决算审核中发现的主要问题，并提出改进意见。具体要求如下：

（一）审批制。

县级及以上工会财务管理部门负责审批本级机关和本级所属执行《政府会计制度》的事业单位的决算。

（二）备案制。

县级负责本级其他单位决算的备案管理。地市负责本级其他单位决算的备案管理。

（三）其他需要说明的情况。

县级以上工会对下级工会决算报告采取审批还是备案方式由县级以上工会财务管理部门根据自身需要确定。明确后按照前述两种办法执行。

六、决算报告编制方法

在编制决算报告前，应在年度终了根据上级工会提出决算编制要求，对全年各项收支往来款项、货币资金及固定资产等，进行全面的清理，并在此基础上办理年度结账、编制会计报表进而编制工会决算报告。

（一）结账前准备工作为保证会计资料核算准确、可靠，在结账前要清理和对账，主要包括以下几个方面：

账证核对：核对会计账簿记录与原始凭证；记账凭证的时间、凭证号、内容、金额是否一致；记账方向是否相符。

账账核对：核对不同会计账簿之间的账簿记录是否相符。账账核对包括：总账有关账户的余额核对；总账与明细账核对；总账与日记账核对；会计部门的财产物资明细账与财产物资保管和使用部门的有关明细账核对。

账实核对：核对会计账簿记录与财产等实有数额是否相等。账实核对包括：现金日记账账面余额与现金实际库存数相核对；银行存款日记账账面余额与银行对账单相核对；各种财务明细账账面余额与财务实存数额相核对；各种应收应付款明细账账面余额与有关债务、债权单位或者个人相核对。

上、下级间应收应付经费、补助的核对。核对上、下级工会之间经费、补助数额，包括：

（1）下级工会“应收上级经费——应收上级转拨经费”和上级工会的“应付下级经费——应付下级转拨经费”要核对一致，年末前能够清理完成的，尽快办理拨付款。

（2）下级工会“应收上级经费——应收建会筹备金”和上级工会的“应付下级经费——应付建会筹备金”也要核对一致，年末前能够清理完成的，尽快办理拨付款。

（3）下级工会“应收上级经费——应收上级补助”和上级工会的“应付下级经费——应付下级补助”也要核对一致。

（4）与税务、财政部门核对账目。实行工会经费税务代收、财政划找的工会，在年末，要与税务部门、财政部门核对工会经费数额，分清所属年度经费、保证足额到位，划清经费与财政补助，并保证核算口径一致。

（5）与其他往来款项的核对，主要是与外单位和个人进行核对。核对工会与行政方面、其他单位与个人一般性往来资金款项，及时清理，包括代管经费的核对与清理。

（6）清理旧账。对所有的往来款项要进行清理，对所有账户结出全年的发生额，有余额的账户要结出余额。对于时间较长的旧账，分清归属，尽早清理。

（二）年终结账。

年终结账是在年终清理、结算的基础上进行的，主要是年终转账。

1. 在清理和对账的基础上，首先计算出各账户借方和贷方的本年累计发生额和余额。

2. 将所有支出科目的借方余额通过编制通用记账凭证转入净资产科目的借方。将各个收入科目的贷方余额，转入净资产相关科目的贷方。

3. 在年度转账结账工作完成后，财务人员在规定时间内根据当年数据及时、准确地编制会计报表。

见【例 8–1】、【例 8–2】、【例 8–4】、【例 8–5】、【例 8–6】编制的相关报表。

4. 编制决算报告。数据均来自当年报表和结账后的科目余额表。根据决算报告制度和当年决算工作部署的要求，编制决算报告。

（1）在年度结账获得的资产负债表、收入支出表和财政收入支出表、国有资产情况表和成本费用表等主表和附表的基础上，结合科目余额表有关数据，进一步编制其他决算报表的明细报表。

（2）根据决算工作部署结合内部管理制度要求编制管理报表，比如按照经费收缴情况编制的经费收缴情况表等。

（3）编制汇总决算报表。汇总决算报表包括本级机关汇总和本级所属单位汇总，本级所属单位汇总分别按照执行企业会计制度、政府会计制度和民间非营利组织会计制度三种情况汇总。

七、决算报告的后续管理

（一）报告上报。

决算报告按年度编制并上报。具体上报时间根据当年决算工作安排进行。各省总汇总后须在次年 3 月底前上报全国总工会财务部。

（二）加强分析利用。

各级工会组织应当加强对决算报告的分析，强化分析结果的反馈和运用，规范和改进财务管理。

（三）决算报告的质量检查。

各级工会组织财务管理部门应采用适当方式对上报的决算报告的真实性、完整性和规范性等方面进行监督检查，可与财务监督工作相结合。

（四）决算报告的资料管理。

各级工会组织应该按照《会计档案管理办法》对决算报告资料进行归类整理、建档保存。

编报年度决算工作是工会会计的最后一项会计工作，在编制并上报决算报告后，各级工会组织正式开启新一会计年度。新年度开始要建立新账，将资产、负债和净资产的各科目余额转入新年度。在此基础上继续进行执行预算，并登记新账，结账，编制会计报表、编制决算报告并报送决算报告的会计工作。

第九章

新旧会计制度衔接

第一节　新旧会计制度衔接概述

一、新旧会计制度的适用时间

根据新《工会会计制度》（财会〔2021〕7号）的规定，各级工会组织应当自2022年1月1日起执行新制度。同时，为了保证新旧制度的平稳过渡，财政部印发《工会新旧会计制度有关衔接问题的处理规定》（财会〔2021〕16号，以下简称《新旧衔接规定》），各级工会组织应当按照《新旧衔接规定》的有关要求做好新旧制度的衔接工作。

各级工会组织在2021年12月31日之前，仍应当按照原制度（2009年颁布的《工会会计制度》）进行会计核算和编报会计报表，原制度于2021年12月31日废止。自2022年1月1日起，各级工会组织应当严格按照新制度的规定进行会计处理，编报会计报表，不按照新制度编制的会计报表不具有法律效力。

二、新旧制度衔接的主要内容

各级工会组织开展新旧制度衔接工作，按照时间先后顺序，主要包括以下几个方面：

1. 根据原账编制2021年12月31日的科目余额表。

2. 按照新制度设立2022年1月1日的新账。

3. 按照本规定要求，登记新账的科目余额，包括将原账科目余额转入新账会计科目（新旧制度会计科目对照表见表9-1）、将未入账事项登记新账科目、对相关新账科目余额进行调整、将基建账套相关数据并入新账等。原账科目是指按照原制度规定设置的会计科目。

4. 按照登记及调整后新账的各会计科目余额，编制2022年1月1日的科目余额表，作为新账各会计科目的期初余额。

5. 根据新账各会计科目期初余额，按照新制度编制2022年1月1日资产负债表。

三、新旧制度会计科目对应关系

表 9-1　　新旧制度会计科目对照表

序号	原制度会计科目		新制度会计科目	
	编号	名称	编号	名称
一、资产类科目				
1	101	库存现金	101	库存现金
2	102	银行存款	102	银行存款
3	111	零余额账户用款额度	111	零余额账户用款额度
4	112	财政应返还额度	121	财政应返还额度
5	131	应收上级经费	131	应收上级经费
6	132	应收下级经费	132	应收下级经费
7	121	借出款	135	其他应收款
8	135	其他应收款		
9	141	库存物品	141	库存物品
10	151	投资	151	投资
11	161	在建工程	161	在建工程
12	162	固定资产	162	固定资产
13			163	累计折旧
14			171	无形资产
15			172	累计摊销
16			181	长期待摊费用
17			182	待处理财产损溢
二、负债类科目				
18	201	应付工资（离退休费）	201	应付职工薪酬
19	202	应付地方（部门）津贴补贴		
20	203	应付其他个人收入		
21	221	应付上级经费	211	应付上级经费
22	222	应付下级经费	212	应付下级经费
23	211	借入款	215	其他应付款
24	225	其他应付款		
25	231	代管经费	221	代管经费
三、净资产类科目				
26	301	固定基金	301	资产基金
27	302	在建工程占用资金		
28	311	投资基金		

续　表

序号	原制度会计科目		新制度会计科目	
	编号	名称	编号	名称
29	321	专用基金	311	专用基金
30	322	后备金	322	工会资金结余
31	331	结余		
32			321	工会资金结转
33			331	财政拨款结转
34			332	财政拨款结余
35			341	预算稳定调节基金
四、收入类科目				
36	401	会费收入	401	会费收入
37	402	拨缴经费收入	402	拨缴经费收入
38	403	上级补助收入	403	上级补助收入
39	404	政府补助收入	404	政府补助收入
40	405	行政补助收入	405	行政补助收入
41	406	事业收入	406	附属单位上缴收入
42	407	投资收益	407	投资收益
43	408	其他收入	408	其他收入
44			411	动用预算稳定调节基金
五、支出类科目				
45	501	职工活动支出	501	职工活动支出
46			502	职工活动组织支出
47	503	业务支出	503	职工服务支出
48			505	业务支出
49	502	维权支出	504	维权支出
50	504	行政支出	506	行政支出
51	505	资本性支出	507	资本性支出
52	506	补助下级支出	508	补助下级支出
53	507	事业支出	509	对附属单位的支出
54	508	其他支出	510	其他支出
55			521	安排预算稳定调节基金

第二节　新旧会计制度衔接业务处理

一、新旧会计制度衔接前的准备工作

（一）全面资产清查

根据《新旧衔接规定》，各级工会组织应当制订资产清查方案，成立资产清查小组，对资产进行清查盘点，进一步清理核实和归类统计固定资产、无形资产、库存物品等资产数据。按照相关规定依法确认为国有资产的，转账时应当将原账国有资产对应的科目余额转入新账相关资产科目的“国有资产”明细科目；依法确认为工会资产的，将原账工会资产对应的科目余额转入新账相关资产科目的“工会资产”明细科目。资产清查及相关处理一般应在 2021 年 12 月 31 日之前完成。

（二）资产清查的范围和内容

资产清查的范围应包括所在工会组织使用或控制的全部资产，即包括货币资金、固定资产、库存物品、投资和无形资产等全部资产。清查的内容除了应包括资产的价值、名称、规格型号、类别等基本信息，还应该对资产的使用状态进行估计，后续需要根据资产清查的结果进行折旧和摊销的估计。

（三）对资产清查结果进行处理

1. 资产报废、毁损或者盘盈盘亏等资产增减处理的总要求。

对清查中发现的各类资产的资产报废、毁损、盘盈盘亏等情况，应按所在工会组织的资产管理办法的规定程序报经批准认定后及时进行账务处理。

一般来说应在 2021 年 12 月 31 日之前处理完毕，财务处理依据旧制度规定的确认和计量原则进行处理。涉及资产报废、毁损或者盘亏的，借记“其他支出”“固定基金”等科目，贷记相关资产科目。涉及资产盘盈的，借记相关资产科目，贷记“其他收入”“固定基金”等科目。

确因各种原因在 2021 年 12 月 31 日之前无法处理完毕的，首先需要按照《新旧衔接规定》中关于固定资产的规定进行衔接，然后再按照新制度要求的确认和计量原则进行处理。涉及资产报废、毁损或者盘亏的，借记“待处理财产损溢”“其他支出”“资产基金”等科目，贷记相关资产和折旧摊销科目。涉及资产盘盈的，借记相关资产和折旧摊销科目，贷记“待处理财产损溢”“其他收

入”“资产基金”等科目。一般情况下不建议采用这种方式进行处理。

2. 对于固定资产的处理。

资产清查的重点首先是对固定资产的清查。固定资产的清查内容一般应包括固定资产名称、规格型号、采购日期、价值、估计折旧总年限、已经使用年限、资产来源、固定资产权属、固定资产分类归属等基本情况。与本次新旧制度衔接相关的固定资产清查梳理事项，包括：固定资产的盘盈盘亏处理、固定资产中核算的非固定资产事项处理和因固定资产价值标准调整需要调出本科目三种主要情况。

固定资产盘盈盘亏的，按照上述第一款中的资产盘盈盘亏进行会计处理。固定资产中核算的非固定资产事项的，应从本科目中调减。借记“无形资产”“库存物品”“长期待摊费用”，贷记“固定资产”等科目，同时对资产对应的“固定基金”科目进行调整。固定资产标准调整引起的部分，应按照原卡片列示的价值转入“库存物品”科目，同时对资产对应的“固定基金”科目进行调整。

3. 对于无形资产的处理。

资产的全面清查包括对无形资产的清查。无形资产的清查内容一般应包括无形资产名称、规格型号、采购日期、价值、总受益年限、已经受益年限、资产来源等基本情况。一般来说，此次新旧制度衔接涉及的无形资产的清查结果可以区分为两种：一是资产清查中发现的原来在固定资产中核算的无形资产；二是购置无形资产的当期，将其直接列支出并未作为资产管理而产生的无形资产。

针对第一种情况，此次需要根据无形资产的清查内容，对这部分资产进行仔细核对，并从“固定资产”科目中转出，转入“无形资产”科目中进行核算，同时对资产对应的“固定基金”科目进行调整到相应科目。第二种情况应对应《新旧衔接规定》中的“将未入账的事项登记新账”部分，按规定将其作为无形资产进行核算处理。

4. 对于其他资产的处理。

除了固定资产、无形资产之外，全面资产清查还可以包括往来款清查、货币资金清查等。货币资金、库存物品、投资等资产的清查，盘盈盘亏的直接根据第一款中关于资产盘盈盘亏的总要求处理。往来款根据清查情况需要处置的根据所在工会组织以及上一级工会的管理规定处理。此类科目的变动不影响新旧制度衔接。

（四）结账

在 2021 年 12 月 31 日前，将资产清查发现的报废、毁损或者盘盈盘亏事项处理完毕，在账务处理的过程中依据旧制度进行处理。年末，进行年末收支结转，完成2021年度结账工作，并按照旧制度要求编制相关财务报表。结账后，收入类科目和支出类科目为零。资产、负债和净资产科目为根据资产清查结果处理后的所在工会的实际财务状况。

（五）做好在建工程的核对工作

根据新《工会会计制度》要求，各单位不再单独核算在建工程，应在大账中统一核算。因此，在做好新旧衔接准备工作的过程中，还要考虑在建工程的核对工作，做好新旧会计制度衔接准备。对于在建工程的核对工作，主要包括在建工程项目的情况，如建设进度、投入使用情况、工程核算情况、资金管理情况等。

（六）做好信息化准备

所在工会组织应当按照新制度要求，设计本单位的会计核算体系，并根据新的核算体系要求对原有会计信息系统的承载能力进行评估，需要更新的要及时更新和调试，为实现数据准确转换、确保新旧账套的有序衔接做好准备工作。

二、编制2021年12月31日科目余额表

根据2021年度结账后的财务状况数据，准确编制2021年12月31日的科目余额表，直至末级。为原账科目转入新账做准备。

三、设立2022年度新账

根据新制度要求和前期准备过程中设计的会计核算体系，在调整升级之后的信息化系统中设立2022年度的新账。新账中的会计核算科目统一为新《工会会计制度》要求的核算科目。各级工会组织在设置新账的过程中要严格按照会计制度的要求设置，不得自行设置超出会计制度之外的一级科目。

科目的设置要完整，县级以上工会组织的科目为45个一级科目，基层工会组织基础科目24个，基层工会组织的其他经济业务根据实际需要按照县级以上工会的会计科目进行会计处理。

四、登记新账

在设置好新会计年度的账簿之后，财务人员根据前期准备的各种数据和2021年12月31日的科目余额表登记新账。

第一步：将原账会计科目余额转入新账

（一）资产类

1.“库存现金”“银行存款”科目。新制度设置了“库存现金”“银行存款”科目。转账时，工会应当将原账的“库存现金”“银行存款”科目余额转入新账的“库存现金”“银行存款”科目。其中，存在代管经费的，还应当将原账“库存现金”“银行存款”科目余额中属于代管经费的金额，转入新账“库存现金”“银行存款”科目下的“代管经费”明细科目。

2.“财政应返还额度”“投资”科目。新制度设置了“财政应返还额度”“投资”科目，其核算内容与原账的上述相应科目的核算内容基本相同。转账时，工会应当将原账的上述科目余额直接转入新账的相应科目。

3.“库存物品”科目。新制度设置了“库存物品”科目，并规定库存物品取得时应当同时确认资产基金。转账时，工会应当将原账的“库存物品”科目余额直接转入新账的“库存物品”科目，同时，按照原账“库存物品”科目余额，将“结余”科目对应余额转入新账的“资产基金——库存物品”科目。

4.“应收上级经费”科目。新制度设置了“应收上级经费”科目，该科目的核算内容包括工会应收未收的上级工会拨付或转拨的工会经费和专项补助。转账时，工会应当按照相关规定将原账的“应收上级经费”科目余额中的工会建会筹备金转入新账的“其他应收款”科目，将原账的“应收上级经费”科目余额减去建会筹备金后的差额转入新账的“应收上级经费”科目。

5.“应收下级经费”科目。新制度设置了“应收下级经费”科目，该科目的核算内容包括工会应收未收的下级工会上缴的工会经费。转账时，工会应当按照相关规定将原账的“应收下级经费”科目余额中的工会建会筹备金转入新账的“其他应收款”科目，将原账的“应收下级经费”科目余额减去建会筹备金后的差额转入新账的“应收下级经费”科目。

6.“借出款”科目。新制度未设置“借出款”科目，但设置了“其他应收款”科目。转账时，工会应当将原账的“借出款”科目余额，转入新账的“其他应收款”科目。

7.“其他应收款”科目。新制度设置了“其他应收款”科目，该科目的核算内容包括原账“其他应收款”科目的核算内容。转账时，工会应当将原账的“其他应收款”科目余额，转入新账的“其他应收款”科目。

8.“在建工程”科目。新制度设置了“在建工程”科目。转账时，对于在原账“在建工程”科目核算的建设项目，工会应当将原账的“在建工程”科目余额转入新账的“在建工程”各明细科目。对于未在原账“在建工程”科目核算的建设项目，按照新制度规定，不再通过基建账单独核算，工会应当将基建账相关数据并入新账，具体的新旧制度衔接处理应按照并账处理，具体处理方式参考第四步：将基建账套相关数据并入新账。

9.“固定资产”科目。新制度设置了“固定资产”科目。由于新制度中固定资产价值标准与原制度相比有所提高，原账中作为固定资产核算的实物资产，将有一部分要按照新制度转为库存物品。同时，新制度设置了“无形资产”科目，原在“固定资产”科目核算的无形资产，需转入新账的“无形资产”科目。转账时，工会应当根据重新确定的固定资产目录，对原账中“固定资产”科目的余额进行分析：

（1）对于达不到新制度中固定资产确认标准的实物资产，应当将相应余额转入新账的“库存物品”科目，将相应的“固定基金”科目余额转入新账的“资产基金——库存物品”科目。

（2）对于原在“固定资产”科目核算的无形资产，应当将相应余额转入新账的“无形资产”科目，将相应的“固定基金”科目余额转入新账的“资产基金——无形资产”科目。

（3）对于符合新制度中固定资产确认标准的，应当将相应余额转入新账的“固定资产”科目，将相应的“固定基金”科目余额转入新账的“资产基金——固定资产”科目。

10.“零余额账户用款额度”科目。新制度设置了“零余额账户用款额度”科目。由于原账的“零余额账户用款额度”科目年末无余额，该科目无需进行转账处理。

（二）负债类

1.“应付工资（离退休费）”“应付地方（部门）津贴补贴”“应付其他个人收入”科目。新制度设置了“应付职工薪酬”科目，该科目的核算内容包含了原账“应付工资（离退休费）”“应付地方（部门）津贴补贴”“应付其他个人收入”科目的核算内容。转账时，工会应当将原账的“应付工资（离退休费）”“应付地方（部门）津贴补贴”“应付其他个人收入”科目余额转入新账的“应付职工薪酬”科目。

2.“应付上级经费”科目。新制度设置了“应付上级经费”科目，该科目的核算内容包括工会应上缴上级工会的工会拨缴经费。转账时，工会应当按照相关规定将原账的“应付上级经费”科目余额中的工会建会筹备金转入新账的

“其他应付款”科目，将原账的“应付上级经费”科目余额减去建会筹备金后的差额转入新账的“应付上级经费”科目。

3.“应付下级经费”科目。新制度设置了“应付下级经费”科目，该科目的核算内容包括工会应付下级工会的各项补助及应转拨下级工会的工会拨缴经费。转账时，工会应当按照相关规定将原账的“应付下级经费”科目余额中的工会建会筹备金转入新账的“其他应付款”科目，将原账的“应付下级经费”科目余额减去建会筹备金后的差额转入新账的“应付下级经费”科目。

4.“借入款”科目。新制度未设置“借入款”科目，但设置了“其他应付款”科目。转账时，工会应当将原账的“借入款”科目余额，转入新账的“其他应付款”科目。

5.“其他应付款”科目。新制度设置了“其他应付款”科目，该科目的核算内容包括原账“其他应付款”科目的核算内容。转账时，工会应当将原账的“其他应付款”科目余额，转入新账的“其他应付款”科目。

6.“代管经费”科目。新制度设置了“代管经费”科目。转账时，工会应当将原账的“代管经费”科目余额，转入新账的“代管经费”科目。

（三）净资产类

1.“固定基金”“在建工程占用资金”“投资基金”科目。新制度设置了“资产基金”科目，该科目的核算内容包含了原账“固定基金”“在建工程占用资金”“投资基金”科目的核算内容。转账时，工会应当将“固定基金”“在建工程占用资金”“投资基金”科目余额对应转入新账的“资产基金”相关明细科目：

（1）工会应当对原账“固定基金”科目余额进行分析，将原账在“固定资产”科目核算的不再符合新制度固定资产确认标准的库存物品对应余额转入新账的“资产基金——库存物品”科目；将原账在“固定资产”科目核算的无形资产对应余额转入新账的“资产基金——无形资产”科目；将原账“固定基金”科目余额减去转入新账“资产基金——库存物品”和“资产基金——无形资产”科目金额后的余额转入新账的“资产基金——固定资产”科目。

（2）工会应当将原账的“投资基金”科目余额转入新账的“资产基金——投资”科目。

（3）工会应当将原账的“在建工程占用资金”科目余额转入新账的“资产基金——在建工程”科目。

2.“专用基金”科目。新制度设置了“专用基金”科目，该科目的核算内容不再包括增收留成基金和财务专用基金，新制度下不再设置“增收留成基金”“财务专用基金”明细科目。转账时，工会应当将原账的“专用基金——权益保障金”科目余额转入新账的“专用基金”科目，将原账的“专用基金——增收留成基金、财务专用基金”科目余额转入新账的“工会资金结余”科目。

3.“后备金”科目。新制度未设置“后备金”科目。转账时，工会应当将原账的“后备金”科目余额转入新账的“工会资金结余”科目。

4.“结余”科目。新制度未设置“结余”科目，但设置了“工会资金结转”“工会资金结余”“财政拨款结转”“财政拨款结余”科目。转账时，工会应当结合预算编制与执行情况进行分析，将原账的“结余”科目余额（扣除转入新账中“资产基金——库存物品”科目金额）转入新账相关会计科目：

（1）基层工会应当根据分析结果，将符合结转性质的资金余额转入新账的“工会资金结转”科目；将剩余的资金余额转入“工会资金结余”科目。

（2）县级以上工会应当根据分析结果，将符合财政拨款结转性质的资金余额转入“财政拨款结转”科目；将符合财政拨款结余性质的资金余额转入“财政拨款结余”科目；将符合工会资金结转性质的资金余额转入“工会资金结转”科目；将剩余的资金余额转入“工会资金结余”科目。

（四）收入类、支出类

由于原账中收入类、支出类科目年末无余额，无需进行转账处理。自 2022 年 1 月 1 日起，应当按照新制度设置收入类、支出类科目并进行账务处理。

（五）其他要求

工会存在其他本规定未列举的原账科目余额的，应当比照本规定转入新账的相应科目。新账的科目设有明细科目的，应将原账中对应科目的余额加以分析，分别转入新账中相应科目的相关明细科目。

需要特别注意的是，在这一步骤中工会在进行新旧衔接的转账时，应当编制转账工作底稿，并将转入新账的对应原科目余额及分拆原科目余额的依据作为原始凭证。

第二步：将原未入账事项登记新账

（一）资产类

1. 无形资产。

工会在新旧制度转换时，应当将 2021 年 12 月 31 日前未入账的无形资产按照新制度规定记入新账。登记新账时，按照确定的无形资产成本，借记“无形资产”科目，贷记“资产基金——无形资产”科目。

2. 其他资产。

工会在新旧制度转换时，应当将 2021 年 12 月 31 日前未入账的其他资产按照新制度规定记入新账。登记新账时，按照确定的资产及其成本，分别借记相关资产科目，贷记相关净资产科目。

（二）负债类

工会在新旧制度转换时，应当将 2021 年 12 月 31 日前未入账的负债按照新制度规定记入新账。登记新账时，按照确定的负债金额，借记“工会资金结余”科目，贷记相关负债科目。

（三）其他事项

工会存在 2021 年 12 月 31 日前未入账的其他事项的，应当比照本规定登记新账的相应科目。

需要特别注意的是，在这一步骤中各级工会对新账的会计科目补记未入账事项时，应当编制记账凭证，并将补充登记事项的确认依据作为原始凭证。

第三步：对新账的相关会计科目余额进行调整

（一）转销已领用出库的库存物品对应余额

工会应当对在原账“固定资产”科目核算的不符合新制度固定资产确认标准的库存物品进行分析，对于已领用出库的库存物品，应当将其成本一次性转销，按照确定的成本，借记“资产基金——库存物品”科目，贷记“库存物品”科目，同时做好相关实物资产的登记管理工作。

（二）补提折旧

新制度设置了“累计折旧”科目，核算工会对固定资产计提的累计折旧。工会应当全面核查截至 2021 年 12 月 31 日符合新制度固定资产确认标准的固定资产的预计使用年限、已使用年限、尚可使用年限等，并于 2022 年 1 月 1 日对前期未计提折旧的固定资产补提折旧，按照应计提的折旧金额，借记“资产基金——固定资产”科目，贷记“累计折旧”科目。

（三）补提摊销

新制度设置了“累计摊销”科目，核算工会对无形资产计提的累计摊销。工会应当全面核查截至 2021 年 12 月 31 日无形资产的预计使用年限、已使用年限、尚可使用年限等，并于 2022 年 1 月 1 日对前期未计提摊销的无形资产补提摊销，按照应计提的摊销金额，借记“资产基金——无形资产”科目，贷记“累计摊销”科目。

（四）转销不符合新制度规定的代管经费对应余额

新制度“代管经费”科目的核算内容与原制度相比有所调整，对于不符合新制度规定的代管经费，工会应当对相应余额予以转销，按照确定的金额，借记“代管经费”科目，贷记“库存现金”“银行存款”科目。

需要特别注意的是，在这一步骤中在对新账的期初余额进行调整时，应当编制记账凭证，并将调整事项的确认依据作为原始凭证。

第四步：将基建账套相关数据并入新账

新制度执行后，工会的基本建设工程项目均通过新账的“在建工程”科目核算，不再执行《国有建设单位会计制度》（财会字〔1995〕45 号）。新旧制度转换时，工会应当将基建账相关数据并入新账。

工会将 2021 年 12 月 31 日原基建账中相关科目余额并入新账时：按照基建账中“建筑安装工程投资”“设备投资”“待摊投资”“预付工程款”等科目余额，借记新账中“在建工程”科目相关明细科目；按照基建账中“交付使用资产”等科目余额，借记新账中“固定资产”等科目；按照基建账中“现金”“银行存款”“零余额账户用款额度”“财政应返还额度”“其他应收款”等科目余额，分别借记新账中“库存现金”“银行存款”“零余额账户用款额度”“财政应返还额度”“其他应收款”等科目；按照基建账中“基建投资借款”“应付工程款”“其他应付款”等科目余额，贷记新账中“其他应付款”科目。

对基建账中“基建拨款”科目余额进行分析：按照归属于财政拨款结转结余的部分，贷记新账中“财政拨款结转”“财政拨款结余”科目，按照归属于工会资金结转的部分，贷记新账中“工会资金结转”科目；按照基建账中“建筑安装工程投资”“设备投资”“待摊投资”“预付工程款”“交付使用资产”等科目余额，贷记新账中“资产基金”科目相关明细科目；按照基建账中其他科目余额，分析调整新账中相应科目；按照上述借贷方差额，贷记或借记新账中“工会资金结余”科目。

基建并账后，工会可以通过在新账有关会计科目下设置与基本建设项目相关的明细科目或增加标记，或设置基建项目辅助账等方式，满足基本建设项目竣工决算报表编制的需要。

需要特别注意的是，在这一步骤中工会将基建账并入新账时，应当编制记账凭证，将基建账各科目余额转入新账相关科目的依据作为原始凭证。

五、编制新旧衔接财务报表

（一）编制 2022 年 1 月 1 日资产负债表和国有资产情况表

在根据准备数据登记完成 2022 年 1 月 1 日数据之后，形成 2022 年度会计核算的期初余额。工会应当根据 2022 年 1 月 1 日新账的各个会计科目的余额，按照新制度要求编制 2022 年 1 月 1 日的资产负债表和国有资产情况表，报表中期初余额只需要填列各项目“年初余额”。

（二）2022 年度财务报表的编制中的衔接事项

新旧会计制度的衔接与财务数据一样，既有时点数据的衔接，也有期间数据的衔接。时点数据的衔接包括前述的各项在 2021 年 12 月 31 日有关数据与 2022 年 1 月 1 日有关数据的衔接。这一期间数据的衔接则主要体现在报表编制的过程中，也就是在制度实施的第一年，编制财务报表的过程中“上年”数据的填报列示问题。

2022 年度作为新会计制度实施的第一年，各级工会应当按照新制度编制 2022 年财务报表。在编制 2022 年度收入支出表、成本费用表这两张会计报表时，不要求填列上年比较数。填列 2022 年收入支出表的“年初资金结转结余”项目和财政拨款收入支出表的“年初财政拨款结转结余”项目时，需要各级工会组织根据 2022 年 1 月 1 日新账会计科目余额列报相关数据。

第三节　新旧工会会计制度衔接实务案例

【例 9-1】（新旧制度衔接案例）某工会组织按照新《工会会计制度》和《新旧衔接规定》的要求，将于 2022 年 1 月 1 日开始执行新制度。为顺利完成新旧制度衔接，确保 2022 年 1 月 1 日各项财务工作能够正常推进，该单位自 2021 年 8 月开始着手制定本单位新旧工会会计制度衔接方案，主要内容如下：

1. 决定进行全面资产清查。需要成立资产清查小组。形成资产清查方案。

2. 财务部牵头，成立资产清查小组。考虑本单位的存货、固定资产、投资等管理业务分布在办公室、资产部门，本单位的清查小组成员由办公室、财务部、资产管理部以及机关事务管理处四个部门共同组成，单位负责人担任组长，分管领导担任副组长，具体工作由财务部牵头，办公室负责总体沟通协调，其他部门根据业务范围参与本次清查。

3. 形成资产清查方案：明确总体工作任务；明确成立资产清查小组及分工；明确总体时间安排；明确工作程序以及报批流程；明确本次清查的范围包括固定资产、无形资产、库存物品、投资等全部资产；明确具体时间安排，计划2021年10月31日完成资产清查；明确资产清查结果处理时间安排，根据《新旧衔接规定》要求，需要在执行新会计制度之前完成的任务，计划2021年11月30日前完成清查结果的会计处理；明确具体工作要求，对于在资产清查中梳理出来需要按照固定资产、无形资产或者长期待摊费用管理的资产，要逐一进行会计估计，估计其折旧和摊销金额；明确工作结果，要求根据资产清查结果形成各类资产管理卡片，并根据新《工会会计制度》和《新旧衔接规定》以及本单位的资产管理要求，明确资产卡片中各资产参数。

4. 资产清查方案经小组成员研究后形成正式方案报党组会审议通过。

5. 财务部根据资产清查结果进行新旧衔接的方案：各项分工与相应负责人员；与年度常规业务的关系处理；新旧衔接会计处理；新会计制度核算科目体系设计；与软件公司进行沟通等。

【例9-2】（资产清查案例）接上例，根据本单位新旧会计制度衔接的方案和本单位资产清查方案的要求，清查小组对本单位全部资产进行了清查。清查中发现盘盈现金625元，经查620元为未能及时入账的废品处置收入，5元为现金报销过程中产生的各种角分未付款。根据清查结果，在按照本单位的处理程序进行报批后，财务部在2021年11月30日前执行旧会计制度，进行会计处理如下：

借：库存现金　　625

　　贷：其他收入　　625

其他收入科目设置明细科目的，可以按照明细科目分开核算，本案例略。

【例9-3】（资产清查案例）接上例，发现一批库存物品因库房潮湿毁损，该批库存物品的原账面余额为600元，处置变价收入200元。根据清查结果，在按照本单位的处理程序进行报批后，财务部在2021年11月30日前执行旧会计制度，进行会计处理如下：

借：其他支出　　600

　　贷：库存物品　　600

借：银行存款　　200

　　贷：其他收入　　200

【例9-4】（资产清查案例）接上例，资产清查中盘盈跑步机一台，经查为上级工会在2018年调拨的职工活动资产，未及时入账，经过与上级工会联系并取得当时的调拨单复印件，确定跑步机价值6 800元。根据清查结果，在按照本单位的处理程序进行报批后，财务部在2021年11月30日前执行旧会计制度，进行会计处理如下：

借：固定资产　　6 800

　　贷：固定基金　　6 800

【例9–5】（资产清查案例）接上例，资产清查中盘盈2台笔记本电脑，无法查明原因。根据笔记本电脑的型号和新旧程度按照市场价格进行估值，每台4 000元，根据清查结果，在按照本单位的处理程序进行报批后，财务部在2021年11月30日前执行旧会计制度，进行会计处理如下：

借：固定资产　　8 000

　　贷：固定基金　　8 000

【例9–6】（资产清查案例）接上例，资产清查中发现应收账款中长达10年的应收账款5 000元无法收回，为当时的采购货物的预付款，后因货物质量等争议原因长期挂账，经查欠款企业已经破产，根据清查结果，在按照本单位的处理程序进行报批后，财务部在2021年11月30日前执行旧会计制度，进行会计处理如下：

借：其他支出　　5 000

　　贷：其他应收款　　5 000

【例9–7】（新旧制度衔接案例）接上例，某工会组织在2021年11月30日之前根据资产清查的结果对各种资产的盘盈盘亏进行了会计处理，财务的各项常规开支按照2021年度预算执行并根据旧会计制度进行日常核算，2021年12月31日该工会进行年度结账。

未结账前，收入科目余额分别为：拨缴经费收入12 500万元，上级补助收入900万元，政府补助收入300万元，事业收入100万元，投资收益15万元，其他收入8万元；支出科目余额分别为：职工活动支出5 000万元，业务支出2 000万元，维权支出3 000万元，行政支出1 000万元，资本性支出500万元，补助下级支出800万元，事业支出550万元，其他支出600万元；假设以上收支均为预算内收支。

具体会计处理按照旧会计制度进行，简单举例如下（单位：万元）：

结转支出：

借：结余　　13 450

贷：职工活动支出　　5 000
　　业务支出　　2 000
　　维权支出　　3 000
　　行政支出　　1 000
　　资本性支出　　500
　　补助下级支出　　800
　　事业支出　　550
　　其他支出　　600

结转收入：

借：拨缴经费收入　　12 500
　　上级补助收入　　900
　　政府补助收入　　300
　　事业收入　　100
　　投资收益　　15
　　其他收入　　8
　　贷：结余　　13 823

结转后的收入和支出科目为零。根据结账数据编制了 2021 年度财务报告，进行了年度决算（具体报表略）。

【例 9-8】（编制年末科目余额表案例）接上例，根据 2021 年结账数据取得 2021 年 12 月 31 日的末级科目余额表。具体如下：

表 9-2　　某市总工会 2021 年 12 月 31 日会计科目余额表　　单位：元

旧制度会计科目	科目名称	期末余额	
		借方	贷方
一、资产类科目			
101	库存现金	798.18	
102	银行存款	981 717 521.58	
111	零余额账户用款额度		
112	财政应返还额度		
121	借出款	1 000 000.00	
131	应收上级经费		
132	应收下级经费		

续　表

旧制度会计科目	科目名称	期末余额	
		借方	贷方
135	其他应收款	152 221 178.79	
141	库存物品	79 800.00	
151	投资	39 685 715.00	
161	在建工程	359 505 600.29	
162	固定资产	180 323 553.66	
二、负债类科目			
201	应付工资（离退休费）		500 000.00
202	应付地方（部门）津贴补贴		1 400 000.00
203	应付其他个人收入		100 000.00
211	借入款		
221	应付上级经费		
222	应付下级经费		1 218 461.00
225	其他应付款		4 959 461.97
231	代管经费		334 148 478.10
23101	代管党费		200 000.00
23102	其他代管经费		333 948 478.10
三、净资产类科目			
301	固定基金		180 323 553.66
302	在建工程占用资金		359 505 600.29
311	投资基金		39 685 715.00
321	专用基金		9 557 949.86
322	后备金		280 490 000.00
331	结余		502 644 947.62
33101	结余资金		488 245 269.38
33102	结转资金		14 399 678.24
合计		1 714 534 167.50	1 714 534 167.50

【例 9-9】（设立新账案例）接上例，根据新会计制度要求，该工会设置会计科目以及辅助核算项目。主要包括以下内容：

1. 对会计信息系统进行升级，使其符合本单位核算功能。

2. 在新系统中设置名称为“某市总工会”的核算账套。

3. 该工会为县级以上工会，在系统中设置全部 45 个一级科目，并根据会计制度规定和本单位核算需要设置二级及以下会计科目。

4. 根据不同的会计科目设置辅助核算项目，考虑本单位的实际情况：将所有的收入支出科目下面设置资金来源辅助核算；将支出科目设置部门辅助核算、项目辅助核算、经济分类辅助核算；使用财政资金的有关科目还增加设置功能分类辅助核算；在建工程科目按照工程项目名称设置项目辅助核算；将上级补助收入、政府补助收入、行政补助收入、动用预算稳定调节基金科目按照预算项目设置项目辅助核算；将其他应付款下面的建会筹备金科目设置往来单位辅助核算；库存现金和银行存款下设“自有经费和代管经费”的辅助核算。

5. 结合本单位实际情况，各种资产的折旧摊销统一采用平均年限法。

6. 结合本单位实际情况，库存物品的管理统一采用先进先出法。

需要额外说明的是：实行预算管理和执行信息化管理的工会组织，在进行会计核算体系的设置时可以适当简化，通过预算执行模块与会计核算模块的一体化方式实现管理要求满足核算的需要，简化的项目可以包括部门和项目。

7. 设置会计科目的过程中需要保持完整性，严格执行会计制度的要求，不能自行设置非规定的会计科目。基层工会组织需要至少设置 24 个会计科目。

设置后的新账会计科目如下：

表 9-3　　某市总工会 2022 年 1 月 1 日账簿设置　　单位：元

新会计科目	科目名称	期末余额	
		借方	贷方
	一、资产类科目		
101	库存现金		
102	银行存款		
10201	银行存款——基本账户		
10202	银行存款——专用账户		
10203	银行存款——基本建设账户		
111	零余额账户用款额度		
121	财政应返还额度		
12101	财政应返还额度——财政直接支付		
12102	财政应返还额度——财政授权支付		
131	应收上级经费		
132	应收下级经费		
135	其他应收款		
13501	其他应收款——备用金		

续　表

新会计科目	科目名称	期末余额	
		借方	贷方
13502	其他应收款——个人工作借款		
13503	其他应收款——代垫某费用		
13599	其他应收款——其他应收——其他		
1359901	其他应收款——其他应收——……		
141	库存物品		
151	投资		
161	在建工程		
16101	在建工程——建筑安装工程		
16102	在建工程——设备投资		
16103	在建工程——待摊投资		
16104	在建工程——其他投资		
16105	在建工程——待核销基建支出		
16106	在建工程——基建转出投资		
16107	在建工程——代建工程		
162	固定资产		
16201	固定资产——房屋及构筑物		
16202	固定资产——专用设备		
16203	固定资产——通用设备		
16204	固定资产——文物及陈列品		
16205	固定资产——图书档案		
16206	固定资产——家具、用具及装具		
163	累计折旧		
16301	累计折旧——房屋及构筑物		
16302	累计折旧——专用设备		
16303	累计折旧——通用设备		
16304	累计折旧——文物及陈列品		
16305	累计折旧——图书档案		
16306	累计折旧——家具、用具及装具		
171	无形资产		
172	累计摊销		
181	长期待摊费用		
182	待处理财产损溢		

续 表

新会计科目	科目名称	期末余额	
		借方	贷方
二、负债类科目			
201	应付职工薪酬		
211	应付上级经费		
212	应付下级经费		
215	其他应付款		
21501	其他应付款——建会筹备金		
21502	其他应付款——应付税金		
21599	其他应付款——其他		
221	代管经费		
22101	代管——1		
22102	代管——2		
三、净资产类科目			
301	资产基金		
30101	资产基金——库存物品		
30102	资产基金——投资		
30103	资产基金——在建工程		
30104	资产基金——固定资产		
30105	资产基金——无形资产		
30106	资产基金——长期待摊费用		
311	专用基金		
321	工会资金结转		
322	工会资金结余		
331	财政拨款结转		
332	财政拨款结余		
341	预算稳定调节基金		
收入类科目（略）			
支出类科目（略）			

【例 9-10】（新旧制度衔接案例）接上例，对数据进行了分析并根据分析结果和资产清查结果对部分数据进行了拆分。

根据资产清查，有如下需要拆分和合并事项：

1. 结余资金中包含已经作为项目管理的需要结转下年继续使用的项目资金 14 399 678.24 元，其中：财政拨款结转 13 399 678.24 元，工会资金结转

1 000 000.00 元。

2. 代管经费中有 200 000.00 元代管党费，已经完成新账户开户，具备转出条件。

3. 原来在固定资产中核算的无形资产价值 80 000 000.00 元。

4. 原账“后备金”科目余额在新账中按照《新旧衔接规定》应直接并入“工会资金结余”科目，涉及金额 280 490 000.00 元。

5. 原来在应付下级经费中核算的“应付建会筹备金”调整到“其他应付款——应付建会筹备金”科目，涉及金额 200 000.00 元。

6.“借出款”科目合并到“其他应收款”科目，涉及金额 1 000 000.00 元。

7.“库存物品”核算发生变化，需要核算对应的“资产基金——库存物品”，应将“结余”减少，“资产基金——库存物品”增加，涉及金额 79 800.00 元。

根据需要拆分以及合并的事项，将年末科目余额表拆分完毕，登记新账的科目余额。事项 1、3、7 进行了拆分，事项 4、6 进行了合并，事项 5 进行了先拆分再部分合并，事项 2 直接转出。转账分录介绍如下：

借：结余　　14 399 678.24
　　贷：工会资金结转　　1 000 000.00
　　　　财政拨款结转　　13 399 678.24

借：代管经费——党费　　200 000
　　贷：银行存款　　200 000

借：无形资产　　80 000 000
　　贷：固定资产　　80 000 000

借：资产基金——固定资产　　80 000 000
　　贷：资产基金——无形资产　　80 000 000

借：后备金　　280 490 000
　　贷：工会资金结余　　280 490 000

借：应付下级经费　　200 000
　　贷：其他应付款——应付建会筹备金　　200 000

借：其他应收款　　1 000 000
　　贷：借出款　　1 000 000

借：结余　　79 800
　　贷：资产基金——库存物品　　79 800

根据各项处理后的结果具体如下：

表 9-4　　某市总工会 2022 年 1 月 1 日科目余额表——初始金额　　单位：元

新会计科目	科目名称	期末余额	
		借方	贷方
一、资产类科目			
101	库存现金	798.18	
102	银行存款	981 517 521.58	
10201	银行存款——基本账户	981 517 521.58	
10202	银行存款——专用账户		
10203	银行存款——基本建设账户		
111	零余额账户用款额度		
121	财政应返还额度		
12101	财政应返还额度——财政直接支付		
12102	财政应返还额度——财政授权支付		
131	应收上级经费		
132	应收下级经费		
135	其他应收款	153 221 178.79	
141	库存物品	79 800.00	
151	投资	39 685 715.00	
161	在建工程	359 505 600.29	
16101	在建工程——建筑安装工程	301 505 600.29	
16102	在建工程——设备投资		
16103	在建工程——待摊投资	50 000 000.00	
16104	在建工程——其他投资	8 000 000.00	
16105	在建工程——待核销基建支出		
16106	在建工程——基建转出投资		
16107	在建工程——代建工程		
162	固定资产	100 323 553.66	
16201	固定资产——房屋及构筑物	40 300 000.66	
16202	固定资产——专用设备	30 000 000.00	
16203	固定资产——通用设备	10 000 000.00	
16204	固定资产——文物及陈列品		
16205	固定资产——图书档案	23 553.00	
16206	固定资产——家具、用具及装具	20 000 000.00	
163	累计折旧		
16301	累计折旧——房屋及构筑物		

续　表

新会计科目	科目名称	期末余额	
		借方	贷方
16302	累计折旧——专用设备		
16303	累计折旧——通用设备		
16304	累计折旧——文物及陈列品		
16305	累计折旧——图书档案		
16306	累计折旧——家具、用具及装具		
171	无形资产	80 000 000.00	
172	累计摊销		
181	长期待摊费用		
182	待处理财产损溢		
二、负债类科目			
201	应付职工薪酬		2 000 000.00
211	应付上级经费		
212	应付下级经费		1 018 461.00
215	其他应付款		5 159 461.97
21501	其他应付款——建会筹备金		200 000.00
21502	其他应付款——应付税金		
21503	其他应付款——其他		4 959 461.97
221	代管经费		333 948 478.10
22101	代管——1		29 900 000.00
22102	代管——2		304 048 478.10
三、净资产科目			
301	资产基金		579 594 668.95
30101	资产基金——库存物品		79 800.00
30102	资产基金——投资		39 685 715.00
30103	资产基金——在建工程		359 505 600.29
30104	资产基金——固定资产		100 323 553.66
30105	资产基金——无形资产		80 000 000.00
30105	资产基金——长期待摊费用		
311	专用基金		9 557 949.86
321	工会资金结转		1 000 000.00
322	工会资金结余		768 655 469.38
331	财政拨款结转		13 399 678.24

续 表

新会计科目	科目名称	期末余额	
		借方	贷方
332	财政拨款结余		
341	预算稳定调节基金		
收入类科目（略）			
支出类科目（略）			
合计		1 714 334 167.50	1 714 334 167.50

【例 9–11】（新旧衔接案例）接上例，资产清查中发现低于现在新的固定资产标准的已经列入固定资产管理的资产是 10 000 元，具体处理如下：

借：库存物品　　10 000

　　贷：固定资产　　10 000

借：资产基金——固定资产　　10 000

　　贷：资产基金——库存物品　　10 000

这部分资产已经被领用，因此需要继续处理如下：

借：资产基金——库存物品　　10 000

　　贷：库存物品　　10 000

最终结论相当于固定资产相关科目直接减少 10 000 元。

【例 9–12】（新旧衔接案例）接上例，将 2021 年 12 月 31 日账面数据登记新账后，需要补充登记未入账事项。该市总工会在资产清查的过程中发现无形资产 10 件，总价值 5 000 000 元。2022 年 1 月 1 日需要进行补充入账处理，具体处理如下：

借：无形资产　　5 000 000

　　贷：资产基金——无形资产　　5 000 000

【例 9–13】（新旧衔接案例）接上例，将 2021 年 12 月 31 日账面外单独核算的基建账金额合并入账，资金来源为工会经费，具体科目余额表如下：

表 9–5　　基建账科目余额表　　单位：元

科目代码	科目名称	期末余额	
		借方	贷方
101	现金		
102	银行存款	3 742 981.61	
107	预付工程款	227 489.00	

续　表

科目代码	科目名称	期末余额	
		借方	贷方
104	暂付款	576 231.61	
资产类合计		4 546 702.22	
203	暂存款		2 321 550.89
负债类合计			2 321 550.89
303	结余		
净资产类合计		0.00	
401	拨入经费		485 859 975.11
407	其他收入		
收入类合计			485 859 975.11
501	建筑安装工程投资	460 491 659.44	
502	拨出经费		
503	结转自筹基建		
504	待摊投资支出	23 125 264.34	
505	其他投资支出	17 900.00	
支出类合计		483 634 823.78	
合计		488 181 526.00	488 181 526.00

具体处理如下：

借：银行存款　　3 742 981.61

　　在建工程　　483 862 312.78

　　其他应收款　　576 231.61

　　贷：资产基金——在建工程　　483 862 312.78

　　　　工会资金结余　　1 997 662.33

　　　　其他应付款　　2 321 550.89

【例 9-14】（新旧衔接案例）接上例，对固定资产进行追溯调整，补充提取折旧 5 000 000 元，具体处理如下；

借：资产基金——固定资产　　5 000 000

　　贷：累计折旧　　5 000 000

【例 9-15】（新旧衔接案例）接上例，对无形资产进行追溯调整，补充计提无形资产摊销 40 500 000 元。

借：资产基金——无形资产　　40 500 000

贷：无形资产摊销　　　　　　　　　　　　　　　　　40 500 000

综上，将【例 9-11】至【例 9-15】数据进一步登记到表 9-6 中，形成 2022 年 1 月 1 日的新账科目余额表，进一步调整后的科目余额表如下：

表 9-6　　某市总工会 2022 年 1 月 1 日科目余额表——最终金额　　单位：元

新会计科目	科目名称	期末余额	
		借方	贷方
一、资产类科目			
101	库存现金	798.18	
102	银行存款	985 260 503.19	
10201	银行存款——基本账户	985 260 503.19	
10202	银行存款——专用账户		
10203	银行存款——基本建设账户		
111	零余额账户用款额度		
121	财政应返还额度		
12101	财政应返还额度——财政直接支付		
12102	财政应返还额度——财政授权支付		
131	应收上级经费		
132	应收下级经费		
135	其他应收款	153 797 410.40	
141	库存物品	79 800.00	
151	投资	39 685 715.00	
161	在建工程	843 367 913.07	
16101	在建工程——建筑安装工程	762 224 748.73	
16102	在建工程——设备投资		
16103	在建工程——待摊投资	73 125 264.34	
16104	在建工程——其他投资	8 017 900.00	
16105	在建工程——待核销基建支出		
16106	在建工程——基建转出投资		
16107	在建工程——代建工程		
162	固定资产	100 313 553.66	
16201	固定资产——房屋及构筑物	40 300 000.66	
16202	固定资产——专用设备	30 000 000.00	
16203	固定资产——通用设备	9 990 000.00	

续　表

新会计科目	科目名称	期末余额	
		借方	贷方
16204	固定资产——文物及陈列品		
16205	固定资产——图书档案	23 553.00	
16206	固定资产——家具、用具及装具	20 000 000.00	
163	累计折旧		5 000 000.00
16301	累计折旧——房屋及构筑物		1 400 000.00
16302	累计折旧——专用设备		1 600 000.00
16303	累计折旧——通用设备		1 000 000.00
16304	累计折旧——文物及陈列品		
16305	累计折旧——图书档案		10 000.00
16306	累计折旧——家具、用具及装具		990 000.00
171	无形资产	85 000 000.00	
172	累计摊销		40 500 000.00
181	长期待摊费用		
182	待处理财产损溢		
二、负债类科目			
201	应付职工薪酬		2 000 000.00
211	应付上级经费		
212	应付下级经费		1 018 461.00
215	其他应付款		7 481 012.86
21501	其他应付款——建会筹备金		200 000.00
21502	其他应付款——应付税金		
21503	其他应付款——其他		7 281 012.86
221	代管经费		333 948 478.10
22101	代管——1		30 000 000.00
22102	代管——2		303 948 478.10
三、净资产类科目			
301	资产基金		1 068 446 981.73
30101	资产基金——库存物品		79 800.00
30102	资产基金——投资		39 685 715.00
30103	资产基金——在建工程		843 367 913.07
30104	资产基金——固定资产		95 313 553.66

续 表

新会计科目	科目名称	期末余额	
		借方	贷方
30105	资产基金——无形资产		44 500 000.00
30106	资产基金——长期待摊费用		
311	专用基金		9 557 949.86
321	工会资金结转		1 000 000.00
322	工会资金结余		772 653 131.71
331	财政拨款结转		13 399 678.24
332	财政拨款结余		
341	预算稳定调节基金		
收入类科目（略）			
支出类科目（略）			
合计		2 162 005 693.50	2 162 005 693.50

至此，我们完成了该工会组织的2022年度新账的初始化工作。在本综合案例中，为了更好地帮助从业人员理解新旧衔接，本案例将【例9-1】至【例9-15】数据进行详细拆分讲解，采用凭证转账的方式进行，确保借贷平衡，拆分逻辑正确，这种方法适用于县级以上工会以及核算内容比较复杂的基层工会。对于部分业务特别简单的基层工会来说，可以直接采用分析法将旧会计制度的报表，直接拆分对应到新会计制度的科目，相当于直接从表9-2到表9-6，然后根据表9-6直接完成新年度的期初余额初始化工作。无论采用哪一种方法都需要做好新旧制度衔接的相关工作的档案管理，留存工作底稿和会计凭证处理依据，做好备查工作。

第十章

工会会计工作管理

第一节 工会会计机构

一、会计工作管理部门

《会计法》规定，国务院财政部门主管全国的会计工作，县级以上地方各级人民政府财政部门管理本行政区域内的会计工作。这就规定了会计工作由财政部门主管并明确在管理体制上实行“统一领导，分级管理”的原则。财政部门依照《会计法》的规定对工会的财务会计工作进行管理和监督。此外，对会计工作的管理，除了发挥财政部门的作用外，还要发挥业务主管部门的作用。各级工会依照《工会法》和有关法规政策等，对下级工会的财务会计工作进行指导和监督。各级工会委员会向同级会员大会或者会员代表大会负责并报告工作，接受其监督。

二、工会会计机构的设置

工会会计机构是工会组织管理本工会会计工作，办理会计事务的职能部门。建立健全会计机构，配备与工作要求相适应、具有一定素质和数量的会计人员，是做好会计工作、充分发挥会计职能作用的重要前提条件。

《工会会计制度》第十二条明确规定，县级（含县级）以上工会应当设置会计机构，配备专职会计人员。基层工会应当根据会计业务的需要设置会计机构或者在有关机构中设置会计人员并指定会计主管人员；不具备设置条件的基层工会，应当委托经批准设立从事会计代理记账业务的中介机构代理记账。

三、工会会计机构管理

（一）会计制度建设

各级工会组织可以结合所在单位类型以及工会组织管理的需要，建立健全相应的内部会计管理制度。各单位制定内部会计管理制度应当遵循下列原则：

1. 应当执行法律、法规和国家统一的财务会计制度。

2. 应当体现本单位的生产经营、业务管理的特点和要求。

3. 应当全面规范本单位的各项会计工作，建立健全会计基础，保证会计工作的有序进行。

4. 应当科学、合理，便于操作和执行。

5. 应当定期检查执行情况。

6. 应当根据管理需要和执行中的问题不断完善。

（二）会计管理体系建设

各单位应当建立内部会计管理体系。主要内容包括：单位领导人、总会计师对会计工作的领导职责；会计部门及其会计机构负责人、会计主管人员的职责、权限；会计部门与其他职能部门的关系；会计核算的组织形式等。

各单位应当建立稽核制度。主要内容包括：稽核工作的组织形式和具体分工；稽核工作的职责、权限；审核会计凭证和复核会计账簿、会计报表的方法。

（三）会计工作管理制度建设

1. 各单位应当建立原始记录管理制度。主要内容包括：原始记录的内容和填制方法；原始记录的格式；原始记录的审核；原始记录填制人的责任；原始记录签署、传递、汇集要求。

2. 除此之外，各级工会组织还应该结合单位的实际情况和管理需要建立定额管理制度、计量验收制度、财产清查制度、财务收支审批制度、成本核算制度和财务会计分析制度等管理制度。

第二节　工会会计人员管理

一、会计人员

会计人员是指根据《会计法》的规定，在国家机关、社会团体、企业、事业单位和其他组织（以下统称单位）中从事会计核算、实行会计监督等会计工作的人员。会计人员包括从事下列具体会计工作的人员：

（一）出纳；

（二）稽核；

（三）资产、负债和所有者权益（净资产）的核算；

（四）收入、费用（支出）的核算；

（五）财务成果（政府预算执行结果）的核算；

（六）财务会计报告（决算报告）编制；

（七）会计监督；

（八）会计机构内会计档案管理；

（九）工资核算、往来结算等其他会计工作。

担任单位会计机构负责人（会计主管人员）、总会计师的人员，属于会计人员。

二、会计人员的从业要求

（一）对从业人员的要求

会计人员从事会计工作，应当符合下列要求：

1. 遵守《会计法》和国家统一的会计制度等法律法规；

2. 具备良好的职业道德；

3. 按照国家有关规定参加继续教育，参加会计业务的培训；

4. 具备从事会计工作所需要的专业能力。会计人员应当具有会计类专业知识，基本掌握会计基础知识和业务技能，能够独立处理基本会计业务。

（二）对单位的要求

1. 单位应当根据国家有关法律法规和《会计人员管理办法》有关规定，判断会计人员是否具备从事会计工作所需要的专业能力。

2. 单位应当根据《会计法》等法律法规和《会计人员管理办法》有关规定，结合会计工作需要，自主任用（聘用）会计人员。

3. 各单位应当合理安排会计人员的培训，保证会计人员每年有一定时间用于学习和参加培训。

4. 单位任用（聘用）的会计机构负责人（会计主管人员）、总会计师，应当符合《会计法》《总会计师条例》等法律法规和《会计人员管理办法》有关规定。

5. 各单位应当根据会计业务需要配备会计人员，单位应当对任用（聘用）的会计人员及其从业行为加强监督和管理，督促其遵守职业道德和国家统一的会计制度。

6. 因发生与会计职务有关的违法行为被依法追究刑事责任的人员，单位不得任用（聘用）其从事会计工作。因违反《会计法》有关规定受到行政处罚五年内不得从事会计工作的人员，处罚期届满前，单位不得任用（聘用）其从事会计工作。

7. 单位应当根据有关法律法规、内部控制制度要求和会计业务需要设置会计岗位，明确会计人员职责权限。

8. 各单位领导人应当支持会计机构、会计人员依法行使职权。

9. 单位设置会计机构，应当配备会计机构负责人；在有关机构中配备专职会计人员，应当在专职会计人员中指定会计主管人员。

三、会计机构负责人的任职条件

根据《会计基础工作规范》规定，会计机构负责人、会计主管人员的任免，应当符合《中华人民共和国会计法》和有关法律的规定。会计机构负责人、会计主管人员应当具备下列基本条件：

（一）坚持原则，廉洁奉公；

（二）具备会计师以上专业技术职务资格或者从事会计工作不少于三年；

（三）熟悉国家财经法律、法规、规章和方针、政策，掌握本行业业务管理的有关知识；

（四）有较强的组织能力；

（五）身体状况能够适应本职工作的要求。

四、会计岗位设置

各单位应当根据会计业务需要设置会计工作岗位，会计工作岗位一般可分为：会计机构负责人或者会计主管人员，出纳，财产物资核算，工资核算，成本费用核算，财务成果核算，资金核算，往来结算，总账报表，稽核，档案管理等。开展会计电算化和管理会计的单位，可以根据需要设置相应工作岗位，也可以与其他工作岗位相结合。

会计岗位设置以及人员配置应注意以下事项：

（一）会计工作岗位，可以一人一岗、一人多岗或者一岗多人。但出纳人员不得兼管稽核、会计档案保管和收入、费用、债权债务账目的登记工作。

（二）会计人员的工作岗位应当有计划地进行轮换。

（三）国家机关、国有企业和事业单位任用会计人员应当实行回避制度。单位领导人的直系亲属不得担任本单位的会计机构负责人、会计主管人员。会计机构负责人、会计主管人员的直系亲属不得在本单位会计机构中担任出纳工作。需要回避的直系亲属为：夫妻关系、直系血亲关系、三代以内旁系血亲以及配偶亲关系。

五、会计人员职业道德

随着改革开放的不断深入和社会经济的高质量发展，我国会计职业活动的内容越来越广泛和丰富，会计在经济管理中的职能作用也在不断扩展和深化，会计职业活动从传统的记账、算账、报账、核账、查账等，逐步延伸到价值管理、资本运营、风险控制、决策支持等多个方面，社会经济发展也对承担更多责任的会计人员的职业道德提出了更高要求，会计职业道德建设同时也是我国社会主义职业道德体系建设的重要组成部分。因此，要按照新时代我国社会主义职业道德建设的新要求和会计职业发展的新变化，建立健全我国会计职业道德规范体系，全面提升我国会计人员的道德素养，不断提高会计信息质量，促进会计工作更好地服务社会经济发展。会计人员应当遵守以下职业道德：

（一）会计人员在会计工作中应当遵守职业道德，树立良好的职业品质、严谨的工作作风，严守工作纪律，努力提高工作效率和工作质量。

（二）会计人员应当热爱本职工作，努力钻研业务，使自己的知识和技能适应所从事工作的要求。

（三）会计人员应当熟悉财经法律、法规、规章和国家统一会计制度，并结合会计工作进行广泛宣传。

（四）会计人员应当按照会计法律、法规和国家统一会计制度规定的程序和要求进行会计工作，保证所提供的会计信息合法、真实、准确、及时、完整。

（五）会计人员办理会计事务应当实事求是、客观公正。

（六）会计人员应当熟悉本单位的生产经营和业务管理情况，运用掌握的会计信息和会计方法，为改善单位内部管理、提高经济效益服务。

（七）会计人员应当保守本单位的商业秘密。除法律规定和单位领导人同意外，不能私自向外界提供或者泄露单位的会计信息。

财政部门、业务主管部门和各单位应当定期检查会计人员遵守职业道德的情况，并作为会计人员晋升、晋级、聘任专业职务、表彰奖励的重要考核依据。会计人员违反职业道德的，由所在单位进行处理。

六、会计人员管理制度

各级工会组织应结合本单位的实际情况，制定适合本单位情况的会计人员管理制度。具体可以包括如下内容：

（一）岗位责任制。各单位应当建立会计人员岗位责任制度。主要内容包括：会计人员的工作岗位设置；各会计工作岗位的职责和标准；各会计工作岗位的人员和具体分工；会计工作岗位轮换办法；对各会计工作岗位的考核办法。

（二）内部牵制制度。各单位应当建立内部牵制制度。主要内容包括：内部牵制制度的原则；组织分工；出纳岗位的职责和限制条件；有关岗位的职责和权限。

第三节　会计工作交接

工会会计人员因工作调动和调整离开工作岗位的需要及时配备新会计人员，并按规定办理交接手续。

一、会计工作交接要求

（一）会计人员因工作调动或者因故离职的，必须将本人所经管的会计工作全部移交给接替人员。没有办清交接手续的，不得调动或者离职。

（二）接替人员应当认真接管移交工作，并继续办理移交的未了事项。

（三）会计人员办理交接手续，必须有监交人负责监交。一般会计人员交接，由单位会计机构负责人、会计主管人员负责监交；会计机构负责人、会计主管人员交接，由单位领导人负责监交，必要时可由上级主管部门派人会同监交。

（四）单位撤销时，必须留有必要的会计人员，会同有关人员办理清理工作，编制决算。未移交前，不得离职。接收单位和移交日期由主管部门确定。单位合并、分立的，其会计工作交接手续比照上述有关规定办理。

（五）会计人员临时离职或者因病不能工作且需要接替或者代理的，会计机构负责人、会计主管人员或者单位领导人必须指定有关人员接替或者代理，并办理交接手续。临时离职或者因病不能工作的会计人员恢复工作的，应当与接替或者代理人员办理交接手续。移交人员因病或者其他特殊原因不能亲自办理移交的，经单位领导人批准，可由移交人员委托他人代办移交，但委托人应当对所移交的会计凭证、会计账簿、会计报表和其他有关资料的合法性、真实性承担法律责任。

二、移交前的准备工作

会计人员办理移交手续前，必须及时做好以下工作：

（一）已经受理的经济业务尚未填制会计凭证的，应当填制完毕。

（二）尚未登记的账目，应当登记完毕，并在最后一笔余额后加盖经办人员印章。

（三）整理应该移交的各项资料，对未了事项写出书面材料。

（四）编制移交清册，列明应当移交的会计凭证、会计账簿、会计报表、印章、现金、有价证券、支票簿、发票、文件、其他会计资料和物品等内容；实行会计电算化的单位，从事该项工作的移交人员还应当在移交清册中列明会计软件及密码、会计软件数据磁盘（磁带等）及有关资料、实物等内容。

三、移交过程中的工作

移交人员在办理移交时，要按移交清册逐项移交；接替人员要逐项核对点收。具体包括如下事项：

（一）现金、有价证券要根据会计账簿有关记录进行点交。库存现金、有价证券必须与会计账簿记录保持一致。不一致时，移交人员必须限期查清。

（二）会计凭证、会计账簿、会计报表和其他会计资料必须完整无缺。如有短缺，必须查清原因，并在移交清册中注明，由移交人员负责。

（三）银行存款账户余额要与银行对账单核对，如不一致，应当编制银行存款余额调节表调节相符，各种财产物资和债权债务的明细账户余额要与总账有关账户余额核对相符；必要时，要抽查个别账户的余额，与实物核对相符，或者与往来单位、个人核对清楚。

（四）移交人员经管的票据、印章和其他实物等，必须交接清楚；移交人员从事会计电算化工作的，要对有关电子数据在实际操作状态下进行交接。

（五）会计机构负责人、会计主管人员移交时，还必须将全部财务会计工作、重大财务收支和会计人员的情况等，向接替人员详细介绍。对需要移交的遗留问题，应当写出书面材料。

（六）交接完毕后，交接双方和监交人员要在移交清册上签名或者盖章。并应在移交清册上注明：单位名称，交接日期，交接双方和监交人员的职务、姓名，移交清册页数以及需要说明的问题和意见等。移交清册一般应当填制一式三份，交接双方各执一份，存档一份。

四、移交后的有关工作

（一）接替人员应当继续使用移交的会计账簿，不得自行另立新账，以保持会计记录的连续性。

（二）移交人员对所移交的会计凭证、会计账簿、会计报表和其他有关资料的合法性、真实性承担法律责任。

第四节　工会会计档案管理

工会会计档案是指各级工会组织在进行会计核算等过程中接收或形成的，记录和反映本单位经济业务事项的，具有保存价值的文字、图表等各种形式的会计资料，包括通过计算机等电子设备形成、传输和存储的电子会计档案。各级工会组织的会计档案的管理按照财政部发布的《会计档案管理办法》执行。

一、档案管理要求

（一）树立会计档案管理意识

各级工会组织应当加强会计档案管理工作，建立和完善会计档案的收集、整理、保管、利用和鉴定销毁等管理制度，采取可靠的安全防护技术和措施，保证会计档案的真实、完整、可用、安全。

（二）档案管理形式

单位可以利用计算机、网络通信等信息技术手段管理会计档案。同时满足下列条件的，单位内部形成的属于归档范围的电子会计资料可仅以电子形式保存，形成电子会计档案：

1. 形成的电子会计资料来源真实有效，由计算机等电子设备形成和传输；

2. 使用的会计核算系统能够准确、完整、有效接收和读取电子会计资料，能够输出符合国家标准归档格式的会计凭证、会计账簿、财务会计报表等会计资料，设定了经办、审核、审批等必要的审签程序；

3. 使用的电子档案管理系统能够有效接收、管理、利用电子会计档案，符合电子档案的长期保管要求，并建立了电子会计档案与相关联的其他纸质会计档案的检索关系；

4. 采取有效措施，防止电子会计档案被篡改；

5. 建立电子会计档案备份制度，能够有效防范自然灾害、意外事故和人为破坏的影响；

6. 形成的电子会计资料不属于具有永久保存价值或者其他重要保存价值的会

计档案。

（三）会计档案归档责任人

各级工会组织的会计机构或会计人员所属机构按照归档范围和归档要求，负责定期将应当归档的会计资料整理立卷，编制会计档案保管清册。单位委托中介机构代理记账的，应当在签订的书面委托合同中，明确会计档案的管理要求及相应责任。

二、会计档案的内容

下列会计资料应当进行归档：

（一）会计凭证，包括原始凭证、记账凭证；

（二）会计账簿，包括总账、明细账、日记账、固定资产卡片及其他辅助性账簿；

（三）财务会计报告，包括月度、季度、半年度、年度财务会计报告；

（四）其他会计资料，包括银行存款余额调节表、银行对账单、纳税申报表、会计档案移交清册、会计档案保管清册、会计档案销毁清册、会计档案鉴定意见书及其他具有保存价值的会计资料。

常见的工会会计档案可以包括会计凭证、会计账簿、会计报表、经济合同、重要审批文件、会计人员交接清单、会计档案销毁清册等。

三、档案管理机构

（一）常规情况

《会计档案管理办法》规定“单位的档案机构或者档案工作人员所属机构负责管理本单位的会计档案”。基层工会组织可以自行管理会计档案或者委托所在单位档案管理部门管理工会会计档案。县级以上工会组织一般自行管理本单位会计档案。自行保管会计档案的，应配备财务专用档案室（柜），专人负责，统一管理工会会计档案。一般由工会主管会计负责会计档案的整理、立卷、保管、调阅和销毁工作。会计档案不得私人保管。

（二）特殊情况

遇工会组织合并、撤销、分立等情况的按照以下原则处理：

1. 单位因撤销、解散、破产或其他原因而终止的，在终止或办理注销登记手续之前形成的会计档案，按照国家档案管理的有关规定处置。

2. 单位分立后原单位存续的，其会计档案应当由分立后的存续方统一保管，其他方可以查阅、复制与其业务相关的会计档案。

单位分立后原单位解散的，其会计档案应当经各方协商后由其中一方代管或按照国家档案管理的有关规定处置，各方可以查阅、复制与其业务相关的会计档案。单位分立中未结清的会计事项所涉及的会计凭证，应当单独抽出由业务相关方保存，并按照规定办理交接手续。

单位因业务移交其他单位办理所涉及的会计档案，应当由原单位保管，承接业务单位可以查阅、复制与其业务相关的会计档案。对其中未结清的会计事项所涉及的会计凭证，应当单独抽出由承接业务单位保存，并按照规定办理交接手续。

3. 单位合并后原各单位解散或者一方存续其他方解散的，原各单位的会计档案应当由合并后的单位统一保管。单位合并后原各单位仍存续的，其会计档案仍应当由原各单位保管。

四、会计档案移交

（一）移交时限

1. 当年形成的会计档案，在会计年度终了后，可由单位会计管理机构临时保管一年，再移交单位档案管理机构保管。

2. 因工作需要确需推迟移交的，应当经单位档案管理机构同意。

3. 单位会计管理机构临时保管会计档案最长不超过三年。

4. 临时保管期间，会计档案的保管应当符合国家档案管理的有关规定，且出纳人员不得兼管会计档案。

（二）移交规则

1. 单位会计管理机构在办理会计档案移交时，应当编制会计档案移交清册，并按照国家档案管理的有关规定办理移交手续。

2. 纸质会计档案移交时应当保持原卷的封装。电子会计档案移交时应当将电子会计档案及其元数据一并移交，且文件格式应当符合国家档案管理的有关规定。特殊格式的电子会计档案应当与其读取平台一并移交。

3. 单位档案管理机构接收电子会计档案时，应当对电子会计档案的准确性、完整性、可用性、安全性进行检测，符合要求的才能接收。

4. 建设单位在项目建设期间形成的会计档案，需要移交给建设项目接收单位的，应当在办理竣工财务决算后及时移交，并按照规定办理交接手续。

（三）档案交接手续

会计档案移交应建立交接制度明确交接手续，单位内部档案移交按照单位内部档案管理制度进行。单位之间交接会计档案时，交接双方应当办理会计档案交接手续。单位之间交接会计档案手续如下：

1. 移交会计档案的单位，应当编制会计档案移交清册，列明应当移交的会计档案名称、卷号、册数、起止年度、档案编号、应保管期限和已保管期限等内容。

2. 交接会计档案时，交接双方应当按照会计档案移交清册所列内容逐项交接，并由交接双方的单位有关负责人负责监督。交接完毕后，交接双方经办人和监督人应当在会计档案移交清册上签名或盖章。

3. 电子会计档案应当与其元数据一并移交，特殊格式的电子会计档案应当与其读取平台一并移交。档案接收单位应当对保存电子会计档案的载体及其技术环境进行检验，确保所接收电子会计档案的准确、完整、可用和安全。

五、会计档案保管

1. 保管期限。会计档案的保管期限分为永久、定期两类。定期保管期限一般分为 10 年和 30 年。基层工会按照所在单位的性质选择档案管理年限，所在单位为企业和其他组织的，保管期限按照表 10–1 执行，所在单位为行政单位和事业单位的，保管期限按照表 10–2 执行。工会组织为县级以上工会机关的，保管期限见表 10–2。实行工会经费税务代收且相关账簿单独核算的，可以按照表 10–2 税收会计执行，未单独核算的按照表 10–2 行政单位执行。县级以上工会组织涉及汇总预算、汇总决算等形成的会计档案，按照表 10–2 中财政总预算中相关的档案类别执行。

表 10–1　　企业和其他组织会计档案保管期限表

序号	档案名称	保管期限	备注
一	会计凭证		
1	原始凭证	30 年	
2	记账凭证	30 年	
二	会计账簿		
3	总账	30 年	
4	明细账	30 年	
5	日记账	30 年	
6	固定资产卡片		固定资产报废清理后保管 5 年
7	其他辅助性账簿	30 年	

续 表

序号	档案名称	保管期限	备注
三	财务会计报告		
8	月度、季度、半年度财务会计报告	10 年	
9	年度财务会计报告	永久	
四	其他会计资料		
10	银行存款余额调节表	10 年	
11	银行对账单	10 年	
12	纳税申报表	10 年	
13	会计档案移交清册	30 年	
14	会计档案保管清册	永久	
15	会计档案销毁清册	永久	
16	会计档案鉴定意见书	永久	

表 10-2　财政总预算、行政单位、事业单位和税收会计档案保管期限表

序号	档案名称	保管期限			备注
		财政总预算	行政单位、事业单位	税收会计	
一	会计凭证				
1	国家金库编送的各种报表及缴库退库凭证	10 年		10 年	
2	各收入机关编送的报表	10 年			
3	行政单位和事业单位的各种会计凭证		30 年		包括：原始凭证、记账凭证和传票汇总表
4	财政总预算拨款凭证和其他会计凭证	30 年			包括：拨款凭证和其他会计凭证
二	会计账簿				
5	日记账		30 年	30 年	
6	总账	30 年	30 年	30 年	
7	税收日记账（总账）			30 年	
8	明细分类、分户账或登记簿	30 年	30 年	30 年	
9	行政单位和事业单位固定资产卡片				固定资产报废清理后保管 5 年
三	财务会计报告				
10	政府综合财务报告	永久			下级财政、本级部门和单位报送的保管 2 年

续 表

序号	档案名称	保管期限			备注
		财政总预算	行政单位、事业单位	税收会计	
11	部门财务报告		永久		所属单位报送的保管 2 年
12	财政总决算	永久			下级财政、本级部门和单位报送的保管 2 年
13	部门决算		永久		所属单位报送的保管 2 年
14	税收年报（决算）			永久	
15	国家金库年报（决算）	10 年			
16	基本建设拨、贷款年报（决算）	10 年			
17	行政单位和事业单位会计月、季度报表		10 年		所属单位报送的保管 2 年
18	税收会计报表			10 年	所属税务机关报送的保管 2 年
四	其他会计资料				
19	银行存款余额调节表	10 年	10 年		
20	银行对账单	10 年	10 年	10 年	
21	会计档案移交清册	30 年	30 年	30 年	
22	会计档案保管清册	永久	永久	永久	
23	会计档案销毁清册	永久	永久	永久	
24	会计档案鉴定意见书	永久	永久	永久	

2. 保管期起算点。会计档案的保管期限，从会计年度终了后的第一天算起。

3. 单位会计档案的具体名称如有同表 10–1、表 10–2 所列档案名称不相符的，应当比照类似档案的保管期限办理。

六、会计档案调阅

（一）妥善管理

单位应当严格按照相关制度利用会计档案，在进行会计档案查阅、复制、借出时办理登记手续，严禁篡改和损坏。会计档案借用单位应当妥善保管和利用借入的会计档案，确保借入会计档案的安全完整，并在规定时间内归还。

（二）谨慎外借

单位保存的会计档案一般不得对外借出。确因工作需要且根据国家有关规定必须借出的，应当严格按照规定办理相关手续。单位的会计档案及其复制件需要携带、寄运或者传输至境外的，应当按照国家有关规定执行。

七、会计档案的销毁

（一）销毁的前置程序

1. 各级工会组织应当定期对已到保管期限的会计档案进行鉴定，并形成会计档案鉴定意见书。经鉴定，仍需继续保存的会计档案，应当重新划定保管期限；对保管期满，确无保存价值的会计档案，可以销毁。

2. 会计档案鉴定工作应当由单位档案管理机构牵头，组织单位会计、审计、纪检监察等机构或人员共同进行。

（二）销毁程序

经鉴定可以销毁的会计档案，应当按照以下程序销毁：

1. 单位档案管理机构编制会计档案销毁清册，列明拟销毁会计档案的名称、卷号、册数、起止年度、档案编号、应保管期限、已保管期限和销毁时间等内容。

2. 单位负责人、档案管理机构负责人、会计管理机构负责人、档案管理机构经办人、会计管理机构经办人在会计档案销毁清册上签署意见。

3. 单位档案管理机构负责组织会计档案销毁工作，并与会计管理机构共同派员监销。监销人在会计档案销毁前，应当按照会计档案销毁清册所列内容进行清点核对；在会计档案销毁后，应当在会计档案销毁清册上签名或盖章。

4. 电子会计档案的销毁还应当符合国家有关电子档案的规定，并由单位档案管理机构、会计管理机构和信息系统管理机构共同派员监销。

（三）注意事项

档案销毁遇有特殊情况的不得销毁或者单独立卷，具体如下：

1. 保管期满但未结清的债权债务会计凭证和涉及其他未了事项的会计凭证不得销毁，纸质会计档案应当单独抽出立卷，电子会计档案单独转存，保管到未了事项完结时为止。

2. 单独抽出立卷或转存的会计档案，应当在会计档案鉴定意见书、会计档案销毁清册和会计档案保管清册中列明。

第五节　会计监督

一、会计监督的定义

会计监督是会计的基本职能之一，是指会计机构和会计人员依据国家的财经政策、会计法规，对会计主体经济活动的合法性、合理性、有效性和会计资料的真实性、完整性以及本单位内部预算执行情况进行的一种监督，即以一定的标准和要求利用会计提供的信息对单位的经济活动进行有效的指导、控制和调节，以达到预期的目的。

工会会计监督就是工会会计机构和会计人员对工会会计工作的监督，既有本单位内部的会计监督也包含上级工会财务部门对下级的会计监督。工会会计监督是保障工会实行民主管理原则的重要措施，是保障工会行使民主权利的具体体现，也是工会财务监督的重要内容。《工会会计制度》第十四条规定，“各级工会应当建立健全内部控制制度，并确保内部控制有效施行”，《工会财务监督暂行办法》第十条规定，“财务监督的主要内容：……(五)经费开支的真实性、合法性；(六)会计基础工作情况；(七)内部控制制度建设情况；(八)工会会计报告编制情况”。

除工会会计机构和会计人员依法进行的会计监督之外，《工会法》规定，各级工会建立经费审查委员会，根据经费独立原则，建立预算、决算和经费审查监督制度，其收支情况应当由同级工会经费审查委员会审查，并定期向会员大会或会员代表大会报告，接受监督。同时，工会经费接受国家的监督，要接受国家审计部门的审计监督、财政部门的财政监督、纪检监察部门监督、税务部门监督，以及由政府部门委派的社会力量等对财政拨付资金和工会经费的监督。

二、会计监督的依据

工会的会计机构、会计人员对本单位的经济活动进行会计监督主要是依据：

（一）国家财经、会计法律、法规、规章；

（二）国家会计制度和各省、自治区、直辖市财政厅（局）和国务院业务主管部门根据《中华人民共和国会计法》和国家统一会计制度制定的具体实施办法或者补充规定；

（三）工会会计制度和中华全国总工会制定的财务制度文件；

（四）各级工会的上级工会依据《工会会计制度》和全国总工会财务制度而制定的各项财务管理制度或实施细则；

（五）本单位内部财务、会计管理制度和预算、财务计划、业务计划、内部控制规范等。

三、工会会计监督的主要内容

工会会计机构、会计人员对工会经济活动的会计监督是一种日常动态性监督，贯穿经济业务的事前、事中、事后全过程。

（一）本级工会内部会计监督的主要内容是：

1. 会计机构、会计人员应当加强对原始凭证的真实性、合法性、准确性、完整性的审核和监督。对不真实、不合法的原始凭证，不予受理。对记载不准确、不完整的原始凭证，予以退回，要求经办人员更正、补充。对弄虚作假、严重违法的原始凭证，在不予受理的同时，应当予以扣留，并及时向单位领导人报告，请求查明原因，追究当事人的责任。

2. 会计机构、会计人员对伪造、变造、故意毁灭会计账簿或者账外设账行为，应当制止和纠正；制止和纠正无效的，应当向上级主管单位报告，请求作出处理。

3. 会计机构、会计人员应当对实物、款项进行监督，督促建立并严格执行财产清查制度。发现账簿记录与实物、款项不符时，应当按照国家有关规定进行处理。超出会计机构、会计人员职权范围的，应当立即向本单位负责人报告，请求查明原因，作出处理。

4. 会计机构、会计人员对指使、强令编造、篡改财务报告行为，应当制止和纠正；制止和纠正无效的，应当向上级主管单位报告，请求处理。

5. 会计机构、会计人员应当对财务收支进行监督。

（1）对审批手续不全的财务收支，应当退回，要求补充、更正。

（2）对违反规定不纳入单位统一会计核算的财务收支，应当制止和纠正。

（3）对违反国家统一的财政、财务、会计制度规定的财务收支，不予办理。

（4）对认为是违反国家统一的财政、财务、会计制度规定的财务收支，应当制止和纠正；制止和纠正无效的，应当向单位领导人提出书面意见请求处理。单位领导人应当在接到书面意见起十日内作出书面决定，并对决定承担责任。对违反国家统一的财政、财务、会计制度规定的财务收支，不予制止和纠正，又不向单位领导人提出书面意见的，也应当承担责任。

（5）对严重违反国家利益和社会公众利益的财务收支，应当向主管单位或者财政、审计、税务机关报告。

6. 会计机构、会计人员对违反单位内部会计管理制度的经济活动，应当制止和纠正；制止和纠正无效的，向单位领导人报告，请求处理。

7. 会计机构、会计人员应当对单位制定的预算、财务计划等的执行情况进行监督。

（二）对下级工会会计监督的主要内容是：

1. 是否依法依规设置会计机构和会计人员，岗位设置是否符合内部控制要求，从事会计工作的人员是否具备专业能力、遵守职业道德；

2. 是否依法开设工会账户，设置工会会计账簿；

3. 会计核算是否符合工会会计制度的规定，工会所属事业单位、工会所属企业及挂靠工会管理的社会团体是否符合国家规定会计制度的规定；

4. 会计核算是否符合会计基础工作规范要求，会计凭证、会计账簿、财务会计报告和其他会计资料是否真实、准确、完整；

5. 是否建立健全单位内部会计管理制度并有效执行；

6. 对有关单位的会计资料依法实施监督检查后，应当出具检查结论。有关监督检查部门已经作出的检查结论如能够满足需要的，应当加以利用，避免重复查账。

四、工会会计监督制度的建立

各级工会应当根据《中华人民共和国会计法》和《工会会计制度》规定，结合工会会计工作的特点，建立、健全本单位会计监督制度，这是工会内部控制制度体系的重要组成部分，主要有以下几个方面：

（一）建立健全内部会计管理制度体系，明确单位领导人、总会计师对会计工作的领导职责；会计部门及其会计机构负责人、会计主管人员的职责、权限；会计部门与其他职能部门的关系；会计核算的组织形式等。工会必须配备会计和出纳，不相容岗位实行职务分离，记账人员与经济业务事项和会计事项的审批人员、经办人员、财物保管人员的职责权限应当明确，并相互分离、相互制约。规定会计核算业务的办理、审核流程，准确、及时、完整地编制会计报表，做好岗位风险防控。

（二）建立健全重大经济活动管理制度，明确重大对外投资、资产处置、资金调度和其他重要经济业务事项的决策和执行的相互监督、相互制约程序。

（三）建立健全工会经费预算、决算制度及实施细则。明确工会预算、决算的编制、审批、执行等程序。

（四）建立健全工会经费开支制度。明确财务主管干部的审批职责和权限，开支的范围、标准和流程，对违规行为的处罚规定等。

（五）建立健全工会资产和财务清查制度。明确对资产和财务的定期清查，及时处理发现的问题，确保账实相符。

（六）建立健全会计工作检查制度。明确对本级工会和下级工会会计工作的监督检查要求。

五、会计监督职权受法律保护

（一）单位保护会计人员依法行使监督职权

《中华人民共和国会计法》赋予了会计人员监督职权。第五条规定："会计机构、会计人员依照本法规定进行会计核算，实行会计监督。任何单位或者个人不得以任何方式授意、指使、强令会计机构、会计人员伪造、编造会计凭证、会计账簿和其他会计资料，提供虚假财务会计报告。任何单位或者个人不得对依法履行职责、抵制违反本法规定行为的会计人员实行打击报复。"《中华人民共和国会计法》明确了单位负责人保证会计机构、会计人员依法履行会计监督职权的责任和违规处罚。第二十八条规定："单位负责人应当保证会计机构、会计人员依法履行职责，不得授意、指使、强令会计机构、会计人员违法办理会计事项。会计机构、会计人员对违反本法和国家统一的会计制度规定的会计事项，有权拒绝办理或者按照职权予以纠正。"第四十六条规定："单位负责人对依法履行职责、抵制违反本法规定行为的会计人员以降级、撤职、调离工作岗位、解聘或者开除等方式实行打击报复，构成犯罪的，依法追究刑事责任；尚不构成犯罪的，由其所在单位或者有关单位依法给予行政处分。对受打击报复的会计人员，应当恢复其名誉和原有职务、级别。"同时，《中华人民共和国刑法》第二百五十五条严正规定："公司、企业、事业单位、机关、团体的领导人，对依法履行职责、抵制违反会计法、统计法行为的会计、统计人员实行打击报复，情节恶劣的，处三年以下有期徒刑或者拘役。"也就是说各单位会计人员行使监督职权绝不是个人的随意行为，而是法律赋权并受法律保护，任何人不得阻止、报复、侵犯会计人员依法履行监督职权。

（二）工会各单位自觉接受会计监督

各级工会包括基层工会及其所属单位，都必须按照国家相关法律法规和工会相关财务制度，自觉接受工会系统和外部有关单位的会计监督。对于工会系统内的监督，《工会财务监督暂行办法》第二十三条明确规定，被监督单位应当配合监督工作，为监督工作提供必要的办公条件和工作保障。不得拒绝、阻挠、拖延财务监督，不得提供虚假材料，转移、隐匿、损毁相关资料与证据，不得对监督工作人员进行打击报复。如有发生，情节较轻的，责令限期改正，或建议有关部门进行组织处理；涉嫌违纪违法的，移交纪检监察机关处理；涉嫌犯罪的，移送司法机关查处。《中国工会审计条例》对于被审计单位的义务也有相关规定。

对于工会系统外的监督，国家会计法律法规也明确规定，各单位必须依照法律和国家有关规定接受财政、审计、税务等机关的监督，应当委托注册会计师进行审计的单位，应当委托注册会计师进行审计，并配合注册会计师的工作。如实提供会计凭证、会计账簿、会计报表和其他会计资料以及有关情况，不得拒绝、隐匿、谎报，任何单位或者个人不得以任何方式要求或者示意注册会计师及其所在的会计师事务所出具不实或者不当的审计报告。财政部门有权对会计师事务所出具审计报告的程序和内容进行监督。

附件 1

工会会计制度

工会会计制度

目　录

第一章　总则

第一条　为了规范工会会计行为，保证会计信息质量，根据《中华人民共和国会计法》（以下简称会计法）、《中华人民共和国工会法》（以下简称工会法）等法律法规，制定本制度。

第二条　本制度适用于各级工会，包括基层工会及县级以上（含县级，下同）工会。工会所属事业单位、工会所属企业及挂靠工会管理的社会团体，不适用本制度。

第三条　工会会计是核算、反映、监督工会预算执行和经济活动的专业会计。工会依法建立独立的会计核算管理体系，与工会预算管理体制相适应。

第四条 工会应当对其自身发生的经济业务或者事项进行会计处理和报告。

第五条 工会会计处理应当以工会的持续运行为前提。

第六条 工会会计处理应当划分会计期间，分期结算账目和编制会计报表。

会计期间至少分为年度和月度。会计年度、月度等会计期间的起讫日期采用公历日期。

第七条 工会会计处理应当以货币计量，以人民币作为记账本位币。

第八条 工会会计处理一般采用收付实现制，部分经济业务或者事项应当按照本制度的规定采用权责发生制。

第九条 工会会计要素包括：资产、负债、净资产、收入和支出。其平衡公式为：资产 = 负债 + 净资产。

第十条 工会会计处理应当采用借贷记账法记账。

第十一条 工会会计记录的文字应当使用中文。在民族自治地方，会计记录可以同时使用当地通用的一种民族文字。

第十二条 县级以上工会应当设置会计机构，配备专职会计人员。基层工会应当根据会计业务的需要设置会计机构或者在有关机构中设置会计人员并指定会计主管人员；不具备设置条件的，应当委托经批准设立从事代理记账业务的中介机构代理记账。

第十三条 各级工会的法定代表人应当对本级工会的会计工作以及会计资料的真实性、完整性负责。

第十四条 各级工会应当建立健全内部控制制度，并确保内部控制有效施行。县级以上工会应当组织指导和检查下级工会会计工作，负责制定有关实施细则；组织工会会计人员培训，不断提高政策、业务水平。

第十五条 工会应当重视并不断推进会计信息化的应用。工会开展会计信息化工作，应当符合财政部制定的相关会计信息化工作规范和标准，确保利用现代信息技术手段进行会计处理及生成的会计信息符合会计法和本制度的规定。

第二章　一般原则

第十六条 工会提供的会计信息应当符合工会管理工作的要求，满足会计信息使用者的需要，满足本级工会加强财务管理的需要。

第十七条 工会应当以实际发生的经济业务或者事项为依据进行会计处理，如实反映工会财务状况和收支情况等信息，保证会计信息真实可靠、内容完整。

第十八条　工会提供的会计信息应当清晰明了，便于理解和使用。

第十九条　工会会计处理应当采用规定的会计政策，前后各期一致，不得随意变更，以确保会计信息口径一致，相互可比。

第二十条　工会会计处理应当遵循重要性原则。对于重要的经济业务或者事项，应当单独反映。

第二十一条　工会应当对已经发生的经济业务或者事项及时进行会计处理和报告，不得提前或者延后。

第二十二条　工会应当对指定用途的资金按规定的用途专款专用，并单独反映。

第二十三条　工会在发生会计政策变更、会计估计变更和会计差错更正时，除本制度另有规定外，一般采用未来适用法进行会计处理。

会计政策，是指工会在会计核算时所遵循的特定原则、基础以及所采用的具体会计处理方法。会计估计，是指工会对结果不确定的经济业务或者事项以最近可利用的信息为基础所作的判断，如固定资产、无形资产的预计使用年限等。会计差错，是指工会在会计核算时，在确认、计量、记录、报告等方面出现的错误，通常包括计算或记录错误、应用会计政策错误、疏忽或曲解事实产生的错误、财务舞弊等。未来适用法，是指将变更后的会计政策应用于变更当期及以后各期发生的经济业务或者事项，或者在会计估计变更当期和未来期间确认会计估计变更的影响的方法。

第三章　资产

第二十四条　资产是工会过去的经济业务或者事项形成的，由工会控制的，预期能够产生服务潜力或者带来经济利益流入的经济资源。

服务潜力是指工会利用资产提供公共产品和服务以履行工会职能的潜在能力。

经济利益流入表现为现金及现金等价物的流入，或者现金及现金等价物流出的减少。

工会的资产包括流动资产、在建工程、固定资产、无形资产、投资和长期待摊费用等。

第二十五条　工会对符合本制度第二十四条规定的资产定义的经济资源，在同时满足以下条件时，应当确认为资产：

（一）与该经济资源相关的服务潜力很可能实现或者经济利益很可能流入

工会；

（二）该经济资源的成本或者价值能够可靠地计量。

符合资产定义并确认的资产项目，应当列入资产负债表。

第二十六条 工会的资产按照国家有关规定依法确认为国有资产的，应当作为国有资产登记入账；依法确认为工会资产的，应当作为工会资产登记入账。

第二十七条 工会的资产在取得时应当按照实际成本计量。除国家另有规定外，工会不得自行调整其账面价值。

对于工会接受捐赠的现金资产，应当按照实际收到的金额入账。对于工会接受捐赠、无偿调入的非现金资产，其成本按照有关凭据注明的金额加上相关税费、运输费等确定；没有相关凭据、但按照规定经过资产评估的，其成本按照评估价值加上相关税费、运输费等确定；没有相关凭据、也未经过评估的，其成本比照同类或类似资产的价格加上相关税费、运输费等确定。如无法采用上述方法确定资产成本的，按照名义金额（人民币 1 元）入账，相关税费、运输费等计入当期支出。

工会盘盈的资产，其成本比照本条第二款确定。

第一节　流动资产

第二十八条 流动资产是指预计在一年内（含一年）变现或者耗用的资产。主要包括货币资金、应收款项和库存物品等。

第二十九条 货币资金包括库存现金、银行存款等。

货币资金应当按照实际发生额入账。工会应当设置库存现金和银行存款日记账，按照业务发生顺序逐日逐笔登记。库存现金应当做到日清月结，其账面余额应当与库存数相符；银行存款的账面余额应当与银行对账单定期核对，如有不符，应当编制银行存款余额调节表调节相符。

工会发生外币业务的，应当按照业务发生当日的即期汇率，将外币金额折算为人民币金额记账，并登记外币金额和汇率。期末，各种外币账户的期末余额，应当按照期末的即期汇率折算为人民币，作为外币账户期末人民币余额。调整后的各种外币账户人民币余额与原账面余额的差额，作为汇兑损溢计入当期支出。

第三十条 应收款项包括应收上级经费、应收下级经费和其他应收款等。

应收上级经费是本级工会应收未收的上级工会应拨付（或转拨）的工会拨缴经费和补助。

应收下级经费是县级以上工会应收未收的下级工会应上缴的工会拨缴经费。

其他应收款是工会除应收上下级经费以外的其他应收及暂付款项。

应收款项应当按照实际发生额入账。年末，工会应当分析各项应收款项的可收回性，对于确实不能收回的应收款项应报经批准认定后及时予以核销。

第三十一条　库存物品指工会取得的将在日常活动中耗用的材料、物品及达不到固定资产标准的工具、器具等。

库存物品在取得时应当按照其实际成本入账。工会购入、有偿调入的库存物品以实际支付的价款记账。工会接受捐赠、无偿调入的库存物品按照本制度第二十七条规定所确定的成本入账。

库存物品在发出（领用或出售等）时，工会应当根据实际情况在先进先出法、加权平均法、个别计价法中选择一种方法确定发出库存物品的实际成本。库存物品发出方法一经选定，不得随意变更。

工会应当定期对库存物品进行清查盘点，每年至少全面盘点一次。对于盘盈、盘亏或报废、毁损的库存物品，应当及时查明原因，报经批准认定后及时进行会计处理。

工会盘盈的库存物品应当按照确定的成本入账，报经批准后相应增加资产基金；盘亏的库存物品，应当冲减其账面余额，报经批准后相应减少资产基金。对于报废、毁损的库存物品，工会应当冲减其账面余额，报经批准后相应减少资产基金，清理中取得的变价收入扣除清理费用后的净收入（或损失）计入当期收入（或支出），按规定应当上缴财政的计入其他应付款。

第二节　固定资产

第三十二条　固定资产是指工会使用年限超过 1 年（不含 1 年），单位价值在规定标准以上，并在使用过程中基本保持原有物质形态的资产，一般包括：房屋及构筑物；专用设备；通用设备；文物和陈列品；图书、档案；家具、用具、装具及动植物。

通用设备单位价值在 1000 元以上，专用设备单位价值在 1500 元以上的，应当确认为固定资产。单位价值虽未达到规定标准，但是使用时间超过 1 年（不含 1 年）的大批同类物资，应当按照固定资产进行核算和管理。

第三十三条　固定资产在取得时应当按照其实际成本入账。

工会购入、有偿调入的固定资产，其成本包括实际支付的买价、运输费、保险费、安装费、装卸费及相关税费等。

工会自行建造的固定资产，其成本包括该项资产至交付使用前所发生的全部必要支出。

工会接受捐赠、无偿调入的固定资产，按照本制度第二十七条规定所确定的成本入账。

工会在原有固定资产基础上进行改建、扩建、大型修缮后的固定资产，其成本按照原固定资产账面价值加上改建、扩建、大型修缮发生的支出，再扣除固定资产被替换部分的账面价值后的金额确定。

已交付使用但尚未办理竣工决算手续的固定资产，工会应当按照估计价值入账，待办理竣工决算后再按照实际成本调整原来的暂估价值。

第三十四条 在建工程是工会已经发生必要支出，但尚未交付使用的建设项目工程。工会作为建设单位的基本建设项目应当按照本制度规定统一进行会计核算。

工会对在建工程应当按照实际发生的支出确定其工程成本，并单独核算。在建工程的工程成本应当根据以下具体情况分别确定：

（一）对于自营工程，按照直接材料、直接人工、直接机械施工费等确定其成本；

（二）对于出包工程，按照应支付的工程价款等确定其成本；

（三）对于设备安装工程，按照所安装设备的价值、工程安装费用、工程试运转等所发生的支出等确定其成本。

建设项目完工交付使用时，工会应当将在建工程成本转入固定资产等进行核算。

第三十五条 工会应当对固定资产计提折旧，但文物和陈列品，动植物，图书、档案，单独计价入账的土地和以名义金额计量的固定资产除外。

工会应当根据相关规定以及固定资产的性质和使用情况，合理确定固定资产的使用年限。固定资产的使用年限一经确定，不得随意变更。

工会一般应当采用年限平均法或者工作量法计提固定资产折旧，计提折旧时不考虑预计净残值。在确定固定资产折旧方法时，应当考虑与固定资产相关的服务潜力或经济利益的预期实现方式。固定资产的折旧方法一经确定，不得随意变更。

工会应当按月对固定资产计提折旧。当月增加的固定资产，当月计提折旧；当月减少的固定资产，当月不再计提折旧。固定资产提足折旧后，无论是否继续使用，均不再计提折旧；提前报废的固定资产，也不再补提折旧。

固定资产因改建、扩建或大型修缮等原因而延长其使用年限的，工会应当按照重新确定的固定资产成本以及重新确定的折旧年限计算折旧额。

工会应当对暂估入账的固定资产计提折旧，实际成本确定后不需调整原已计提的折旧额。

第三十六条　工会处置（出售）固定资产时，应当冲减其账面价值并相应减少资产基金，处置中取得的变价收入扣除处置费用后的净收入（或损失）计入当期收入（或支出），按规定应当上缴财政的计入其他应付款。

第三十七条　工会应当定期对固定资产进行清查盘点，每年至少全面盘点一次。对于盘盈、盘亏或报废、毁损的固定资产，工会应当及时查明原因，报经批准认定后及时进行会计处理。

工会盘盈的固定资产，应当按照确定的成本入账，报经批准后相应增加资产基金；盘亏的固定资产，应当冲减其账面余额，报经批准后相应减少资产基金。对于报废、毁损的固定资产，工会应当冲减其账面余额，报经批准后相应减少资产基金，清理中取得的变价收入扣除清理费用后的净收入（或损失）计入当期收入（或支出），按规定应当上缴财政的计入其他应付款。

第三节　无形资产

第三十八条　无形资产是指工会控制的没有实物形态的可辨认非货币性资产，包括专利权、商标权、著作权、土地使用权、非专利技术等。工会购入的不构成相关硬件不可缺少组成部分的应用软件，应当确认为无形资产。

第三十九条　无形资产在取得时应当按照其实际成本入账。

工会外购的无形资产，其成本包括购买价款、相关税费以及可归属于该项资产达到预定用途前所发生的其他支出。工会委托软件公司开发的软件，视同外购无形资产确定其成本。

工会接受捐赠、无偿调入的无形资产，按照本制度第二十七条规定所确定的成本入账。

对于非大批量购入、单价小于 1000 元的无形资产，工会可以于购买的当期将其成本直接计入支出。

第四十条　工会应当按月对无形资产进行摊销，使用年限不确定的、以名义金额计量的无形资产除外。

工会应当按照以下原则确定无形资产的摊销年限：法律规定了有效年限的，按照法律规定的有效年限作为摊销年限；法律没有规定有效年限的，按照相关合同中的受益年限作为摊销年限；上述两种方法无法确定有效年限的，应当根据无形资产为工会带来服务潜力或者经济利益的实际情况，预计其使用年限。

工会应当采用年限平均法或工作量法对无形资产进行摊销，应摊销金额为其成本，不考虑预计净残值。

工会应当按月进行摊销。当月增加的无形资产，当月进行摊销；当月减少的无形资产，当月不再进行摊销。无形资产提足摊销后，无论是否继续使用，均不再进行摊销；核销的无形资产，也不再补提摊销。

因发生后续支出而增加无形资产成本的，对于使用年限有限的无形资产，工会应当按照重新确定的无形资产成本以及重新确定的摊销年限计算摊销额。

第四十一条 工会处置（出售）无形资产时，应当冲减其账面价值并相应减少资产基金，处置中取得的变价收入扣除处置费用后的净收入（或损失）计入当期收入（或支出），按规定应当上缴财政的计入其他应付款。

第四十二条 工会应当定期对无形资产进行清查盘点，每年至少全面盘点一次。工会在资产清查盘点过程中发现的无形资产盘盈、盘亏等，参照本制度固定资产相关规定进行处理。

第四节 其他资产

第四十三条 投资是指工会按照国家有关法律、行政法规和工会的相关规定，以货币资金、实物资产等方式向其他单位的投资。投资按其流动性分为短期投资和长期投资；按其性质分为股权投资和债权投资。

投资在取得时应当按照其实际成本入账。工会以货币资金方式对外投资的，以实际支付的款项（包括购买价款以及税金、手续费等相关税费）作为投资成本记账。工会以实物资产和无形资产方式对外投资的，以评估确认或合同、协议确定的价值记账。

对于投资期内取得的利息、利润、红利等各项投资收益，工会应当计入当期投资收益。

工会处置（出售）投资时，实际取得价款与投资账面余额的差额，应当计入当期投资收益。

对于因被投资单位破产、被撤销、注销、吊销营业执照或者被政府责令关闭等情况造成难以收回的未处置不良投资，工会应当在报经批准后及时核销。

第四十四条 长期待摊费用是工会已经支出，但应由本期和以后各期负担的分摊期限在 1 年以上（不含 1 年）的各项支出，如对以经营租赁方式租入的固定资产发生的改良支出等。

长期待摊费用应当在对应资产的受益年限内平均摊销。如果某项长期待摊费用已经不能使工会受益，应当将其摊余金额一次性转销。

第四章　负债

第四十五条　负债是指工会过去的经济业务或者事项形成的，预期会导致经济资源流出的现时义务。

现时义务是指工会在现行条件下已承担的义务。未来发生的经济业务或者事项形成的义务不属于现时义务，不应当确认为负债。

工会的负债包括应付职工薪酬、应付款项等。

第四十六条　工会对于符合本制度第四十五条规定的现时义务，在同时满足以下条件时，应当确认为负债：

（一）履行该义务很可能导致含有服务潜力或者经济利益的经济资源流出工会；

（二）该义务的金额能够可靠计量。

符合负债定义并确认的负债项目，应当列入资产负债表。

第四十七条　应付职工薪酬是工会按照国家有关规定应付给本单位职工及为职工支付的各种薪酬，包括基本工资、国家统一规定的津贴补贴、规范津贴补贴（绩效工资）、改革性补贴、社会保险费（如职工基本养老保险费、职业年金、基本医疗保险费等）和住房公积金等。

第四十八条　应付款项包括应付上级经费、应付下级经费和其他应付款。

应付上级经费指本级工会按规定应上缴上级工会的工会拨缴经费。

应付下级经费指本级工会应付下级工会的各项补助以及应转拨下级工会的工会拨缴经费。

其他应付款指除应付上下级经费之外的其他应付及暂存款项，包括工会按规定收取的下级工会筹建单位交来的建会筹备金等。

第四十九条　工会的各项负债应当按照实际发生额入账。

第五章　净资产

第五十条　净资产是指工会的资产减去负债后的余额，包括资产基金、专用基金、工会资金结转、工会资金结余、财政拨款结转、财政拨款结余和预算稳定调节基金。

第五十一条　资产基金指工会库存物品、固定资产、在建工程、无形资产、投资和长期待摊费用等非货币性资产在净资产中占用的金额。

资产基金应当在取得库存物品、固定资产、在建工程、无形资产、投资及发生长期待摊费用时确认。资产基金应当按照实际发生额入账。

第五十二条 专用基金指县级以上工会按规定依法提取和使用的有专门用途的基金。

工会提取专用基金时，应当按照实际提取金额计入当期支出；使用专用基金时，应当按照实际支出金额冲减专用基金余额；专用基金未使用的余额，可以滚存下一年度使用。

第五十三条 工会资金结转是指工会预算安排项目的支出年终尚未执行完毕或者因故未执行，且下年需要按原用途继续使用的工会资金。

工会资金结余是指工会年度预算执行终了，预算收入实际完成数扣除预算支出和工会结转资金后剩余的工会资金。

第五十四条 财政拨款结转是指县级以上工会预算安排项目的支出年终尚未执行完毕或者因故未执行，且下年需要按原用途继续使用的财政拨款资金。

财政拨款结余是指县级以上工会年度预算执行终了，预算收入实际完成数扣除预算支出和财政拨款结转资金后剩余的财政拨款资金。

第五十五条 预算稳定调节基金是县级以上工会为平衡年度预算按规定设置的储备性资金。

第六章 收入

第五十六条 收入是指工会根据工会法以及有关政策规定开展业务活动所取得的非偿还性资金。收入按照来源分为会费收入、拨缴经费收入、上级补助收入、政府补助收入、行政补助收入、附属单位上缴收入、投资收益和其他收入。

会费收入指工会会员依照规定向基层工会缴纳的会费。

拨缴经费收入指基层单位行政拨缴、下级工会按规定上缴及上级工会按规定转拨的工会拨缴经费中归属于本级工会的经费。

上级补助收入指本级工会收到的上级工会补助的款项，包括一般性转移支付补助和专项转移支付补助。

政府补助收入指各级人民政府按照工会法和国家有关规定给予县级以上工会的补助款项。

行政补助收入指基层工会取得的所在单位行政方面按照工会法和国家有关规定给予工会的补助款项。

附属单位上缴收入指工会所属的企事业单位按规定上缴的收入。

投资收益指工会对外投资发生的损溢。

其他收入指工会除会费收入、拨缴经费收入、上级补助收入、政府补助收入、行政补助收入、附属单位上缴收入和投资收益之外的各项收入。

第五十七条　工会各项收入应当按照实际发生额入账。

第七章　支出

第五十八条　支出是指工会为开展各项工作和活动所发生的各项资金耗费和损失。支出按照功能分为职工活动支出、职工活动组织支出、职工服务支出、维权支出、业务支出、行政支出、资本性支出、补助下级支出、对附属单位的支出和其他支出。

职工活动支出指基层工会开展职工教育活动、文体活动、宣传活动、劳模疗休养活动、会员活动等发生的支出。

职工活动组织支出指县级以上工会组织开展职工教育活动、文体活动、宣传活动和劳模疗休养活动等发生的支出。

职工服务支出指工会开展职工劳动和技能竞赛活动、职工创新活动、建家活动、职工书屋、职工互助保障、心理咨询等工作发生的支出。

维权支出指工会用于维护职工权益的支出，包括劳动关系协调、劳动保护、法律援助、困难职工帮扶、送温暖和其他维权支出。

业务支出指工会培训工会干部、加强自身建设及开展业务工作发生的各项支出。

行政支出指县级以上工会为行政管理、后勤保障等发生的各项日常支出。

资本性支出指工会从事建设工程、设备工具购置、大型修缮和信息网络购建等而发生的实际支出。

补助下级支出指县级以上工会为解决下级工会经费不足或根据有关规定给予下级工会的各类补助款项。

对附属单位的支出指工会按规定对所属企事业单位的补助。

其他支出指工会除职工活动支出、职工活动组织支出、职工服务支出、维权支出、业务支出、行政支出、资本性支出、补助下级支出和对附属单位的支出以外的各项支出。

第五十九条　工会各项支出应当按照实际发生额入账。

第八章　财务报表

第六十条　工会财务报表是反映各级工会财务状况、业务活动和预算执行结果的书面文件。工会财务报表是各级工会领导、上级工会及其他财务报表使用者了解情况、掌握政策、指导工作的重要资料。

第六十一条 工会财务报表包括会计报表和附注。会计报表分为主表和附表，主表包括资产负债表和收入支出表，附表包括财政拨款收入支出表、国有资产情况表和成本费用表。

资产负债表，是反映工会某一会计期末全部资产、负债和净资产情况的报表。

收入支出表，是反映工会某一会计期间全部收入、支出及结转结余情况的报表。

财政拨款收入支出表，是反映县级以上工会某一会计期间从同级政府财政部门取得的财政拨款收入、支出及结转结余情况的报表。

国有资产情况表，是反映县级以上工会某一会计期间持有的国有资产情况的报表。

成本费用表，是反映县级以上工会某一会计期间成本费用情况的报表。

附注是对在资产负债表、收入支出表等报表中列示项目所作的进一步说明，以及未能在这些报表中列示项目的说明。

第六十二条 工会财务报表分为年度财务报表和中期财务报表。以短于一个完整的会计年度的期间（如半年度、季度和月度）编制的财务报表称为中期财务报表。年度财务报表是以整个会计年度为基础编制的财务报表。

第六十三条 工会要负责对所属单位财务报表和下级工会报送的年度财务报表进行审核、核批和汇总工作，定期向本级工会领导和上级工会报告本级工会预算执行情况。

第六十四条 工会财务报表要根据登记完整、核对无误的账簿记录和其他有关资料编制，做到数字准确、内容完整、报送及时。工会财务报表应当由各级工会的法定代表人和主管会计工作的负责人、会计机构负责人（会计主管人员）签名并盖章。

第九章 附则

第六十五条 工会填制会计凭证、登记会计账簿、管理会计档案等，应当按照《会计基础工作规范》、《会计档案管理办法》等规定执行。

第六十六条 本制度从 2022 年 1 月 1 日起实施。2009 年 5 月 31 日财政部印发的《工会会计制度》（财会〔2009〕7 号）同时废止。

附录 1

工会会计科目和财务报表

目　录

第一部分　总说明

一、本制度统一规定工会会计科目的名称和编号，以便于编制会计凭证，登记会计账簿，查阅账目，实行会计信息化管理。本制度已规定的一级科目，不得减并、自行增设；本制度已规定的明细科目，不得减并，不得擅自更改科目名称，不需要的科目可以不用。各省级工会可以根据需要自行增设未规定的明细科目，或将相应权限授权给所属下级工会。

二、对于本制度中规定的各支出类会计科目，除“安排预算稳定调节基金”科目外，工会应当分别按照“基本支出”和“项目支出”进行明细核算，在“项目支出”下按照具体项目进行明细核算；同时，按照《政府收支分类科目》中“部门预算支出经济分类科目”的款级科目进行明细核算。

从同级政府财政部门取得财政拨款的县级以上工会，除“安排预算稳定调节基金”科目外，还应当在其他各支出类科目下根据资金来源按照“财政拨款”“工会资金”进行明细核算；同时，在“财政拨款”明细科目下按照《政府收支分类科目》中“支出功能分类科目”的项级科目进行明细核算。

三、县级以上工会的部分资产依法确认为国有资产的，应当根据实际情况在资产类科目、“资产基金”科目下设置“国有资产”“工会资产”明细科目，分别核算工会持有的国有资产和工会资产。对于同时使用财政拨款和工会资金购建的资产，县级以上工会应当设置备查簿登记资金来源及其金额和比例。

四、工会在填制会计凭证、登记会计账簿时，应当填列会计科目的名称，或者同时填列会计科目的名称和编号，不得只填列科目编号、不填列科目名称。

五、工会应当根据本制度有关财务报表的编制基础、编制依据、编制原则和方法的要求，提供真实、完整的财务报表。工会不得违反规定，随意改变财务报表的编制基础、编制依据、编制原则和方法，不得随意改变本制度规定的财务报表有关数据的会计口径。

第二部分　会计科目名称和编号

基层工会主要会计科目名称和编号

序号	科目编号	名 称
一、资产类		
1	101	库存现金
2	102	银行存款
3	131	应收上级经费
4	135	其他应收款
5	141	库存物品
6	162	固定资产
7	163	累计折旧
8	182	待处理财产损溢
二、负债类		
9	211	应付上级经费
10	215	其他应付款
三、净资产类		
11	301	资产基金
12	321	工会资金结转
13	322	工会资金结余
四、收入类		
14	401	会费收入
15	402	拨缴经费收入

续　表

序号	科目编号	名　称
16	403	上级补助收入
17	405	行政补助收入
18	408	其他收入
五、支出类		
19	501	职工活动支出
20	503	职工服务支出
21	504	维权支出
22	505	业务支出
23	507	资本性支出
24	510	其他支出

注：对于本表未列出的会计科目，基层工会可以根据实际需要按照县级以上工会的会计科目进行账务处理。

县级以上工会会计科目名称和编号

序号	科目编号	名称
一、资产类		
1	101	库存现金
2	102	银行存款
3	111	零余额账户用款额度
4	121	财政应返还额度
5	131	应收上级经费
6	132	应收下级经费
7	135	其他应收款
8	141	库存物品
9	151	投资
10	161	在建工程
11	162	固定资产
12	163	累计折旧
13	171	无形资产
14	172	累计摊销
15	181	长期待摊费用
16	182	待处理财产损溢

续 表

序号	科目编号	名称
二、负债类		
17	201	应付职工薪酬
18	211	应付上级经费
19	212	应付下级经费
20	215	其他应付款
21	221	代管经费
三、净资产类		
22	301	资产基金
	30101	库存物品
	30102	投资
	30103	在建工程
	30104	固定资产
	30105	无形资产
	30106	长期待摊费用
23	311	专用基金
24	321	工会资金结转
25	322	工会资金结余
26	331	财政拨款结转
27	332	财政拨款结余
28	341	预算稳定调节基金
四、收入类		
29	402	拨缴经费收入
30	403	上级补助收入
31	404	政府补助收入
32	406	附属单位上缴收入
33	407	投资收益
34	408	其他收入
35	411	动用预算稳定调节基金
五、支出类		
36	502	职工活动组织支出
37	503	职工服务支出
38	504	维权支出
39	505	业务支出
40	506	行政支出

续　表

序号	科目编号	名称
41	507	资本性支出
42	508	补助下级支出
43	509	对附属单位的支出
44	510	其他支出
45	521	安排预算稳定调节基金

第三部分 会计科目使用说明

一、资产类科目

第 101 号科目　库存现金

一、本科目核算工会的库存现金。

二、各级工会应当严格按照国家有关现金管理的规定收支现金，并按照本制度规定核算现金的各项收支业务。

工会有受托代管资金业务的，应当在本科目下设置“代管经费”明细科目，核算工会受托代管的现金。

三、库存现金的主要账务处理如下：

（一）从银行等金融机构提取现金，按照实际提取的金额，借记本科目，贷记“银行存款”科目；将现金存入银行等金融机构，按照实际存入的金额，借记“银行存款”科目，贷记本科目。

（二）因支付内部职工出差等原因所需的现金，按照实际借出的金额，借记“其他应收款”科目，贷记本科目；收到出差人员交回的差旅费剩余款并结算时，按照实际收回的现金，借记本科目，按照应报销的金额，借记“行政支出”等有关科目，按照实际借出的现金，贷记“其他应收款”科目。

（三）因其他业务收到现金，按照实际收到的金额，借记本科目，贷记有关科目；支出现金，按照实际支出的金额，借记有关科目，贷记本科目。

（四）收到受托代管的现金时，按照实际收到的金额，借记本科目（代管经费），贷记“代管经费”科目；支付受托代管的现金时，按照实际支付的金额，借记“代管经费”科目，贷记本科目（代管经费）。

四、本科目应设置“现金日记账”，由出纳人员根据收付款凭证，按照业务发生顺序，逐笔登记，每日终了，应计算当日的现金收入合计数、支出合计数和结余数，并将结余数与实际库存数进行核对，做到账款相符。

每日账款核对中发现有待查明原因的现金短缺或溢余的，应当通过“待处理财产损溢”科目核算。属于现金短缺的，应当按照实际短缺的金额，借记“待处理财产损溢”科目，贷记本科目；属于现金溢余的，应当按照实际溢余的金额，借记本科目，贷记“待处理财产损溢”科目。待查明原因后及时进行账务处理，具体内容参见“待处理财产损溢”科目。

五、有外币现金的工会，按照折算后的人民币金额记账，并设立辅助账登记外币现金的币种、外币金额、即期汇率、折算后的人民币金额及来源简要说明等。有关外币现金业务的账务处理参见“银行存款”科目的相关规定。

六、本科目期末借方余额，反映工会实际持有的库存现金。

第 102 号科目　银行存款

一、本科目核算工会存入银行或其他金融机构的各种款项。包括活期存款、定期存款等。

二、工会应当严格按照国家有关支付结算办法的规定办理银行存款收支业务的结算，并按照本制度规定核算银行存款的各项收支业务。

工会可以根据实际情况在本科目下设置经费集中户等明细科目。设置经费集中户的工会，应当先在经费集中户中归集工会拨缴经费，再按规定将属于本级工会的经费转入本级工会基本户，属于上级或下级工会的经费上缴上级工会或转拨下级工会。

工会有受托代管资金业务的，应当在本科目下设置“代管经费”明细科目，核算工会受托代管的银行存款。

三、银行存款的主要账务处理如下：

（一）将现金存入银行等金融机构，按照实际存入的金额，借记本科目，贷记“库存现金”科目。从银行等金融机构提取现金，按照实际提取的金额，借记“库存现金”科目，贷记本科目。

（二）通过银行转账方式取得工会拨缴经费和其他相关收入，按照实际收到的金额，借记本科目，按照应确认收入的金额，贷记“拨缴经费收入”“上级补助收入”“政府补助收入”“行政补助收入”等科目，按照应付上下级工会的金额，贷记“应付上级经费”“应付下级经费”科目。

（三）通过银行转账方式支付各项支出，按照实际支出的金额，借记“职工活动支出”“维权支出”“业务支出”等科目，贷记本科目。

（四）收到银行存款利息，按照实际收到的金额，借记本科目，贷记“其他收入”科目。

（五）收到受托代管的银行存款时，按照实际收到的金额，借记本科目（代管经费），贷记“代管经费”科目；支付受托代管的银行存款时，按照实际支付的金额，借记“代管经费”科目，贷记本科目（代管经费）。

四、工会发生外币业务的，主要账务处理如下：

（一）以外币购买物资、设备等，按照购入当日的即期汇率将支付的外币折算为人民币金额，借记“职工活动支出”“维权支出”等科目，贷记本科目的外币账户；同时，借记“库存物品”等科目，贷记“资产基金”科目。

（二）以外币收取相关款项等，按照收入确认当日的即期汇率将收取的外币折算为人民币金额，借记本科目的外币账户，贷记有关收入科目。

（三）期末，根据各外币银行存款账户按照期末汇率调整后的人民币余额与原账面人民币余额的差额，作为汇兑损溢，借记或贷记本科目，贷记或借记“其他支出”科目。

五、各级工会应当按照开户银行、存款种类分别设置“银行存款日记账”，由出纳人员根据收付款凭证，按照业务的发生顺序逐笔登记，每日终了应结出余额。“银行存款日记账”应当定期与银行对账，至少每月核对一次，如有差额，应当编制“银行存款余额调节表”，调节相符。

六、本科目期末借方余额，反映工会实际存在银行或其他金融机构的款项。

第 111 号科目　零余额账户用款额度

一、本科目核算实行国库集中支付的县级以上工会根据财政部门批复的用款计划收到和支用的零余额账户用款额度。

二、零余额账户用款额度的主要账务处理如下：

（一）收到代理银行转来的“授权支付到账通知书”时，根据通知书所列金额，借记本科目，贷记“政府补助收入”科目。

（二）实际发生支出时，按照实际支出的金额，借记“维权支出”“行政支出”“资本性支出”等科目，贷记本科目。

（三）年末，根据代理银行提供的对账单作注销额度的相关账务处理，借记“财政应返还额度——财政授权支付”科目，贷记本科目。如果工会本年度财政授权支付预算指标数大于零余额账户用款额度下达数，根据未下达的用款额度，借记“财政应返还额度——财政授权支付”科目，贷记“政府补助收入”科目。

下年初，根据代理银行提供的额度恢复到账通知书作相关恢复额度的账务处理，借记本科目，贷记“财政应返还额度——财政授权支付”科目。工会收到财政部门批复的上年末下达零余额账户用款额度，借记本科目，贷记“财政应返还额度——财政授权支付”科目。

三、本科目期末借方余额，反映县级以上工会尚未支用的零余额账户用款额度。年度终了注销零余额账户用款额度后，本科目应无余额。

第 121 号科目　财政应返还额度

一、本科目核算实行国库集中支付的县级以上工会年终应收财政返还的资金额度。

二、本科目应当设置“12101 财政直接支付”“12102 财政授权支付”两个明细科目，进行明细核算。

三、财政应返还额度的主要账务处理如下：

（一）财政直接支付。

年末，根据本年度财政直接支付预算指标数大于当年财政直接支付实际支出数的差额，借记本科目（财政直接支付），贷记“政府补助收入”科目。

工会使用以前年度财政直接支付额度支付款项时，借记“维权支出”“行政支出”“资本性支出”等科目的相关明细科目，贷记本科目（财政直接支付）。

（二）财政授权支付。

年末，根据代理银行提供的对账单注销额度，具体账务处理参见“零余额账户用款额度”科目。下年初，根据代理银行提供的额度恢复到账通知书恢复额度，具体账务处理参见“零余额账户用款额度”科目。

四、本科目期末借方余额，反映县级以上工会应收财政返还的资金额度。

第 131 号科目　应收上级经费

一、本科目核算工会应收未收的上级工会应拨付（或转拨）的工会拨缴经费和补助。

二、工会可以根据需要在本科目下设置以下明细科目：

13101　应收上级补助：核算上级工会应拨付给本级工会的各项补助收入。

13102　应收上级转拨经费：核算上级工会采用税务代收、财政划拨形式收缴的工会经费中应划转给本级工会的部分。

三、应收上级经费的主要账务处理如下：

（一）年末，根据上级工会补助通知中的相关金额，借记本科目（应收上级补助），贷记“上级补助收入”科目。

收到上级工会拨来的补助时，按照实际收到的金额，借记“银行存款”科目，贷记本科目（应收上级补助）。

（二）年末，根据上级工会经费转拨通知中的相关金额，借记本科目（应收上级转拨经费），按规定属于本级工会的部分，贷记“拨缴经费收入”科目，按规定应转拨下级工会的部分，贷记“应付下级经费——应付下级转拨经费”科目。

收到上级工会转拨的工会经费时，按照实际收到的金额，借记“银行存款”科目，贷记本科目（应收上级转拨经费）。

四、本科目期末借方余额，反映工会应收未收的上级拨缴经费和补助。

第 132 号科目　应收下级经费

一、本科目核算县级以上工会应收未收的下级工会应上缴的工会拨缴经费。

二、应收下级经费的主要账务处理如下：

（一）年末，根据下级工会经费收缴报告表中的相关金额，借记本科目，按规定属于本级工会的部分，贷记“拨缴经费收入”科目，按规定应上缴上级工会的部分，贷记“应付上级经费”科目。

（二）收到下级工会的上缴经费时，借记“银行存款”科目，贷记本科目。

三、本科目期末借方余额，反映县级以上工会应收未收的下级工会应上缴的工会拨缴经费。

第 135 号科目　其他应收款

一、本科目核算工会除应收上下级经费以外的其他应收及暂付款项。

二、本科目应当按照其他应收款的类别以及债务单位（或个人）设置明细账，进行明细核算。

三、其他应收款的主要账务处理如下：

（一）发生其他应收及暂付款项，借记本科目，贷记“库存现金”“银行存款”等科目。

结算收回或核销转列支出时，按照收回的金额，借记“库存现金”“银行存款”等科目，按照列入支出的金额，借记有关支出科目，按照结算总额，贷记本科目。

（二）逾期三年以上、因债务人原因尚未收回的其他应收款，报经批准认定确实无法收回的应予以核销。

转入待处理资产时，按照待核销的其他应收款金额，借记“待处理财产损溢”科目，贷记本科目。

报经批准予以核销时，借记“其他支出”科目，贷记“待处理财产损溢”科目。

核销的呆账，应在备查簿中保留登记。

已核销呆账重新收回的，按照实际收到的款项，借记“银行存款”等科目，贷记“其他收入”科目。

四、各级工会应对其他应收及暂付款项严格控制，健全手续，及时清理，不得长期挂账。

五、本科目期末借方余额，反映工会尚未收回的其他应收及暂付款项。

第 141 号科目　库存物品

一、本科目核算工会取得的将在日常活动中耗用的材料、物品及达不到固定资产标准的工具、器具等。

工会随买随用的物品，可以在购入时直接计入支出，不通过本科目核算。

二、本科目应当按照库存物品的类别、品名设置明细账，并根据出入库单逐笔核算。

三、库存物品的主要账务处理如下：

（一）取得库存物品时。

1. 购入物品验收入库，按照确定的成本，借记本科目，贷记“资产基金——库存物品”科目；同时，按照实际支付的金额，借记“职工活动支出”“维权支出”“行政支出”等科目，贷记“银行存款”“零余额账户用款额度”“政府补助收入”等科目。

2. 接受捐赠、无偿调入的库存物品，按照确定的成本，借记本科目，贷记“资产基金——库存物品”科目；同时，按照实际支付的相关税费、运输费等金额，借记“其他支出”科目，贷记“银行存款”“零余额账户用款额度”“政府补助收入”等科目。

（二）发出库存物品时。

1. 开展业务活动等领用、发出库存物品时，按照领用、发出库存物品的实际成本，借记“资产基金——库存物品”科目，贷记本科目。

2. 经批准对外出售库存物品时，按照出售库存物品的实际成本，借记“资产基金——库存物品”科目，贷记本科目。按照出售过程中取得的价款，借记“银行存款”等科目，贷记“其他收入”科目，按规定应上缴同级财政的，贷记“其他应付款”科目。出售过程中工会发生的税费等支出，借记“其他支出”科目，贷记“银行存款”等科目。

3. 经批准对外捐赠、无偿调出库存物品时，按照对外捐赠、无偿调出库存物品的实际成本，借记“资产基金——库存物品”科目，贷记本科目。对外捐赠、无偿调出库存物品发生的由工会承担的运输费等支出，借记“职工活动支出”“维权支出”“行政支出”等科目，贷记“银行存款”“零余额账户用款额度”等科目。

4. 经批准以库存物品对外进行股权投资时，按照投出库存物品的实际成本，借记“资产基金——库存物品”科目，贷记本科目；同时，按照确定的投资成本，借记“投资”科目，贷记“资产基金——投资”科目。按照发生的相关税费，借记“其他支出”科目，贷记“银行存款”等科目。

四、库存物品每年至少盘点一次，盘盈、盘亏或报废、毁损应查明原因，按规定程序批准后及时处理。

（一）盘盈的库存物品，按照确定的成本，借记本科目，贷记“待处理财产损溢”科目。

（二）盘亏或者报废、毁损的库存物品，按照账面余额，借记“待处理财产损溢”科目，贷记本科目。

五、本科目期末借方余额，反映工会尚未使用的库存物品的实际成本。

第 151 号科目　投 资

一、本科目核算工会按照国家有关法律、行政法规和工会的相关规定，以货币资金、实物资产等方式向其他单位的投资。

二、本科目应当按照投资类别、投资单位等设置明细账，进行明细核算。

三、投资的主要账务处理如下：

（一）债券投资。

1. 购入国债等债券，按照确定的成本，借记本科目，贷记“资产基金——投资”科目；同时，按照投资成本金额，借记“工会资金结余——累计结余”科目，贷记“银行存款”等科目。

2. 债券投资持有期间收到利息时，按照实际收到的金额，借记“银行存款”等科目，贷记“投资收益”科目。

3. 对外转让或到期收回债券投资本息，按照收回投资的账面余额，借记“资产基金——投资”科目，贷记本科目；同时，按照实际收到的金额，借记“银行存款”科目，按照收回投资的账面余额，贷记“工会资金结余——累计结余”科目，按照其差额，贷记或借记“投资收益”科目。

（二）股权投资。

1. 以货币资金对外进行股权投资，按照确定的成本，借记本科目，贷记“资产基金——投资”科目；同时，按照投资成本金额，借记“工会资金结余——累计结余”科目，贷记“银行存款”等科目。

以库存物品、固定资产、无形资产对外进行股权投资，按照确定的成本，借记本科目，贷记“资产基金——投资”科目；按照发生的相关税费，借记“其他支出”科目，贷记“银行存款”等科目；同时，按照投出资产的账面价值，借记“资产基金”科目，按照已经计提的折旧、摊销金额，借记“累计折旧”“累计摊销”科目，按照投出资产的账面余额，贷记“库存物品”“固定资产”“无形资产”科目。

2. 投资持有期间实际收到股利等投资收益时，按照实际收到的金额，借记“银行存款”等科目，贷记“投资收益”科目。

3. 转让股权投资时，按照转让股权投资的账面余额，借记“资产基金——投资”科目，贷记本科目。按照实际取得的价款，借记“银行存款”等科目，按照投资的账面余额，贷记“工会资金结余——累计结余”科目，按照其差额，贷记或借记“投资收益”科目。

4. 因被投资单位破产清算等原因，有确凿证据表明股权投资发生损失，按规定报经批准后予以核销。按照待核销的股权投资账面余额，借记“待处理财产损溢”科目，贷记本科目。

报经批准予以核销时，按照已核销的股权投资账面余额，借记“资产基金——投资”科目，贷记“待处理财产损溢”科目。

已经核销的投资呆账，保留备查账簿。

已经核销的投资呆账，重新收回的，借记“银行存款”等科目，贷记“其他收入”科目。收回实物的，需重新进行评估，按照评估价值入账。

四、本科目期末借方余额，反映工会持有投资的金额。

第 161 号科目　在建工程

一、本科目核算工会在建的建设项目工程的实际成本。工会在建的信息系统项目工程，也通过本科目核算。

二、本科目应当设置“建筑安装工程投资”“设备投资”“待摊投资”“其他投资”“待核销基建支出”“基建转出投资”“预付工程款”等明细科目，并按照具体项目进行明细核算。

（一）“建筑安装工程投资”明细科目，核算工会发生的构成建设项目实际支出的建筑工程和安装工程的实际成本，不包括被安装设备本身的价值以及按照合同规定支付给施工单位的预付备料款和预付工程款。本明细科目应当设置“建筑工程”和“安装工程”两个明细科目进行明细核算。

（二）“设备投资”明细科目，核算工会发生的构成建设项目实际支出的各种设备的实际成本。

（三）“待摊投资”明细科目，核算工会发生的构成建设项目实际支出的、按照规定应当分摊计入有关工程成本和设备成本的各项间接费用和税费支出。本明细科目应当按照具体费用项目进行明细核算。

（四）“其他投资”明细科目，核算工会发生的构成建设项目实际支出的房屋购置支出，基本畜禽、林木等购置、饲养、培育支出，办公生活用家具、器具购置支出，软件研发和不能计入设备投资的软件购置等支出。工会为进行可行性研究而购置的固定资产，以及取得土地使用权支付的土地出让金，也通过本明细科目核算。本明细科目应当设置“房屋购置”“基本畜禽支出”“林木支出”“办公生活用家具、器具购置”“可行性研究固定资产购置”“无形资产”等明细科目。

（五）“待核销基建支出”明细科目，核算建设项目发生的江河清障、航道清淤、飞播造林、补助群众造林、水土保持、城市绿化、取消项目的可行性研究费以及项目整体报废等不能形成资产部分的基建投资支出。本明细科目应当按照待核销基建支出的类别进行明细核算。

（六）“基建转出投资”明细科目，核算为建设项目配套而建成的、产权不归属本工会的专用设施的实际成本。本明细科目应当按照转出投资的类别进行明细核算。

（七）“预付工程款”明细科目，核算工会预付给施工企业或代建单位的工程款。本明细科目应当按照收取预付款的单位进行明细核算。

三、在建工程的主要账务处理如下：

（一）建筑安装工程投资。

1. 将固定资产转入改建、扩建等时，按照固定资产的账面价值，借记本科目（建筑安装工程投资），贷记“资产基金——在建工程”科目；同时，按照固定资产的账面价值，借记“资产基金——固定资产”科目，按照已计提的折旧金额，借记“累计折旧”科目，按照固定资产的账面余额，贷记“固定资产”科目。

固定资产改建、扩建过程中涉及替换（或拆除）原资产的某些组成部分的，按照被替换（或拆除）部分的账面价值，借记“待处理财产损溢”科目，贷记本科目（建筑安装工程投资）。

2. 对于发包建筑安装工程，预付工程款时，根据实际支付的金额，借记本科目（预付工程款），贷记“资产基金——在建工程”科目；同时，借记“资本性支出”科目，贷记“银行存款”“零余额账户用款额度”“政府补助收入”等科目。根据建筑安装工程价款结算账单与施工企业结算工程价款时，按照应承付的工程价款，借记本科目（建筑安装工程投资），贷记本科目（预付工程款）。涉及补付价款的，按照补付的金额，借记本科目（建筑安装工程投资），贷记“资产基金——在建工程”科目；同时，借记“资本性支出”科目，贷记“银行存款”“零余额账户用款额度”“政府补助收入”等科目。

3. 对于自行施工的小型建筑安装工程，按照发生的各项支出金额，借记本科目（建筑安装工程投资），贷记“资产基金——在建工程”科目；同时，借记“资本性支出”科目，贷记“银行存款”“零余额账户用款额度”“政府补助收入”“应付职工薪酬”等科目。

4. 工程竣工，办妥竣工验收交接手续并交付使用时，按照建筑安装工程成本（含应分摊的待摊投资），借记“资产基金——在建工程”科目，贷记本科目（建筑安装工程投资）；同时，借记“固定资产”等科目，贷记“资产基金——固定资产”等科目。

（二）设备投资。

1. 购入设备时，按照购入成本，借记本科目（设备投资），贷记“资产基金——在建工程”科目；同时，借记“资本性支出”科目，贷记“银行存款”“零余额账户用款额度”“政府补助收入”等科目。采用预付款方式购入设备的，有关预付款的账务处理参照本科目有关“建筑安装工程投资”明细科目的规定。

2. 设备安装完毕，办妥竣工验收交接手续并交付使用时，按照设备投资成本（含设备安装工程成本和分摊的待摊投资），借记“资产基金——在建工程”科目，贷记本科目（设备投资、建筑安装工程投资——安装工程）；同时，借记“固定资产”科目，贷记“资产基金——固定资产”科目。

将不需要安装的设备和达不到固定资产标准的工具、器具交付使用时，按照相关设备、工具、器具的实际成本，借记“资产基金——在建工程”科目，贷记本科目（设备投资）；同时，借记“固定资产”“库存物品”科目，贷记“资产基金——固定资产”“资产基金——库存物品”科目。

（三）待摊投资。

建设工程发生的构成建设项目实际支出的，按照规定应当分摊计入有关工程成本和设备成本的各项间接费用和税费支出，先在本明细科目中归集；建设工程办妥竣工验收手续并交付使用时，按照合理的分配方法，摊入相关工程成本、在安装设备成本等。

1. 工会发生的构成待摊投资的各类费用，按照实际发生金额，借记本科目（待摊投资），贷记“资产基金——在建工程”科目；同时，借记“资本性支出”“资产基金”科目，贷记“银行存款”“零余额账户用款额度”“政府补助收入”“累计折旧”“累计摊销”等科目。

2. 对于建设过程中试生产、设备调试等产生的收入，按照依据有关规定应当冲减建设工程成本的部分，借记“资产基金——在建工程”科目，贷记本科目（待摊投资）；同时，按照取得的收入金额，借记“银行存款”等科目，按照依据有关规定应当冲减建设工程成本的部分，贷记“资本性支出”科目，按照其差额，贷记“其他应付款”或“其他收入”科目。

3. 由于自然灾害、管理不善等原因造成的单项工程或单位工程报废或毁损，扣除残料价值和过失人或保险公司等赔款后的净损失，报经批准后计入继续施工的工程成本的，按照工程成本扣除残料价值和过失人或保险公司等赔款后的净损失，借记本科目（待摊投资），按照报废或毁损的工程成本，贷记本科目（建筑安装工程投资），按照其差额，借记“资产基金——在建工程”科目；同时，按照残料变价收入、过失人或保险公司赔款等，借记“银行存款”“其他应收款”等科目，贷记“资本性支出”科目。

4. 工程交付使用时，按照合理的分配方法分配待摊投资，借记本科目（建筑安装工程投资、设备投资），贷记本科目（待摊投资）。待摊投资中有按规定应当分摊计入待核销基建支出和转出投资价值的，应当借记本科目（待核销基建支出、基建转出投资），贷记本科目（待摊投资）。

待摊投资的分配方法，可按照下列公式计算：

（1）按照实际分配率分配。适用于建设工期较短、整个项目的所有单项工程一次竣工的建设项目。

实际分配率 = 待摊投资明细科目余额 ÷（建筑工程明细科目余额 + 安装工程明细科目余额 + 设备投资明细科目余额）× 100%

（2）按照概算分配率分配。适用于建设工期长、单项工程分期分批建成投入使用的建设项目。

概算分配率 =（概算中各待摊投资项目的合计数 − 其中可直接分配部分）÷（概算中建筑工程、安装工程和设备投资合计）× 100%

（3）某项固定资产应分配的待摊投资 = 该项固定资产的建筑工程成本或该项固定资产（设备）的采购成本和安装成本合计 × 分配率

（四）其他投资。

1. 工会为建设工程发生的房屋购置支出，基本畜禽、林木等的购置、饲养、培育支出，办公生活用家具、器具购置支出，软件研发和不能计入设备投资的软件购置等支出，按照实际发生金额，借记本科目（其他投资），贷记“资产基金——在建工程”科目；同时，借记“资本性支出”科目，贷记“银行存款”“零余额账户用款额度”“政府补助收入”等科目。

2. 工程完成将形成的房屋、基本畜禽、林木等各种财产以及无形资产交付使用时，按照其实际成本，借记“资产基金——在建工程”科目，贷记本科目（其他投资）；同时，借记“固定资产”“无形资产”等科目，贷记“资产基金——固定资产”“资产基金——无形资产”等科目。

（五）待核销基建支出。

1. 建设项目发生的江河清障、航道清淤、飞播造林、补助群众造林、水土保持、城市绿化等不能形成资产的各类待核销基建支出，按照实际发生金额，借记本科目（待核销基建支出），贷记“资产基金——在建工程”科目；同时，借记“资本性支出”科目，贷记“银行存款”“零余额账户用款额度”“政府补助收入”等科目。

2. 取消的建设项目发生的可行性研究费，按照实际发生金额，借记本科目（待核销基建支出），贷记本科目（待摊投资）。

3. 由于自然灾害等原因发生的建设项目整体报废所形成的净损失，报经批准后转入待核销基建支出，按照项目整体报废所形成的净损失，借记本科目（待核销基建支出），按照报废的工程成本，贷记本科目（建筑安装工程投资等），按照其差额，借记“资产基金——在建工程”科目；同时，按照报废工程回收的残料变价收入、保险公司赔款等，借记“银行存款”“其他应收款”等科目，贷记“资本性支出”科目。

4. 建设项目竣工验收并交付使用时，对发生的待核销基建支出进行冲销，借记“资产基金——在建工程”科目，贷记本科目（待核销基建支出）。

（六）基建转出投资。

为建设项目配套而建成的、产权不归属本工会的专用设施，在项目竣工验收并交付使用时，按照转出的专用设施的成本，借记本科目（基建转出投资），贷记本科目（建筑安装工程投资）；同时，借记“资产基金——在建工程”科目，贷记本科目（基建转出投资）。

（七）代建制项目的会计处理。

1. 拨付代建单位工程款时，按照拨付的款项金额，借记本科目（预付工程款），贷记“资产基金——在建工程”科目；同时，借记“资本性支出”科目，贷记“银行存款”“零余额账户用款额度”“政府补助收入”等科目。

2. 按照工程进度结算工程款或年终代建单位对账确认在建工程成本时，按照确定的金额，借记本科目下的“建筑安装工程投资”等明细科目，贷记本科目（预付工程款）。

3. 确认代建管理费时，按照确定的金额，借记本科目（待摊投资），贷记本科目（预付工程款）。

4. 项目完工交付使用资产时，按照代建单位转来在建工程成本中尚未确认入账的金额，借记本科目“建筑安装工程投资”等明细科目，贷记本科目（预付工程款）。按照在建工程成本，借记“资产基金——在建工程”科目，贷记本科目（建筑安装工程投资）；同时，借记“固定资产”等科目，贷记“资产基金——固定资产”等科目。

工程结算、确认代建费或竣工决算时涉及补付资金的，应当在确认在建工程和资产基金的同时，按照补付的金额，借记“资本性支出”科目，贷记“银行存款”“零余额账户用款额度”“政府补助收入”等科目。

四、本科目的期末借方余额，反映工会尚未完工的各项在建工程发生的实际成本。

第 162 号科目　固定资产

一、本科目核算工会各项固定资产的原值。

二、工会应当设置固定资产明细账，按照类别和项目进行明细核算。

三、固定资产核算时，应当考虑以下情况：

（一）购入需要安装的固定资产，应当先通过“在建工程”科目核算，安装完毕交付使用时再转入本科目核算。

（二）单位行政方面提供工会使用的、工会以经营租赁方式取得的固定资产，不通过本科目核算，应当设置备查簿进行登记。

四、固定资产的主要账务处理如下：

（一）固定资产在取得时，应当分以下情况进行处理：

1. 购入、有偿调入固定资产，按照确定的成本，借记本科目 [不需安装] 或“在建工程”科目 [需安装]，贷记“资产基金——固定资产”[不需安装] 或“资产基金——在建工程”[需安装] 科目；同时，按照实际支付的金额，借记“资本性支出”科目，贷记“银行存款”“零余额账户用款额度”“政府补助收入”等科目。

购入固定资产扣留质量保证金的，在取得固定资产时，按照确定的固定资产成本，借记本科目 [不需安装] 或“在建工程”科目 [需安装]，贷记“资产基金——固定资产”[不需安装] 或“资产基金——在建工程”[需安装] 科目。同时取得固定资产全款发票的，按照构成资产成本的全部支出金额，借记“资本性支出”科目，按照实际支付的金额，贷记“银行存款”“零余额账户用款额度”“政府补助收入”等科目，按照扣留的质量保证金金额，贷记“其他应付款”科目；取得的发票金额不包括质量保证金的，按照不包括质量保证金的支出金额，借记“资本性支出”科目，贷记“银行存款”“零余额账户用款额度”“政府补助收入”等科目。

实际支付质量保证金时，借记“其他应付款”科目或“资本性支出”科目，贷记“银行存款”“零余额账户用款额度”“政府补助收入”等科目。

2. 自行建造固定资产，工程完工交付使用时，按照自行建造过程中发生的实际支出，借记本科目，贷记“资产基金——固定资产”科目；同时，借记“资产基金——在建工程”科目，贷记“在建工程”科目。

已交付使用但尚未办理竣工决算手续的固定资产，按照估计价值入账，待办理竣工决算后再按照实际成本调整原来的暂估价值。按照实际成本与暂估价值的差额，借记或贷记本科目，贷记或借记“资产基金——固定资产”科目。

3. 接受捐赠、无偿调入的固定资产，按照确定的成本，借记本科目 [不需安装] 或“在建工程”科目 [需安装]，贷记“资产基金——固定资产”[不需安装] 或“资产基金——在建工程”[需安装] 科目；按照发生的相关税费、运输费等，借记“其他支出”科目，贷记“银行存款”“零余额账户用款额度”等科目。

4. 在原有固定资产基础上进行改建、扩建、大型修缮的固定资产，将固定资产转入改建、扩建、大型修缮时，按照固定资产的账面价值，借记“资产基金——固定资产”科目，按照固定资产已计提折旧金额，借记“累计折旧”科目，按照固定资产的账面余额，贷记本科目；同时，按照固定资产的账面价值，借记“在建工程”科目，贷记“资产基金——在建工程”科目。工程完工交付使用时，按照确定的固定资产成本，借记本科目，贷记“资产基金——固定资产”科目；同时，借记“资产基金——在建工程”科目，贷记“在建工程”科目。

（二）按月计提固定资产折旧时，按照应计提的金额，借记“资产基金——固定资产”科目，贷记“累计折旧”科目。

（三）与固定资产有关的后续支出，应当分以下情况进行处理：

1. 为增加固定资产使用效能或延长其使用寿命而发生的改建、扩建或大型修缮等后续支出，应当计入固定资产成本，通过“在建工程”科目核算，完工交付使用时转入本科目。有关账务处理参见“在建工程”科目。

2. 为维护固定资产正常使用而发生的日常修理等后续支出，应当计入当期支出但不计入固定资产成本，借记“行政支出”等科目，贷记“银行存款”“零余额账户用款额度”等科目。

（四）按规定报经批准处置固定资产，应当分以下情况进行处理：

1. 以固定资产对外进行股权投资，按照投出固定资产的账面价值，借记“资产基金——固定资产”科目，按照已计提折旧，借记“累计折旧”科目，按照固定资产的账面余额，贷记本科目。同时，按照确定的投资成本，借记“投资”科目，贷记“资产基金——投资”科目。

2. 出售固定资产，按照出售固定资产的账面价值，借记“资产基金——固定资产”科目，按照已计提折旧，借记“累计折旧”科目，按照固定资产的账面余额，贷记本科目。按照出售过程中取得的价款，借记“银行存款”等科目，贷记“其他收入”科目，按规定应上缴同级财政的，贷记“其他应付款”科目。出售过程中工会发生的税费等支出，借记“其他支出”科目，贷记“银行存款”

等科目。

3. 对外捐赠、无偿调出固定资产，按照固定资产的账面价值，借记“资产基金——固定资产”科目，按照已计提折旧，借记“累计折旧”科目，按照固定资产的账面余额，贷记本科目。发生的由工会承担的运输费、装卸费等，按照实际支付的金额，借记“其他支出”科目，贷记“银行存款”等科目。

五、固定资产应当每年至少盘点一次，对盘盈、盘亏、毁损或报废的，应当查明原因，写出书面报告，按规定报经批准认定后及时进行账务处理，同时将有关情况在会计报表附注中予以披露。

（一）盘盈的固定资产，按照确定的入账成本，借记本科目，贷记“待处理财产损溢”科目。

（二）盘亏或者毁损、报废的固定资产，按照账面价值，借记“待处理财产损溢”科目，按照已计提折旧，借记“累计折旧”科目，按照固定资产的账面余额，贷记本科目。

六、本科目期末借方余额，反映工会固定资产的原值。

第 163 号科目　累计折旧

一、本科目核算工会计提的固定资产累计折旧。

二、本科目应当按照所对应固定资产的类别、项目进行明细核算。

三、固定资产累计折旧的主要账务处理如下：

（一）按月计提固定资产折旧时，按照应计提折旧金额，借记“资产基金——固定资产”科目，贷记本科目。

（二）经批准处置固定资产时，按照所处置固定资产的账面价值，借记“资产基金——固定资产”[对外捐赠、无偿调出等]或“待处理财产损溢”[盘亏、毁损、报废等]科目，按照固定资产已计提折旧，借记本科目，按照固定资产的账面余额，贷记“固定资产”科目。

四、本科目期末贷方余额，反映工会计提的固定资产折旧累计数。

第 171 号科目　无形资产

一、本科目核算工会各项无形资产的原值。

二、工会应当设置无形资产明细账，按照类别、项目等进行明细核算。

三、无形资产的主要账务处理如下：

（一）无形资产在取得时，应当分以下情况进行处理：

1. 外购的无形资产，按照确定的成本，借记本科目，贷记“资产基金——无形资产”科目；同时，按照实际支付的金额，借记“资本性支出”科目，贷记“银行存款”“零余额账户用款额度”“政府补助收入”等科目。

2. 委托软件公司开发软件视同外购无形资产进行处理。支付软件开发费时，按照实际支付的金额，借记“资本性支出”科目，贷记“银行存款”“零余额账户用款额度”“政府补助收入”等科目。软件开发完成交付使用时，按照确定的成本，借记本科目，贷记“资产基金——无形资产”科目。

3. 接受捐赠、无偿调入的无形资产，按照确定的成本，借记本科目，贷记“资产基金——无形资产”科目；按照发生的相关税费等，借记“其他支出”科目，贷记“银行存款”“零余额账户用款额度”等科目。

（二）按月摊销无形资产时，按照应摊销的金额，借记“资产基金——无形资产”科目，贷记“累计摊销”科目。

（三）按规定报经批准处置无形资产时，应当分以下情况进行处理：

1. 以无形资产对外进行股权投资，按照投出无形资产的账面价值，借记“资产基金——无形资产”科目，按照已计提摊销，借记“累计摊销”科目，按照无形资产的账面余额，贷记本科目；同时，按照确定的投资成本，借记“投资”科目，贷记“资产基金——投资”科目。

2. 出售无形资产，按照出售无形资产的账面价值，借记“资产基金——无形资产”科目，按照已计提摊销，借记“累计摊销”科目，按照无形资产的账面余额，贷记本科目。按照取得的价款金额，借记“银行存款”等科目，贷记“其他收入”科目，按规定应上缴同级财政的，贷记“其他应付款”科目。出售过程中发生的税费等支出，借记“其他支出”科目，贷记“银行存款”等科目。

3. 对外捐赠、无偿调出无形资产，按照无形资产的账面价值，借记“资产基金——无形资产”科目，按照已计提摊销，借记“累计摊销”科目，按照无形资产的账面余额，贷记本科目。

4. 无形资产预期不能为工会带来服务潜力或经济利益，应当按规定报经批准后将该无形资产的账面价值予以核销。转入待处理资产时，按照待核销无形资产的账面价值，借记“待处理财产损溢”科目，按照已计提摊销，借记“累计摊销”科目，按照无形资产的账面余额，贷记本科目。报经批准予以核销时，按照核销无形资产的账面价值，借记“资产基金——无形资产”科目，贷记“待处理财产损溢”科目。

四、无形资产应当每年至少盘点一次，对盘盈、盘亏的无形资产，参照“固定资产”科目相关规定进行账务处理。

五、本科目期末借方余额，反映工会无形资产的原值。

第 172 号科目　累计摊销

一、本科目核算工会对使用年限有限的无形资产计提的累计摊销。

二、本科目应当按照所对应无形资产的类别、项目进行明细核算。

三、无形资产累计摊销的主要账务处理如下：

（一）按月对无形资产进行摊销时，按照应摊销的金额，借记“资产基金——无形资产”科目，贷记本科目。

（二）经批准处置无形资产时，按照所处置无形资产的账面价值，借记“资产基金——无形资产”[对外捐赠、无偿调出等] 或“待处理财产损溢”[盘亏、待核销等] 科目，按照已计提摊销，借记本科目，按照无形资产的账面余额，贷记“无形资产”科目。

四、本科目期末贷方余额，反映工会计提的无形资产摊销累计数。

第 181 号科目　长期待摊费用

一、本科目核算工会已经支出，但应由本期和以后各期负担的分摊期限在 1 年以上（不含 1 年）的各项支出。如对以经营租赁方式租入的固定资产的改良支出等。

二、本科目应当按照对应资产的类别进行明细核算。

三、长期待摊费用的主要账务处理如下：

（一）发生长期待摊费用时，按照支出金额，借记本科目，贷记“资产基金——长期待摊费用”科目；同时，按照实际支付的金额，借记“资本性支出”科目，贷记“银行存款”“零余额账户用款额度”“政府补助收入”等科目。

（二）在受益期间摊销长期待摊费用时，按照摊销金额，借记“资产基金——长期待摊费用”科目，贷记本科目。

（三）如果某项长期待摊费用已经不能使工会受益，应当将其摊余金额一次性转销。按照剩余待摊销金额，借记“资产基金——长期待摊费用”科目，贷记本科目。

四、本科目期末借方余额，反映工会尚未摊销完毕的长期待摊费用。

第 182 号科目　待处理财产损溢

一、本科目核算工会待处理财产的价值及财产处理损溢。

工会财产的处理包括资产的盘盈、盘亏、报废、毁损以及非实物资产损失核销等。

二、本科目应当按照待处理的资产项目进行明细核算；对于在资产处理过程中取得收入或发生相关费用的项目，还应当设置“待处理财产价值”“处理净收入”明细科目，进行明细核算。

三、工会财产的处理，一般应当先记入本科目，按照规定报经批准后及时进行账务处理。年末结账前一般应处理完毕。

四、待处理财产损溢的主要账务处理如下：

（一）账款核对时发现短缺或溢余的库存现金。

1. 每日账款核对中发现现金短缺或溢余，属于现金短缺的，按照实际短缺的金额，借记本科目，贷记“库存现金”科目；属于现金溢余的，按照实际溢余的金额，借记“库存现金”科目，贷记本科目。

2. 如为现金短缺，属于应由责任人等赔偿的，借记“其他应收款”科目，贷记本科目；属于无法查明原因的，报经批准核销时，借记“其他支出”科目，贷记本科目。

3. 如为现金溢余，属于应支付给有关人员或单位的，借记本科目，贷记“其他应付款”科目；属于无法查明原因的，报经批准后，借记本科目，贷记“其他收入”科目。

（二）按规定报经批准予以核销的其他应收款、股权投资、无形资产。

1. 转入待处理资产时，按照资产的账面价值，借记本科目 [核销无形资产的，还应按照计提的摊销金额，借记“累计摊销”科目]，按照资产的账面余额，贷记“其他应收款”“投资”“无形资产”科目。

2. 报经批准予以核销时，借记“其他支出”科目 [其他应收款核销] 或“资产基金——投资”“资产基金——无形资产”科目 [投资、无形资产核销]，贷记本科目。

（三）资产清查过程中发现的盘盈、盘亏或报废、毁损的库存物品、固定资产、无形资产等各种资产。

1. 盘盈的各类资产。

（1）转入待处理资产时，按照确定的成本，借记“库存物品”“固定资产”“无形资产”等科目，贷记本科目（待处理财产价值）。

（2）按照规定报经批准后处理时，借记本科目（待处理财产价值），贷记“资产基金”科目。

2. 盘亏或者毁损、报废的各类资产。

（1）转入待处理资产时，借记本科目（待处理财产价值）[盘亏、毁损、报废固定资产、无形资产的，还应借记“累计折旧”“累计摊销”科目]，贷记“库存物品”“在建工程”“固定资产”“无形资产”等科目。

报经批准处理时，借记“资产基金”科目，贷记本科目（待处理财产价值）。

（2）处理毁损、报废实物资产过程中取得的残值或残值变价收入、保险理赔和过失人赔偿等，借记“库存现金”“银行存款”“其他应收款”等科目，贷记本科目（处理净收入）；处理毁损、报废实物资产过程中发生的相关费用，借记本科目（处理净收入），贷记“库存现金”“银行存款”等科目。

处理收支结清，如果处理收入大于相关费用的，按照处理收入减去相关费用后的净收入，借记本科目（处理净收入），贷记“其他收入”科目，需按规定上缴同级政府财政的，贷记“其他应付款”科目；如果处理收入小于相关费用的，按照相关费用减去处理收入后的净支出，借记“其他支出”科目，贷记本科目（处理净收入）。

五、本科目期末如为借方余额，反映工会尚未处理完毕的各种资产的净损失；期末如为贷方余额，反映尚未处理完毕的各种资产净溢余。年末，经批准处理后，本科目一般应无余额。

二、负债类科目

第 201 号科目　应付职工薪酬

一、本科目核算县级以上工会按照有关规定应付给本单位职工及为职工支付的各种薪酬，包括基本工资、国家统一规定的津贴补贴、规范津贴补贴（绩效工资）、改革性补贴、社会保险费（如职工基本养老保险费、职业年金、基本医疗保险费等）和住房公积金等。

二、本科目应当根据国家有关规定按照“基本工资”（含离休费及退休人员统筹外养老保险待遇）、“国家统一规定的津贴补贴”“规范津贴补贴（绩效工资）”“改革性补贴”“社会保险费”“住房公积金”“其他个人收入”等进行明细核算。其中，“社会保险费”“住房公积金”明细科目核算内容包括工会从职工工资中代扣代缴的社会保险费、住房公积金，以及工会为职工计算缴纳的社会保险费、住房公积金。

三、应付职工薪酬的主要账务处理如下：

（一）计算确认当期应付职工薪酬（含工会为职工计算缴纳的社会保险费、住房公积金）时，借记“行政支出”科目，贷记本科目。

（二）向职工支付工资、津贴补贴等薪酬时，按照实际支付的金额，借记本科目，贷记“银行存款”等科目。

（三）按照税法规定代扣职工个人所得税时，借记本科目，贷记“其他应付款”科目。

从应付职工薪酬中代扣为职工垫付的水电费、房租等费用时，按照实际扣除的金额，借记本科目（基本工资），贷记“其他应收款”等科目。

从应付职工薪酬中代扣社会保险费和住房公积金，按照代扣的金额，借记本科目（基本工资），贷记本科目（社会保险费、住房公积金）。

（四）按照国家有关规定缴纳职工社会保险费和住房公积金时，按照实际支付的金额，借记本科目（社会保险费、住房公积金），贷记“银行存款”等科目。

（五）从应付职工薪酬中支付的其他款项，借记本科目，贷记“银行存款”等科目。

四、本科目期末贷方余额，反映县级以上工会应付未付的职工薪酬。

第 211 号科目　应付上级经费

一、本科目核算工会按规定应上缴的工会拨缴经费。

二、应付上级经费的主要账务处理如下：

（一）本级工会确认工会拨缴经费时，按照下级工会经费收缴报告表中的相关金额或实际收到的总金额，借记“应收下级经费”“银行存款”等科目，按规定属于本级工会的部分，贷记“拨缴经费收入”科目，按规定应上缴上级工会的部分，贷记本科目，按规定应转拨下级工会的部分，贷记“应付下级经费——应付下级转拨经费”科目。

（二）实际上缴工会经费时，借记本科目，贷记“银行存款”科目。

三、本科目期末贷方余额，反映工会应缴上级但尚未上缴的工会拨缴经费。

第 212 号科目　应付下级经费

一、本科目核算县级以上工会应付下级工会的各项补助和应转拨下级工会的工会拨缴经费。

二、工会可以根据需要在本科目下设置以下明细科目：

21201　应付下级补助：核算县级以上工会应拨付给下级工会的一般性转移支付补助和专项转移支付补助。

21202　应付下级转拨经费：核算县级以上工会采用税务代收、财政划拨的形式收缴的应划转给下级工会作为下级工会拨缴经费收入的工会拨缴经费。

三、应付下级经费的主要账务处理如下：

（一）本级工会年末清算对下级工会的补助时，根据补助通知中的相关金额，借记“补助下级支出”科目，贷记本科目（应付下级补助）。

次年，实际拨付补助时，借记本科目（应付下级补助），贷记“银行存款”科目。

（二）采用税务代收、财政划拨方式收缴工会经费的：

1. 本级工会通过税务部门代收、财政部门划拨的工会经费，按照实际收到的总金额，借记“银行存款”科目，按规定属于本级工会的部分，贷记“拨缴经费收入”科目，按规定应上缴上级工会的部分，贷记“应付上级经费”科目，按规定应转拨下级工会的部分，贷记本科目（应付下级转拨经费）。

实际转拨下级工会经费时，借记本科目，贷记“银行存款”科目。

2. 本级工会确认上级工会通过税务部门代收、财政部门划拨的工会经费，按照上级工会经费转拨通知中的金额或实际收到的总金额，借记“应收上级经费——应收上级转拨经费”“银行存款”科目，按规定属于本级工会的部分，贷记“拨缴经费收入”科目，按规定应转拨下级工会的部分，贷记本科目（应付下级转拨经费）。

实际转拨下级工会经费时，借记本科目，贷记“银行存款”科目。

四、本科目期末贷方余额，反映县级以上工会应拨付下级但尚未拨付的补助和工会拨缴经费。

第 215 号科目　其他应付款

一、本科目核算工会除应付上下级经费之外的其他应付及暂存款项，包括工会按规定收取的下级工会的建会筹备金、应支付的税金等。

二、本科目应按对方单位或个人设置明细账，进行明细核算。

三、其他应付款的主要账务处理如下：

（一）本级工会收到筹建单位交来的建会筹备金，按照实际收到的总金额，借记“银行存款”科目，贷记本科目。

在筹建单位建立工会后，本级工会按照规定对建会筹备金进行处理。按照对应的金额，借记本科目，按规定属于本级工会的部分，贷记“拨缴经费收入”科目，按规定应上缴上级工会的部分，贷记“应付上级经费”科目，按规定需返还筹建单位工会的部分，贷记“应付下级经费”科目。

（二）发生房产税等纳税义务，以及按照税法规定应代扣代缴个人所得税的，按照应交税费金额，借记“行政支出”“应付职工薪酬”等科目，贷记本科目。工会实际缴纳上述各种税费时，借记本科目，贷记“银行存款”等科目。

（三）发生其他应付及暂存款项，借记“库存现金”“银行存款”等科目，贷记本科目。支付款项时，借记本科目，贷记“库存现金”“银行存款”等科目。

四、本科目期末贷方余额，反映工会尚未支付的其他应付及暂存款项。

第 221 号科目　代管经费

一、本科目核算其他组织委托工会代管的有指定用途的、不属于工会收入的资金，如代管的社团活动费、职工互助保险等。

二、本科目应当按照拨入代管经费的项目或单位设置明细账。

三、代管经费的主要账务处理如下：

（一）收到代管的资金时，按照实际收到的金额，借记“库存现金”“银行存款”科目，贷记本科目。

（二）实际支出时，按照实际支出的金额，借记本科目，贷记“库存现金”“银行存款”科目。

四、本科目期末贷方余额，反映工会受托代管的资金。

三、净资产类科目

第 301 号科目　资产基金

一、本科目核算工会库存物品、投资、在建工程、固定资产、无形资产、长期待摊费用等非货币性资产在净资产中占用的金额。

二、本科目应当设置“库存物品”“投资”“在建工程”“固定资产”“无形资产”“长期待摊费用”等明细科目，进行明细核算。

三、资产基金的主要账务处理如下：

（一）确认资产基金时，按照确定的成本或金额，借记“库存物品”“投资”“在建工程”“固定资产”“无形资产”“长期待摊费用”科目，贷记本科目；同时，按照实际发生的支出，借记“职工活动支出”“行政支出”“资本性支出”“工会资金结余”等科目，贷记“银行存款”“零余额账户用款额度”等科目。

（二）领用和发出库存物品时，按照领用和发出库存物品的成本，借记本科目（库存物品），贷记“库存物品”科目。

（三）在建工程完工交付使用时，按照确定的固定资产成本，借记“固定资产”科目，贷记本科目（固定资产）；同时，借记本科目（在建工程），贷记“在建工程”科目。

（四）计提固定资产折旧、无形资产摊销及分摊长期待摊费用时，按照计提的折旧、摊销及分摊的长期待摊费用的金额，借记本科目（固定资产、无形资产、长期待摊费用），贷记“累计折旧”“累计摊销”“长期待摊费用”科目。

（五）以库存物品、固定资产、无形资产对外进行股权投资时，按照确定的投资成本，借记“投资”科目，贷记本科目（投资）；同时，按照投出资产的账面价值，借记本科目（库存物品、固定资产、无形资产），按照已计提的折旧、摊销金额，借记“累计折旧”“累计摊销”科目，按照投出资产的账面余额，贷记“库存物品”“固定资产”“无形资产”科目。

收回投资时，按照收回投资的账面余额，借记本科目（投资），贷记“投资”科目；同时，按照实际取得的价款，借记“银行存款”等科目，按照收回投资的账面余额，贷记“工会资金结余”科目，按照其差额，贷记或借记“投资收益”科目。

（六）对外捐赠、无偿调出库存物品、固定资产、无形资产时，按照资产的账面价值，借记本科目（库存物品、固定资产、无形资产），按照已计提的折旧、摊销金额，借记“累计折旧”“累计摊销”科目，按照资产的账面余额，贷记“库存物品”“固定资产”“无形资产”科目。

（七）通过“待处理财产损溢”科目核算的资产处置，有关本科目的账务处理参见“待处理财产损溢”科目。

四、本科目期末贷方余额，反映工会非货币性资产在净资产中占用的金额。

第 311 号科目　专用基金

一、本科目核算县级以上工会根据国家和全国总工会有关规定，依法提取和使用的有专门用途的基金，包括权益保障金、住房改革支出等。

二、专用基金的主要账务处理如下：

（一）提取专用基金时，借记“维权支出”“其他支出”等科目，贷记本科目。

（二）实际使用专用基金时，借记本科目，贷记“库存现金”“银行存款”等科目。

三、本科目期末贷方余额，反映县级以上工会专用基金的数额。

第 321 号科目　工会资金结转

一、本科目核算工会资金结转资金的调整、结转和滚存情况。

二、本科目应当设置以下明细科目：

32101　年初余额调整：核算工会因发生会计差错更正、以前年度支出收回等原因，需要调整工会资金结转的金额。

32102　单位内部调剂：核算工会经批准对工会结余资金改变用途，调整用于工会其他未完成项目等的金额。

32103　本年收支结转：核算工会本期专项工会资金收支相抵后的余额。

32104　累计结转：核算工会滚存的工会资金专项资金结转金额。

三、工会资金结转的主要账务处理如下：

（一）因发生会计差错更正、以前年度支出收回的，按照调整或收回的属于工会资金结转的金额，借记或贷记“银行存款”等科目，贷记或借记本科目（年初余额调整）。

（二）经批准对工会资金结余资金改变用途，调整用于工会其他未完成项目的，按照批准的金额，借记“工会资金结余——单位内部调剂”科目，贷记本科目（单位内部调剂）。

（三）期末，将各类财政拨款以外的工会经费专项资金的收入、支出本期发生额转入本科目，借记“拨缴经费收入”“上级补助收入”“政府补助收入——非同级财政拨款收入”“行政补助收入”“附属单位上缴收入”“投资收益”“其他收入”科目下各专项资金收入明细科目，贷记本科目（本年收支结转）；借记本科目（本年收支结转），贷记“职工活动支出”“职工活动组织支出”“职工服务支出”“维权支出”“业务支出”“行政支出”“资本性支出”“补助下级支出”“对附属单位的支出”“其他支出”的“工会资金”明细科目下各专项资金支出明细科目。

（四）年末，冲销有关明细科目余额。将本科目（本年收支结转、年初余额调整、单位内部调剂）余额转入本科目（累计结转）。结转后，本科目除“累计结转”明细科目外，其他明细科目应无余额。

（五）年末，对工会结转资金各项目执行情况进行分析，按照有关规定将符合结余资金性质的剩余资金转入“工会资金结余”科目。借记本科目（累计结转），贷记“工会资金结余——结转转入”科目。

四、本科目期末贷方余额，反映工会滚存的工会资金结转资金数额。

第 322 号科目　工会资金结余

一、本科目核算工会资金结余资金的调整、结余和滚存情况。

二、本科目应当设置以下明细科目：

32201　年初余额调整：核算工会因发生会计差错更正、以前年度支出收回等原因，需要调整工会资金结余的金额。

32202　单位内部调剂：核算工会经批准对工会结余资金改变用途，调整用于工会其他未完成项目等的金额。

32203　本年收支结转：核算工会本期各非专项工会资金收支相抵后的余额。

32204　结转转入：核算工会按规定转入工会资金结余的工会结转资金。

32205　累计结余：核算工会滚存的工会结余资金。

三、工会资金结余的主要账务处理如下：

（一）因发生会计差错更正、以前年度支出收回的，按照调整或收回的属于工会资金结余的金额，借记或贷记“银行存款”等科目，贷记或借记本科目（年初余额调整）。

（二）经批准对工会结余资金改变用途，调整用于工会其他未完成项目的，按照批准的金额，借记本科目（单位内部调剂），贷记“工会资金结转——单位内部调剂”科目。

（三）以货币资金对外投资时，按照投资成本金额，借记本科目（累计结余），贷记“银行存款”等科目；同时，按照确定的投资成本，借记“投资”科目，贷记“资产基金——投资”科目。

转让或收回投资时，按照实际取得的价款，借记“银行存款”等科目，按照转让或收回投资的账面余额，贷记本科目（累计结余），按照其差额，贷记或借记“投资收益”科目；同时，按照转让或收回投资的账面余额，借记“资产基金——投资”科目，贷记“投资”科目。

（四）期末，将除财政拨款以外的各工会经费非专项资金的收入、支出本期发生额转入本科目，借记“会费收入”“拨缴经费收入”“上级补助收入”“政府补助收入——非同级财政拨款收入”“行政补助收入”“附属单位上缴收入”“投资收益”“其他收入”科目下各非专项资金收入明细科目和“动用预算稳定调节基金”科目，贷记本科目（本年收支结转）；借记本科目（本年收支结转），贷记“职工活动支出”“职工活动组织支出”“职工服务支出”“维权支出”“业务支出”“行政支出”“资本性支出”“补助下级支出”“对附属单位的支出”“其他支出”的“工会资金”明细科目下各非专项资金支出明细科目和“安排预算稳定调节基金”科目。

（五）年末，对工会结转资金各明细项目执行情况进行分析，按照有关规定将符合结余资金性质的项目余额转入本科目，借记“工会资金结转——累计结转”科目，贷记本科目（结转转入）。

（六）年末，冲销有关明细科目余额。将本科目（本年收支结转、年初余额调整、单位内部调剂、结转转入）余额转入本科目（累计结余）。结转后，本科目除“累计结余”明细科目外，其他明细科目应无余额。

四、本科目期末贷方余额，反映工会滚存的工会资金结余资金数额。

第 331 号科目　财政拨款结转

一、本科目核算从同级政府财政部门取得财政拨款的县级以上工会财政拨款结转资金的调整、结转和滚存情况。

二、本科目应当设置以下明细科目：

33101　年初余额调整：核算工会因发生会计差错更正、以前年度支出收回等原因，需要调整财政拨款结转的金额。

33102　单位内部调剂：核算工会经财政部门批准对财政拨款结余资金改变用途，调整用于工会其他未完成项目等的金额。

33103　本年收支结转：核算工会本期财政拨款收支相抵后的余额。

33104　累计结转：核算工会滚存的财政拨款结转资金。

本科目还应按照“基本支出结转”和“项目支出结转”进行明细核算，在“基本支出结转”明细科目下按照“人员经费”和“公用经费”进行明细核算，在“项目支出结转”明细科目下按照具体项目进行明细核算；同时，按照《政府收支分类科目》中“支出功能分类科目”的项级科目进行明细核算。

三、财政拨款结转的主要账务处理如下：

（一）因发生会计差错更正、以前年度支出收回的，按照调整或收回的金额，借记或贷记“零余额账户用款额度”“财政应返还额度”等科目，贷记或借记本科目（年初余额调整）。

（二）经财政部门批准对财政拨款结余资金改变用途，调整用于工会其他未完成项目的，按照批准的金额，借记“财政拨款结余——单位内部调剂”科目，贷记本科目（单位内部调剂）。

（三）期末，将财政拨款收入、支出的本期发生额转入本科目，借记“政府补助收入——财政拨款收入”科目，贷记本科目（本年收支结转）；借记本科目（本年收支结转），贷记“职工活动组织支出”“职工服务支出”“维权支出”“业务支出”“行政支出”“资本性支出”“补助下级支出”“对附属单位的支出”和“其他支出”科目的“财政拨款”明细科目。

（四）年末，冲销有关明细科目余额。将本科目（本年收支结转、年初余额调整、单位内部调剂）余额转入本科目（累计结转）。结转后，本科目除“累计结转”明细科目外，其他明细科目应无余额。

（五）年末，对各项目执行情况进行分析，按照有关规定将符合结余资金性质的金额转入“财政拨款结余”科目。借记本科目（累计结转），贷记“财政拨款结余——结转转入”科目。

四、本科目期末贷方余额，反映县级以上工会滚存的财政拨款结转资金数额。

第 332 号科目　财政拨款结余

一、本科目核算从同级政府财政部门取得财政拨款的县级以上工会财政拨款项目支出结余资金的调整、结转和滚存情况。

二、本科目应当设置以下明细科目：

33201　年初余额调整：核算工会因发生会计差错更正、以前年度支出收回等原因，需要调整财政拨款结余的金额。

33202　归集上缴：核算工会按规定上缴财政拨款结余资金时，实际核销的额度数额或上缴的资金数额。

33203　单位内部调剂：核算工会经财政部门批准对财政拨款结余资金改变用途，调整用于工会其他未完成项目等的金额。

33204　结转转入：核算工会按规定转入财政拨款结余的财政拨款结转

资金。

33205　累计结余：核算工会滚存的财政拨款结余资金。

本科目还应当按照具体项目、《政府收支分类科目》中“支出功能分类科目”的项级科目进行明细核算。

三、结余资金的主要账务处理如下：

（一）因发生会计差错更正、以前年度支出收回的，按照调整或收回的金额，借记或贷记“零余额账户用款额度”“财政应返还额度”等科目，贷记或借记本科目（年初余额调整）。

（二）按规定上缴财政拨款结余资金或注销财政拨款结余资金额度的，按照实际上缴资金数额或注销资金额度，借记本科目（归集上缴），贷记“零余额账户用款额度”“财政应返还额度”等科目。

（三）经财政部门批准对财政拨款结余资金改变用途，调整用于工会其他未完成项目的，按照批准的金额，借记本科目（单位内部调剂），贷记“财政拨款结转——单位内部调剂”科目。

（四）年末，对财政拨款结转各项目执行情况进行分析，按照有关规定将符合结余资金性质的金额转入本科目。借记“财政拨款结转——累计结转”科目，贷记本科目（结转转入）。

（五）年末，冲销有关明细科目余额。将本科目（年初余额调整、归集上缴、单位内部调剂、结转转入）余额转入本科目（累计结余）。结转后，本科目除“累计结余”明细科目外，其他明细科目应无余额。

四、本科目期末贷方余额，反映县级以上工会滚存的财政拨款结余资金数额。

第 341 号科目　预算稳定调节基金

一、本科目核算县级以上工会按照工会预算管理规定设置的预算稳定调节基金的滚存情况。

二、预算稳定调节基金的主要账务处理如下：

（一）按规定使用超收的拨缴经费收入设置和补充预算稳定调节基金时，按照计提的金额，借记“安排预算稳定调节基金”科目，贷记本科目。

（二）按规定动用预算稳定调节基金用于弥补本年预算收入的不足时，按照动用的金额，借记本科目，贷记“动用预算稳定调节基金”科目。

三、本科目期末贷方余额，反映县级以上工会预算稳定调节基金的滚存金额。

四、收入类科目

第 401 号科目　会费收入

一、本科目核算基层工会会员依照规定向工会组织缴纳的会费。

二、会费收入的主要账务处理如下：

（一）取得会费时，按照实际收到的金额，借记“库存现金”“银行存款”科目，贷记本科目。

（二）期末结转时，将本科目本年发生额转入工会资金结余，借记本科目，贷记“工会资金结余——本年收支结转”科目。

三、本科目期末结转后无余额。

第 402 号科目　拨缴经费收入

一、本科目核算基层单位行政拨缴、下级工会按规定上缴及上级工会按规定转拨的工会拨缴经费中归属于本级工会的经费。

二、工会可以根据需要在本科目下设置明细科目，进行明细核算。拨缴经费收入中如有专项资金收入，还应当按照具体项目进行明细核算。

三、拨缴经费收入的主要账务处理如下：

（一）采用自主拨缴方式收缴工会经费的：

收到工会经费，按照实际收到的总金额，借记“银行存款”科目，按规定属于本级工会的部分，贷记本科目，按规定应上缴上级工会的部分，贷记“应付上级经费”科目。

年末，存在应收未收的拨缴经费收入的，按照下级工会经费收缴报告表中的金额，借记“应收下级经费”科目，按规定属于本级工会的部分，贷记本科目，按规定应上缴上级工会的部分，贷记“应付上级经费”科目。

（二）采用税务代收、财政划拨方式收取工会经费的：

1. 本级工会通过税务部门代收、财政部门划拨的工会经费，按实际收到的总金额，借记“银行存款”科目，按规定属于本级工会的部分，贷记本科目，按规定应上缴上级工会的部分，贷记“应付上级经费”科目，按规定应转拨下级工会的部分，贷记“应付下级经费——应付下级转拨经费”科目。

2. 本级工会收到上级工会转拨的通过税务部门代收、财政部门划拨的工会经费，按照实际收到的总金额，借记“银行存款”科目，按规定属于本级工会的部分，贷记本科目，按规定属于下级工会的部分，贷记“应付下级经费——应付下级转拨经费”科目。

年末，存在应收未收的拨缴经费收入的，按照上级工会经费转拨通知中的金额，借记“应收上级经费——应收上级转拨经费”科目，按规定属于本级工会的部分，贷记本科目，按规定属于下级工会的部分，贷记“应付下级经费——应付下级转拨经费”科目。

（三）期末结转时，将本科目本期发生额中的专项资金收入转入工会资金结转，借记本科目各专项资金收入明细科目，贷记“工会资金结转——本年收支结转”科目；将本科目本期发生额中的非专项资金收入转入工会资金结余，借记本科目各非专项资金收入明细科目，贷记“工会资金结余——本年收支结转”科目。

四、本科目期末结转后无余额。

第 403 号科目　上级补助收入

一、本科目核算本级工会收到的上级工会补助的款项。

二、本科目应当设置以下明细科目：

40301　一般性转移支付补助：核算上级工会按照有关规定拨付给下级工会的未指定专门用途的补助。

40302　专项转移支付补助：核算上级工会拨付的指定专门用途的项目补助，包括帮扶困难职工的补助、用于开展向困难职工和家庭送温暖活动的补助、救灾补助等。

三、上级补助收入的主要账务处理如下：

（一）收到上级补助收入时，按照银行收款单的金额，借记“银行存款”科目，贷记本科目。

（二）年末清算时，存在上级应付未付补助款项的，借记“应收上级经费——应收上级补助”科目，贷记本科目。

（三）期末结转时，将本科目本期发生额中的专项资金收入转入工会资金结转，借记本科目（专项转移支付补助），贷记“工会资金结转——本年收支结转”科目；将本科目本期发生额中的非专项资金收入转入工会资金结余，借记本科目（一般性转移支付补助），贷记“工会资金结余——本年收支结转”科目。

四、本科目期末结转后无余额。

第 404 号科目　政府补助收入

一、本科目核算县级以上工会收到的各级人民政府按照工会法和国家的有关规定给予工会的补助款项，包括工会收到财政拨付的离退休人员离退休费和生活补贴、帮扶资金、送温暖经费、疗养事业补助、劳模补助、基建、维修及大型活动补助等。

二、本科目应当设置以下明细科目：

40401　财政拨款收入：核算县级以上工会从同级政府财政部门取得的财政拨款。

本明细科目下应当设置“基本支出”和“项目支出”两个明细科目，在“基本支出”明细科目下按照“人员经费”和“公用经费”进行明细核算，在“项目支出”明细科目下按照具体项目进行明细核算；同时，按照《政府收支分类科目》中“支出功能分类科目”的项级科目进行明细核算。

40402　非同级财政拨款收入：核算县级以上工会从非同级政府财政部门取得的政府补助收入。

本明细科目应当按照非同级财政拨款收入的类别、来源等进行明细核算。如有专项资金收入，还应按照具体项目进行明细核算。

三、政府补助收入的主要账务处理如下：

（一）财政拨款收入。

1. 财政直接支付方式下，根据收到的“财政直接支付入账通知书”及相关原始凭证，按照通知中直接支付的入账金额，借记有关支出科目，贷记本科目（财政拨款收入）。形成非货币性资产的，应当同时按照确定的资产成本，借记相关资产科目，贷记“资产基金”科目。

年末，根据本年度财政直接支付预算指标数与当年财政直接支付实际支出数的差额，借记“财政应返还额度”科目，贷记本科目（财政拨款收入）。

2. 财政授权支付方式下，根据收到的“授权支付到账通知书”，按照通知书中的授权支付额度，借记“零余额账户用款额度”科目，贷记本科目（财政拨款收入）。

年末，工会本年度财政授权支付预算指标数大于零余额账户用款额度下达数的，按照两者差额，借记“财政应返还额度”科目，贷记本科目（财政拨款收入）。

3. 其他方式下，按照本期预算收到财政拨款收入时，按照实际收到的金额，借记“银行存款”科目，贷记本科目（财政拨款收入）。

4. 因差错更正、购货退回等发生国库直接支付款项退回的，属于本年度支付的款项，按照退回金额，借记本科目（财政拨款收入），贷记“维权支出”“资本性支出”等科目。

（二）非同级财政拨款收入。

取得非同级财政拨款收入时，按照实际收到的金额，借记“银行存款”科目，贷记本科目（非同级财政拨款收入）。

（三）期末结转时，将本科目本期发生额中的财政拨款收入转入财政拨款结转，借记本科目（财政拨款收入），贷记“财政拨款结转——本年收支结转”科目；将本科目本期发生额中的非同级财政拨款专项资金收入转入工会资金结转，借记本科目（非同级财政拨款收入），贷记“工会资金结转——本年收支结转”科目；将本科目本期发生额中的非同级财政拨款非专项资金收入转入工会资金结余，借记本科目（非同级财政拨款收入），贷记“工会资金结余——本年收支结转”科目。

四、本科目期末结转后无余额。

第 405 号科目　行政补助收入

一、本科目核算基层工会取得的所在单位行政方面按照工会法和国家的有关规定给予工会的补助款项，包括工会收到行政拨付的劳动竞赛经费、工会开展活动的费用补助等，不包括行政方面按规定向工会拨缴的工会经费。

二、行政补助收入中如有专项资金收入，应当按照具体项目进行明细核算。

三、行政补助收入的主要账务处理如下：

（一）收到行政补助时，按照实际收到的金额，借记“银行存款”等科目，贷记本科目。

（二）期末结转时，将本科目本期发生额中的专项资金收入转入工会资金结转，借记本科目各专项资金收入明细科目，贷记“工会资金结转——本年收支结转”科目；将本科目本期发生额中的非专项资金收入转入工会资金结余，借记本科目各非专项资金收入明细科目，贷记“工会资金结余——本年收支结转”科目。

四、本科目期末结转后无余额。

第 406 号科目　附属单位上缴收入

一、本科目核算工会所属的企事业单位按规定上缴的收入。

二、本科目应当按照缴款项目或缴款单位名称设明细账。

所属单位上缴收入中如有专项资金收入，还应当按照具体项目进行明细核算。

三、附属单位上缴收入的主要账务处理如下：

（一）收到相关收入时，按照实际收到的金额，借记“银行存款”等科目，贷记本科目。

（二）期末结转时，将本科目本期发生额中的专项资金收入转入工会资金结转，借记本科目各专项资金收入明细科目，贷记“工会资金结转——本年收支结转”科目；将本科目本期发生额中的非专项资金收入转入工会资金结余，借记本科目各非专项资金收入明细科目，贷记“工会资金结余——本年收支结转”科目。

四、本科目期末结转后无余额。

第 407 号科目　投资收益

一、本科目核算工会对外投资发生的损溢。

二、投资收益中如有专项资金收入，应当按照具体项目进行明细核算。

三、投资收益的主要账务处理如下：

（一）投资持有期间，收到利息、股利等投资收益时，按照实际收到的金额，借记“银行存款”科目，贷记本科目。

（二）对外转让或到期收回债券投资本息，按照实际收到的金额，借记“银行存款”科目，按照收回投资的账面余额，贷记“工会资金结余”科目，按照其差额，贷记或借记本科目；同时，按照收回投资的账面余额，借记“资产基金——投资”科目，贷记“投资”科目。

（三）期末结转时，将本科目本期发生额中的专项资金收入转入工会资金结转，借记本科目各专项资金收入明细科目，贷记“工会资金结转——本年收支结转”科目；将本科目本期发生额中的非专项资金收入转入工会资金结余，借记本科目各非专项资金收入明细科目，贷记“工会资金结余——本年收支结转”科目。

四、本科目期末结转后无余额。

第 408 号科目　其他收入

一、本科目核算除上述收入以外的各项收入，如资产盘盈、固定资产处置净收入、接受捐赠收入、银行存款利息收入等。

二、其他收入中如有专项资金收入，应当按照具体项目进行明细核算。

三、其他收入的主要账务处理如下：

（一）取得银行存款利息收入，借记“银行存款”等科目，贷记本科目。

（二）接受捐赠的款项，借记“银行存款”等科目，贷记本科目。

（三）每日现金账款核对中如发现现金溢余，属于无法查明原因的，报经批准后处理时，借记“待处理财产损溢”科目，贷记本科目。

（四）已核销其他应收款在以后期间收回的，按照实际收回的金额，借记“银行存款”等科目，贷记本科目。

（五）盘亏或者毁损、报废的各类资产，报经批准处理后收支结清时，如果处理收入大于相关费用的，按照处理收入减去相关费用后的净收入，借记“待处理财产损溢”科目，贷记本科目，需按规定上缴同级政府财政的，贷记“其他应付款”科目。

（六）有偿调出、出售的固定资产和无形资产，按照有偿调出、出售过程中取得的价款，借记“银行存款”等科目，贷记本科目，按规定应上缴同级财政的，贷记“其他应付款”科目；同时，按照有偿调出、出售资产的账面价值，借记“资产基金”科目，按照已计提折旧或摊销，借记“累计折旧”“累计摊销”科目，按照资产的账面余额，贷记“固定资产”“无形资产”科目。

（七）期末结转时，将本科目本期发生额中的专项资金收入转入工会资金结转，借记本科目各专项资金收入明细科目，贷记“工会资金结转——本年收支结转”科目；将本科目本期发生额中的非专项资金收入转入工会资金结余，借记本科目各非专项资金收入明细科目，贷记“工会资金结余——本年收支结转”科目。

四、本科目期末结转后无余额。

第 411 号科目　动用预算稳定调节基金

一、本科目核算县级以上工会按照工会预算管理规定动用的预算稳定调节基金。

二、动用预算稳定调节基金的主要账务处理如下：

（一）按规定动用预算稳定调节基金时，按照动用的金额，借记“预算稳定调节基金”科目，贷记本科目。

（二）期末结转时，将本科目本期发生额转入工会资金结余科目，借记本科目，贷记“工会资金结余——本年收支结转”科目。

三、本科目期末结转后无余额。

五、支出类科目

第 501 号科目　职工活动支出

一、本科目核算基层工会开展职工教育活动、文体活动、宣传活动、劳模疗休养活动、会员活动等发生的支出。

二、本科目应当设置以下明细科目：

50101　职工教育支出：核算基层工会用于开展政治、法律、科技、业务等专题培训和职工技能培训所需的教材资料、教学用品、场地租金等方面的支出，用于支付职工教育活动聘请授课人员的酬金，用于基层工会开展的职工素质提升补助和职工教育培训优秀学员的奖励。

50102　文体活动支出：核算基层工会用于开展或参加上级工会组织的职工业余文体活动所需器材、服装、用品等购置、租赁与维修方面的支出以及活动场地、交通工具的租金支出等，用于文体活动优胜者的奖励支出，用于文体活动中必要的伙食补助费。

50103　宣传活动支出：核算基层工会用于开展重点工作、重大主题和重大节日宣传活动所需的材料消耗、场地租金、购买服务等方面的支出，用于培育和践行社会主义核心价值观，弘扬劳模精神、劳动精神、工匠精神等经常性宣传活动方面的支出，用于基层工会开展或参加上级工会举办的知识竞赛、宣讲、演讲比赛、展览等宣传活动的支出。

50104　劳模职工疗休养支出：核算基层工会用于组织和开展的劳动模范和先进职工疗休养活动的公杂费等补助。

50105　会员活动支出：核算基层工会用于组织会员观看电影、文艺演出、开展春游秋游，为会员购买当地公园年票等的支出；用于基层工会在重大节日（传统节日）和会员生日、婚丧嫁娶、退休离岗的慰问支出。

50106　其他活动支出：核算基层工会用于开展其他活动的各项职工活动支出。

三、职工活动支出的主要账务处理如下：

（一）发生职工活动支出时，按照实际支付的金额，借记本科目，贷记“库存现金”“银行存款”等科目。支出的款项中有形成库存物品等资产的，应当同时按照确定的成本借记“库存物品”等科目，贷记“资产基金”科目。

（二）期末结转时，将本科目本期发生额中的工会资金专项资金支出转入工会资金结转，借记“工会资金结转——本年收支结转”科目，贷记本科目；将本科目本期发生额中的工会资金非专项资金支出转入工会资金结余，借记“工会资金结余——本年收支结转”科目，贷记本科目。

四、本科目期末结转后无余额。

第 502 号科目　职工活动组织支出

一、本科目核算县级以上工会组织开展职工教育活动、文体活动、宣传活动、劳模疗休养活动等发生的支出。

二、本科目应当按照工会预算管理等规定，参照“职工活动支出”科目设置明细科目。

三、职工活动组织支出的主要账务处理如下：

（一）发生职工活动组织支出时，按照实际支付的金额，借记本科目，贷记“库存现金”“银行存款”“零余额账户用款额度”等科目。支出的款项中有形成库存物品等资产的，应当同时按照确定的成本借记“库存物品”等科目，贷记“资产基金”科目。

（二）期末结转时，将本科目本期发生额中的财政拨款支出转入财政拨款结转，借记“财政拨款结转——本年收支结转”科目，贷记本科目；将本科目本期发生额中的工会资金专项资金支出转入工会资金结转，借记“工会资金结转——本年收支结转”科目，贷记本科目；将本科目本期发生额中的工会资金非专项资金支出转入工会资金结余，借记“工会资金结余——本年收支结转”科目，贷记本科目。

四、本科目期末结转后无余额。

第 503 号科目　职工服务支出

一、本科目核算工会开展职工劳动和技能竞赛活动、职工创新活动、建家活动、职工书屋、职工互助保障、心理咨询等工作发生的支出。

二、本科目应当设置以下明细科目：

50301　劳动和技能竞赛活动支出：核算工会组织开展合理化建议、技术革新、发明创造、岗位练兵、技术比武、技术培训等劳动和技能竞赛活动支出及其奖励支出。

50302　建家活动支出：核算工会组织建设、建家活动方面的支出。

50303　职工创新活动支出：核算工会开展的劳模和工匠人才创新工作、职工创新工作活动发生的支出。

50304　职工书屋活动支出：核算工会为建设职工书屋而发生的图书购置以及维护的支出。

50305　其他服务支出：核算工会组织和开展会员和职工普惠制服务、心理咨询、互助保障等其他方面的职工服务支出。

三、职工服务支出主要账务处理如下：

（一）发生职工服务支出时，按照实际支付的金额，借记本科目，贷记“库存现金”“银行存款”“零余额账户用款额度”等科目。支出的款项中有形成库存物品等资产的，应当同时按照确定的成本借记“库存物品”等科目，贷记“资产基金”科目。

（二）期末结转时，将本科目本期发生额中的财政拨款支出转入财政拨款结转，借记“财政拨款结转——本年收支结转”科目，贷记本科目；将本科目本期发生额中的工会资金专项资金支出转入工会资金结转，借记“工会资金结转——本年收支结转”科目，贷记本科目；将本科目本期发生额中的工会资金非专项资金支出转入工会资金结余，借记“工会资金结余——本年收支结转”科目，贷记本科目。

四、本科目期末结转后无余额。

第 504 号科目　维权支出

一、本科目核算工会用于维护职工权益的支出，包括劳动关系协调、劳动保护、法律援助、困难职工帮扶、送温暖和其他维权支出。

二、本科目应当设置以下明细科目：

50401　劳动关系协调支出：核算工会用于推进创建劳动关系和谐企业活动、加强劳动争议调解和队伍建设、开展劳动合同咨询活动、集体合同示范文本印制与推广等方面的支出。

50402　劳动保护支出：核算工会用于开展群众性安全生产和职业病防治活动、加强群众安全监督检查员队伍建设、开展职工心理健康维护等以促进安全健康生产、保护职工生命安全为宗旨开展的职工劳动保护发生的支出。

50403　法律援助支出：核算工会用于向职工群众提供法律咨询、法律服务等发生的支出。

50404　困难职工帮扶支出：核算工会用于对困难职工提供资金和物质帮助

等发生的支出。

50405　送温暖支出：核算工会用于开展春送岗位、夏送清凉、金秋助学和送温暖等活动发生的支出。

50406　其他维权支出：核算工会用于补助职工等其他方面的维权支出。

三、维权支出的主要账务处理如下：

（一）发生维权支出时，按照实际支付的金额，借记本科目，贷记“库存现金”“银行存款”“零余额账户用款额度”等科目。支出的款项中有形成库存物品等资产的，应当同时按照确定的成本借记“库存物品”等科目，贷记“资产基金”科目。

（二）县级以上工会提取工会干部权益保障金时，按照提取的金额，借记本科目，贷记“专用基金”科目。

（三）期末结转时，将本科目本期发生额中的财政拨款支出转入财政拨款结转，借记“财政拨款结转——本年收支结转”科目，贷记本科目；将本科目本期发生额中的工会资金专项资金支出转入工会资金结转，借记“工会资金结转——本年收支结转”科目，贷记本科目；将本科目本期发生额中的工会资金非专项资金支出转入工会资金结余，借记“工会资金结余——本年收支结转”科目，贷记本科目。

四、本科目期末结转后无余额。

第 505 号科目　业务支出

一、本科目核算工会培训工会干部、加强自身建设及开展业务工作发生的各项支出。

二、本科目应当设置以下明细科目：

50501　培训支出：核算工会用于开展工会干部和积极分子培训发生的支出。

50502　会议支出：核算工会用于工会会员大会或会员代表大会、委员会、常委会、经费审查委员会以及其他专业工作会议的各项支出。

50503　专项业务支出：核算工会用于开展组织建设、专题调研、专项工作、劳模津贴、劳模专项补助、扶贫活动及外事活动的支出。

50504　其他业务支出：核算工会发生的不属于以上业务开支的其他业务支出，如工会用于发放兼职工会干部和专职社会化工会工作者补贴的支出等。

三、业务支出主要账务处理如下：

（一）发生业务支出时，按照实际支付的金额，借记本科目，贷记“库存现金”“银行存款”“零余额账户用款额度”等科目。支出的款项中有形成库存物品等资产的，应当同时按照确定的成本借记“库存物品”等科目，贷记“资产基金”科目。

（二）期末结转时，将本科目本期发生额中的财政拨款支出转入财政拨款结转，借记“财政拨款结转——本年收支结转”科目，贷记本科目；将本科目本期发生额中的工会资金专项资金支出转入工会资金结转，借记“工会资金结转——本年收支结转”科目，贷记本科目；将本科目本期发生额中的工会资金非专项资金支出转入工会资金结余，借记“工会资金结余——本年收支结转”科目，贷记本科目。

四、本科目期末结转后无余额。

第 506 号科目　行政支出

一、本科目核算县级以上工会为行政管理、后勤保障等发生的各项日常支出。

二、本科目应当设置以下明细科目：

50601　工资福利支出：核算工会开支的专职工作人员和长期聘用人员的各类劳动报酬，以及为上述人员缴纳的各项社会保险费等。包括：基本工资、津贴补贴、奖金、社会保障缴费、伙食补助费、住房公积金等。

50602　商品和服务支出：核算工会购买商品和服务的支出（不包括用于购置固定资产、无形资产的支出）。包括：办公费、印刷费、咨询费、手续费、水费、电费、邮电费、物业管理费、公务用车运行维护费（燃料费、维修费、过桥过路费、保险费、安全奖励费用等）、其他交通费用、差旅费（住宿费、城市间交通费、市内交通费、伙食补助费、杂费）、维修（护）费、租赁费、公务接待费、专用材料费、劳务费、委托业务费、工会经费、福利费等。

50603　对个人和家庭的补助支出：核算工会用于对个人和家庭的补助支出。包括：离休费、退休费、退职费、抚恤金、生活补助、医疗费补助等。

50604　其他行政支出：核算不能划分到上述明细科目的其他行政支出。

三、行政支出的主要账务处理如下：

（一）计算确认当期人员经费时，按照计算确定的金额，借记本科目，贷记“应付职工薪酬”科目。

（二）支出公用经费时，按照实际支付的金额，借记本科目，贷记“库存现金”“银行存款”“零余额账户用款额度”等科目。支出的款项中有购入库存物品的，应当同时按照确定的成本借记“库存物品”科目，贷记“资产基金”科目。

（三）期末结转时，将本科目本期发生额中的财政拨款支出转入财政拨款结转，借记“财政拨款结转——本年收支结转”科目，贷记本科目；将本科目本期发生额中的工会资金专项资金支出转入工会资金结转，借记“工会资金结转——本年收支结转”科目，贷记本科目；将本科目本期发生额中的工会资金非专项资金支出转入工会资金结余，借记“工会资金结余——本年收支结转”科目，贷记本科目。

四、本科目期末结转后无余额。

第 507 号科目　资本性支出

一、本科目核算工会从事建设工程、设备工具购置、大型修缮和信息网络购建而发生的实际支出。

二、本科目应当设置以下明细科目：

50701　房屋建筑物购建：核算工会用于购买、自行建造办公用房、仓库、食堂等建筑物（含附属设施，如电梯、通讯线路、电缆、水气管道等）的支出。

50702　办公设备购置：核算工会购置纳入固定资产核算范围的办公家具和办公设备的支出。

50703　专用设备购置：核算工会购置具有专门用途、纳入固定资产核算范围的各类专用设备的支出。

50704　交通工具购置：核算工会用于购置各类交通工具的支出（含车辆购置税）。

50705　大型修缮：核算工会各类设备、建筑物等的大型修缮支出。

50706　信息网络购建：核算工会用于信息网络方面的支出。如计算机硬件、软件购置、开发、应用支出等。购建的计算机硬件、软件等不符合固定资产、无形资产确认标准的，不在此科目核算。

50707　其他资本性支出：核算工会其他上述科目中未包括的资本性支出。

三、资本性支出的主要账务处理如下：

（一）购置、有偿调入固定资产、无形资产等时，按照实际支出的金额，借记本科目，贷记“银行存款”“零余额账户用款额度”“政府补助收入”等科目；同时，按照确定的资产成本，借记“固定资产”“无形资产”科目，贷记“资产基金”科目。

（二）自行建造房屋建筑物等固定资产、对固定资产进行大型修缮等时，按照自行建造过程中发生的实际支出，借记本科目，贷记“银行存款”“零余额账户用款额度”“政府补助收入”等科目；同时，借记“在建工程”科目，贷记“资产基金——在建工程”科目。

（三）发生长期待摊费用时，按照实际支出的金额，借记本科目，贷记“银行存款”“零余额账户用款额度”“政府补助收入”等科目；同时，借记“长期待摊费用”科目，贷记“资产基金——长期待摊费用”科目。

（四）期末结转时，将本科目本期发生额中的财政拨款支出转入财政拨款结转，借记“财政拨款结转——本年收支结转”科目，贷记本科目；将本科目本期发生额中的工会资金专项资金支出转入工会资金结转，借记“工会资金结转——本年收支结转”科目，贷记本科目；将本科目本期发生额中的工会资金非专项资金支出转入工会资金结余，借记“工会资金结余——本年收支结转”科目，贷记本科目。

四、本科目期末结转后无余额。

第508号科目　补助下级支出

一、本科目核算县级以上工会为解决下级工会经费不足或根据有关规定给予下级工会的各类补助款项。

二、本科目应当设置以下明细科目：

50801　一般性转移支付补助：核算工会按有关规定对下级未指定用途的补助。

50802　专项转移支付补助：核算工会按有关规定对下级指定专门用途的项目补助，包括对下级的帮扶困难职工的补助、用于开展向困难职工和家庭送温暖活动的补助、救灾补助等。

三、补助下级支出的主要账务处理如下：

（一）发生补助下级支出时，按照实际支付的金额，借记本科目，贷记“银行存款”“零余额账户用款额度”等科目。

（二）年末清算时，存在应付未付下级补助款项的，借记本科目，贷记“应付下级经费——应付下级补助”科目。

（三）期末结转时，将本科目本期发生额中的财政拨款支出转入财政拨款结转，借记“财政拨款结转——本年收支结转”科目，贷记本科目；将本科目本期发生额中的工会资金专项资金支出转入工会资金结转，借记“工会资金结转——本年收支结转”科目，贷记本科目；将本科目本期发生额中的工会资金非专项资金支出转入工会资金结余，借记“工会资金结余——本年收支结转”科目，贷记本科目。

四、本科目期末结转后无余额。

第 509 号科目　对附属单位的支出

一、本科目核算工会按规定对所属企事业单位的补助。

二、本科目应当按照单位设置明细科目。

三、对附属单位的支出的主要账务处理如下：

（一）发生相关支出时，按照实际支付的金额，借记本科目，贷记“银行存款”“零余额账户用款额度”等科目。

（二）期末结转时，将本科目本期发生额中的财政拨款支出转入财政拨款结转，借记“财政拨款结转——本年收支结转”科目，贷记本科目；将本科目本期发生额中的工会资金专项资金支出转入工会资金结转，借记“工会资金结转——本年收支结转”科目，贷记本科目；将本科目本期发生额中的工会资金非专项资金支出转入工会资金结余，借记“工会资金结余——本年收支结转”科目，贷记本科目。

四、本科目期末结转后无余额。

第 510 号科目　其他支出

一、本科目核算工会除上述支出以外的各项支出，如资产盘亏、资产处置净损失、捐赠支出、汇兑损溢以及按规定计提有关专用基金等。

二、其他支出的主要账务处理如下：

（一）每日现金账款核对中如发现现金短缺，属于无法查明原因的部分，报经批准后，借记本科目，贷记“待处理财产损溢”科目。

（二）核销预计无法收回的其他应收款时，报经批准后，借记本科目，贷记“待处理财产损溢”科目。

（三）接受捐赠、无偿调入或对外捐赠、无偿调出实物资产、无形资产时，发生应由本级工会承担的相关税费、运输费等的，借记本科目，贷记“银行存款”“零余额账户用款额度”等科目。

（四）报废、毁损的实物资产，处理收支结清时，如果处理收入小于相关费用的，按照相关费用减去处理收入后的净支出，借记本科目，贷记“待处理财产损溢”科目。

（五）对外捐赠支出，借记本科目，贷记“库存现金”“银行存款”等科目。

（六）提取权益保障金以外的专用基金时，借记本科目，贷记“专用基金”科目。

（七）期末确认外币汇兑损溢时，借记或贷记本科目，贷记或借记“银行存款”等科目。

（八）期末结转时，将本科目本期发生额中的财政拨款支出转入财政拨款结转，借记“财政拨款结转——本年收支结转”科目，贷记本科目；将本科目本期发生额中的工会资金专项资金支出转入工会资金结转，借记“工会资金结转——本年收支结转”科目，贷记本科目；将本科目本期发生额中的工会资金非专项资金支出转入工会资金结余，借记“工会资金结余——本年收支结转”科目，贷记本科目。

三、本科目期末结转后无余额。

第 521 号科目　安排预算稳定调节基金

一、本科目核算县级以上工会按照工会预算管理规定使用超收的拨缴经费收入安排的预算稳定调节基金。

二、安排预算稳定调节基金的主要账务处理如下：

（一）按规定安排预算稳定调节基金时，按照计提的金额，借记本科目，贷记“预算稳定调节基金”科目。

（二）期末，将本科目本期发生额转入工会资金结余科目，借记“工会资金结余——本年收支结转”科目，贷记本科目。

三、本科目期末结转后无余额。

第四部分　会计报表格式

编号	会计报表名称	编制期	编制主体
工会 01 表	资产负债表	月度、年度	各级工会
工会 02 表	收入支出表	月度、年度	各级工会
工会附 01 表	财政拨款收入支出表	年度	县级以上工会
工会附 02 表	国有资产情况表	年度	县级以上工会
工会附 03 表	成本费用表	月度、年度	县级以上工会

资产负债表

工会 01 表

编制单位：　　　　　　　　　　____年__月__日　　　　　　　　　　单位：元

资 产	年初余额	期末余额	负债与净资产	年初余额	期末余额
一、资 产			**二、负 债**		
流动资产：			应付职工薪酬		
货币资金			应付上级经费		
零余额账户用款额度 *			应付下级经费		
财政应返还额度			其他应付款		
应收上级经费			代管经费		
应收下级经费			**负债合计**		
其他应收款					
库存物品			**三、净资产**		
流动资产合计			资产基金		
投 资			专用基金		
在建工程			工会资金结转		
固定资产原值			工会资金结余		
减：累计折旧			财政拨款结转		
固定资产净值			财政拨款结余		
无形资产原值			预算稳定调节基金		
减：累计摊销			**净资产合计**		
无形资产净值					
长期待摊费用					
待处理财产损溢					
资产总计			**负债与净资产总计**		

注：“*”标识项目为中期报表项目，年报中不需列示。

收入支出表

工会 02 表

编制单位：　　　　　　　　　　____年__月　　　　　　　　　　单位：元

项 目	本月数	本年累计数
一、年初资金结转结余		
（一）年初资金结转		
（二）年初资金结余		
二、资金结转结余调整及变动		
三、收入合计		

续 表

项 目	本月数	本年累计数
（一）会费收入		
（二）拨缴经费收入		
（三）上级补助收入		
（四）政府补助收入		
（五）行政补助收入		
（六）附属单位上缴收入		
（七）投资收益		
（八）其他收入		
（九）动用预算稳定调节基金		
四、支出合计		
（一）职工活动支出		
（二）职工活动组织支出		
（三）职工服务支出		
（四）维权支出		
（五）业务支出		
（六）行政支出		
（七）资本性支出		
（八）补助下级支出		
（九）对附属单位的支出		
（十）其他支出		
（十一）安排预算稳定调节基金		
五、本期收支差额		
六、年末资金结转结余		
（一）年末资金结转		
（二）年末资金结余		

财政拨款收入支出表

工会附01表

编制单位：　　　　____年　　　　单位：元

项 目	年初财政拨款结转结余		调整年初财政拨款结转结余	本年归集上缴	单位内部调剂		本年财政拨款收入	本年财政拨款支出	年末财政拨款结转结余	
	结转	结余			结转	结余			结转	结余
基本支出：										
1. 人员经费										
2. 公用经费										

续　表

项 目	年初财政拨款结转结余		调整年初财政拨款结转结余	本年归集上缴	单位内部调剂		本年财政拨款收入	本年财政拨款支出	年末财政拨款结转结余	
	结转	结余			结转	结余			结转	结余
项目支出：										
1.×× 项目										
2.×× 项目										
……										
总计										

国有资产情况表

工会附 02 表

编制单位：　　　　____年　　　　单位：元

项 目	年初余额	年末余额
流动资产：		
货币资金		
财政应返还额度		
库存物品		
流动资产合计		
非流动资产：		
在建工程		
固定资产原值		
减：累计折旧		
固定资产净值		
无形资产原值		
减：累计摊销		
无形资产净值		
长期待摊费用		
非流动资产合计		
资产总计		

成本费用表

工会附 03 表

编制单位：　　　　____年__月　　　　单位：元

项 目	本月数	本年累计数
职工活动组织费用		
职工服务费用		
维权费用		
业务费用		

续 表

项 目	本月数	本年累计数
行政费用		
补助下级费用		
对附属单位的费用		
折旧及摊销费用		
其他费用		
调整事项		
费用总计		

第五部分 会计报表编制说明

一、资产负债表编制说明

（一）本表反映工会某一特定日期全部资产、负债和净资产的情况。工会至少应当编制月度、年度资产负债表，可以根据需要编制季度、半年度资产负债表。

（二）编制年度资产负债表时，将“期末余额”栏改为“年末余额”栏。

（三）本表“年初余额”栏内各项目，应当根据上年度资产负债表“年末余额”栏内各对应项目数字填列。

（四）本表“期末余额”栏各项目的内容和填列方法。

1.资产类项目。

（1）“货币资金”项目，反映工会期末库存现金、银行存款的合计数。本项目应当根据“库存现金”“银行存款”科目的期末余额的合计数填列。

（2）“零余额账户用款额度”项目，反映县级以上工会期末尚未支用的零余额账户用款额度金额。本项目仅在中期报表中列示，年度报表中不列示。本项目应当根据“零余额账户用款额度”科目的期末余额填列。

（3）“财政应返还额度”项目，反映县级以上工会期末财政应返还额度的金额。本项目应当根据“财政应返还额度”科目的期末余额填列。

（4）“应收上级经费”项目，反映工会期末应收未收的上级工会应转拨（或拨付）的工会拨缴经费及补助金额。本项目应当根据“应收上级经费”科目的期末余额填列。

（5）“应收下级经费”项目，反映县级以上工会期末应收未收的下级工会应上缴的工会拨缴经费金额。本项目应当根据“应收下级经费”科目的期末余额填列。

（6）“其他应收款”项目，反映工会期末尚未收回的其他应收款金额。本项目应当根据“其他应收款”科目的期末余额填列。

（7）“库存物品”项目，反映工会期末存储的库存物品的实际成本。本项目应当根据“库存物品”科目的期末余额填列。

（8）“流动资产合计”项目，反映工会期末流动资产的合计数。本项目应当根据本表中“货币资金”“零余额账户用款额度”[中期报表]、“财政应返还额度”“应收上级经费”“应收下级经费”“其他应收款”和“库存物品”项目金额的合计数填列。

（9）“投资”项目，反映工会期末持有的投资账面余额。本项目应当根据“投资”科目的期末余额填列。

（10）“在建工程”项目，反映工会期末所有的建设项目工程的实际成本。本项目应当根据“在建工程”科目的期末余额填列。

（11）“固定资产原值”项目，反映工会期末固定资产的原值。本项目应当根据“固定资产”科目的期末余额填列。

“累计折旧”项目，反映工会期末固定资产已计提的累计折旧金额。本项目应当根据“累计折旧”科目的期末余额填列。

“固定资产净值”项目，反映工会期末固定资产的账面价值。本项目应当根据“固定资产”科目期末余额减去“累计折旧”科目期末余额后的金额填列。

（12）“无形资产原值”项目，反映工会期末无形资产的原值。本项目应当根据“无形资产”科目的期末余额填列。

“累计摊销”项目，反映工会期末无形资产已计提的累计摊销金额。本项目应当根据“累计摊销”科目的期末余额填列。

“无形资产净值”项目，反映工会期末无形资产的账面价值。本项目应当根据“无形资产”科目期末余额减去“累计摊销”科目期末余额后的金额填列。

（13）“长期待摊费用”项目，反映工会期末已经支出，但应由本期和以后各期负担的分摊期限在 1 年以上（不含 1 年）的各项支出金额。本项目应当根据“长期待摊费用”科目的期末余额填列。

（14）“待处理财产损溢”项目，反映工会期末尚未处理完毕的各种资产的净损失或净溢余。本项目应当根据“待处理财产损溢”科目的期末借方余额填列；如“待处理财产损溢”科目期末为贷方余额，以“–”号填列。

（15）“资产总计”项目，反映工会期末资产的合计数。本项目应当根据本表中“流动资产合计”“投资”“在建工程”“固定资产净值”“无形资产净值”“长期待摊费用”和“待处理财产损溢”项目金额的合计数填列。

2. 负债类项目。

（1）“应付职工薪酬”项目，反映县级以上工会期末按有关规定应付给职工及为职工支付的各种薪酬金额。本项目应当根据“应付职工薪酬”科目的期末余额填列。

（2）“应付上级经费”项目，反映工会期末应缴未缴上级的工会拨缴经费金额。本项目应当根据“应付上级经费”科目的期末余额填列。

（3）“应付下级经费”项目，反映县级以上工会期末应付未付下级的转拨（或拨付）工会拨缴经费及补助金额。本项目应当根据“应付下级经费”科目的期末余额填列。

（4）“其他应付款”项目，反映工会期末尚未支付的其他应付及暂收款项金额。本项目应当根据“其他应付款”科目的期末余额填列。

（5）“代管经费”项目，反映工会期末受托代管的其他组织的资金金额。本项目应当根据“代管经费”科目的期末余额填列。

（6）“负债合计”项目，反映工会期末负债的合计数。本项目应当根据本表中“应付职工薪酬”“应付上级经费”“应付下级经费”“其他应付款”和“代管经费”项目金额的合计数填列。

3. 净资产类项目。

（1）“资产基金”项目，反映工会期末库存物品、投资、在建工程、固定资产、无形资产、长期待摊费用等非货币性资产在净资产中占用的金额。本项目应当根据“资产基金”科目的期末余额填列。

（2）“专用基金”项目，反映县级以上工会期末累计提取但尚未使用的专用基金余额。本项目应当根据“专用基金”科目的期末余额填列。

（3）“工会资金结转”项目，反映工会累计滚存的除财政拨款外的工会经费结转金额。本项目应当根据“工会资金结转”科目的期末余额填列。

（4）“工会资金结余”项目，反映工会累计滚存的除财政拨款外的工会经费结余金额。本项目应当根据“工会资金结余”科目的期末余额填列。

（5）“财政拨款结转”项目，反映县级以上工会累计滚存的财政拨款结转金额。本项目应当根据“财政拨款结转”科目的期末余额填列。

（6）“财政拨款结余”项目，反映县级以上工会累计滚存的财政拨款结余金额。本项目应当根据“财政拨款结余”科目的期末余额填列。

（7）“预算稳定调节基金”项目，反映县级以上工会累计滚存的预算稳定调节基金金额。本项目应当根据“预算稳定调节基金”科目的期末余额填列。

（8）“净资产合计”项目，反映工会期末净资产合计数。本项目应当根据本表中“资产基金”“专用基金”“工会资金结转”“工会资金结余”“财政拨款结转”“财政拨款结余”和“预算稳定调节基金”项目金额的合计数填列。

（9）“负债与净资产总计”项目，应当根据本表中“负债合计”和“净资产合计”项目金额的合计数填列。

二、收入支出表编制说明

（一）本表反映工会某一会计期间全部收入、支出和结转结余的情况。工会至少应当编制月度、年度收入支出表，可以根据需要编制季度、半年度收入支出表。

（二）编制年度收入支出表时，将“本月数”栏改为“本年数”栏，将“本年累计数”栏改为“上年数”栏。

（三）本表“本月数”栏内各项目，根据本月各项目的实际发生额填列。年度收入支出表“本年数”栏内各项目，根据本年度各项目的实际发生额填列。

本表“本年累计数”栏内各项目，根据自年初至本期期末各项目的累计实际发生额填列，也可以根据上月收入支出表“本年累计数”加上本月收入支出表“本月数”后的金额填列。

年度收入支出表“上年数”栏内各项目，根据上年度收入支出表“本年数”栏内各对应项目数字填列。

（四）本表“本月数”栏各项目的内容和填列方法。

1.“年初资金结转结余”项目及其所属各明细项目，反映工会本年初所有资金结转结余的金额。本项目及其所属各明细项目，仅在编制年度收入支出表时填列。

“年初资金结转结余”项目根据各明细项目的合计数填列。“年初资金结转”项目根据“工会资金结转”“财政拨款结转”科目年初余额的合计数填列。“年初资金结余”项目根据“工会资金结余”“财政拨款结余”科目年初余额的合计数填列。

本项目及其所属各明细项目的数额，应当与上年年度收入支出表中“年末资金结转结余”中各项目的金额相等。

2.“资金结转结余调整及变动”项目，反映工会因发生需要调整以前年度各项资金结转结余的事项导致各项资金结转结余发生变动的金额。本项目根据“工会资金结转”“工会资金结余”“财政拨款结转”“财政拨款结余”科目下“年初余额调整”“归集上缴”科目本期发生额的合计数填列。若为负数，以“-”号填列。

3. 收入类项目。

（1）“收入合计”项目，反映工会本期收入总额。本项目应当根据本表中“会费收入”“拨缴经费收入”“上级补助收入”“政府补助收入”“行政补助收入”“附属单位上缴收入”“投资收益”“其他收入”和“动用预算稳定调节基金”项目金额的合计数填列。

（2）“会费收入”项目，反映基层工会收到的工会会员会费的金额。本项目应当根据“会费收入”科目的本期发生额填列。

（3）“拨缴经费收入”项目，反映工会收到的基层单位行政拨缴、下级工会按规定上缴及上级工会按规定转拨的工会拨缴经费中归属于本级工会的经费金额。本项目应当根据“拨缴经费收入”科目的本期发生额填列。

（4）“上级补助收入”项目，反映工会收到的上级工会给予的补助金额。本项目应当根据“上级补助收入”科目的本期发生额填列。

（5）“政府补助收入”项目，反映县级以上工会收到的各级人民政府按照工会法和国家的有关规定给予工会的补助金额。本项目应当根据“政府补助收入”科目的本期发生额填列。

（6）“行政补助收入”项目，反映基层工会收到的所在单位行政方面按照工会法和国家的有关规定给予工会的补助金额。本项目应当根据“行政补助收入”科目的本期发生额填列。

（7）“附属单位上缴收入”项目，反映工会收到的所属企事业单位按规定上缴的金额。本项目应当根据“附属单位上缴收入”科目的本期发生额填列。

（8）“投资收益”项目，反映工会收到的对外投资发生的损溢金额。本项目应当根据“投资收益”科目的本期发生额填列；如为投资净损失，以“-”号填列。

（9）“其他收入”项目，反映工会收到的各类其他收入的金额。本项目应当根据“其他收入”科目的本期发生额填列。

（10）“动用预算稳定调节基金”项目，反映县级以上工会按照工会预算管理规定动用的预算稳定调节基金金额。本项目应当根据“动用预算稳定调节基金”科目的本期发生额填列。

4. 支出类项目。

（1）“支出合计”项目，反映工会本期支出总额。本项目应当根据本表中“职工活动支出”“职工活动组织支出”“职工服务支出”“维权支出”“业务支出”“行政支出”“资本性支出”“补助下级支出”“对附属单位的支出”“其他支出”和“安排预算稳定调节基金”项目金额的合计数填列。

（2）“职工活动支出”项目，反映基层工会开展职工教育活动、文体活动、宣传活动、劳模疗休养活动、会员活动等发生的支出金额。本项目应当根据“职工活动支出”科目的本期发生额填列。

（3）“职工活动组织支出”项目，反映县级以上工会组织开展职工教育活动、文体活动、宣传活动、劳模疗休养活动等发生的支出金额。本项目应当根据“职工活动组织支出”科目的本期发生额填列。

（4）“职工服务支出”项目，反映工会开展职工劳动和技能竞赛活动、职工创新活动、建家活动、职工书屋、职工互助保障、心理咨询等工作发生的支出金额。本项目应当根据“职工服务支出”科目的本期发生额填列。

（5）“维权支出”项目，反映工会用于维护职工权益的支出金额。本项目应当根据“维权支出”科目的本期发生额填列。

（6）“业务支出”项目，反映工会培训工会干部、加强自身建设及开展业务工作发生的支出金额。本项目应当根据“业务支出”科目的本期发生额填列。

（7）“行政支出”项目，反映县级以上工会为行政管理、后勤保障等发生的各项日常支出金额。本项目应当根据“行政支出”科目的本期发生额填列。

（8）“资本性支出”项目，反映工会从事建设工程、设备工具购置、大型修缮和信息网络购建而发生的实际支出金额。本项目应当根据“资本性支出”科目的本期发生额填列。

（9）“补助下级支出”项目，反映县级以上工会为解决下级工会经费不足或根据有关规定给予下级工会的各类补助金额。本项目应当根据“补助下级支出”科目的本期发生额填列。

（10）“对附属单位的支出”项目，反映工会按规定对所属企事业单位的补助金额。本项目应当根据“对附属单位的支出”科目的本期发生额填列。

（11）“其他支出”项目，反映工会发生的各项其他支出的金额。本项目应当根据“其他支出”科目的本期发生额填列；如为贷方发生额，以“-”号填列。

（12）“安排预算稳定调节基金”项目，反映县级以上工会按照有关规定使用超收的拨缴经费收入安排的预算稳定调节基金金额。本项目应当根据“安排预算稳定调节基金”科目的本期发生额填列。

5.“本期收支差额”项目，反映工会本期发生的各项资金收入和支出相抵后的余额。本项目应当根据本表中“收入合计”项目金额减去“支出合计”项目金额后的余额填列。如为负数，以“-”号填列。

6.“年末资金结转结余”项目及其所属各明细项目，反映工会本年各项资金结转结余的年末余额。本项目及其所属各明细项目，仅在编制年度收入支出表时填列。

“年末资金结转结余”项目根据各明细项目的合计数填列。“年末资金结转”项目根据“工会资金结转”“财政拨款结转”科目年末余额的合计数填列。“年末资金结余”项目根据“工会资金结余”“财政拨款结余”科目年末余额的合计数填列。

三、财政拨款收入支出表编制说明

（一）本表反映县级以上工会本年财政拨款的收入、支出和结转结余的情况。县级以上工会应当按年度编制财政拨款收入支出表。

不从同级政府财政部门取得财政拨款的县级以上工会，不填列本表。

（二）本表“项目”栏内各项目，应当根据县级以上工会取得的财政拨款分项设置。其中“项目支出”项目下，根据每个项目设置。

（三）本表各栏及其对应项目的内容和填列方法。

1.“年初财政拨款结转结余”栏中各项目，反映县级以上工会年初各项财政拨款结转结余的金额。各项目应当根据“财政拨款结转”“财政拨款结余”科目及其明细科目的年初余额填列。本栏中各项目的数额应当与上年度财政拨款收入支出表中“年末财政拨款结转结余”栏中各项目的数额相等。

2.“调整年初财政拨款结转结余”栏中各项目，反映县级以上工会对年初财政拨款结转结余的调整金额。各项目应当根据“财政拨款结转”“财政拨款结余”科目下“年初余额调整”明细科目及其所属明细科目的本年发生额填列；如调整减少年初财政拨款结转结余，以“-”号填列。

3.“本年归集上缴”栏中各项目，反映县级以上工会本年按规定实际上缴的财政拨款结余资金金额。各项目应当根据“财政拨款结余”科目下“归集上缴”科目及其所属明细科目的本年发生额，以“-”号填列。

4.“单位内部调剂”栏中各项目，反映县级以上工会本年财政拨款结转结余资金在工会内部不同项目等之间的调剂金额。各项目应当根据“财政拨款结转”和“财政拨款结余”科目下的“单位内部调剂”明细科目及其所属明细科目的本年发生额填列；对工会内部调剂减少的财政拨款结余金额，以“–”号填列。

5.“本年财政拨款收入”栏中各项目，反映县级以上工会本年从同级政府部门取得的财政预算拨款金额。各项目应当根据“政府补助收入”科目下“财政拨款收入”明细科目及其所属明细科目的本年发生额填列。

6.“本年财政拨款支出”栏中各项目，反映县级以上工会本年发生的财政拨款支出金额。各项目应当根据除“安排预算稳定调节基金”科目以外的各支出类科目下“财政拨款”明细科目及其所属明细科目的本年发生额填列。

7.“年末财政拨款结转结余”栏中各项目，反映县级以上工会年末财政拨款结转结余的金额。各项目应当根据“财政拨款结转”“财政拨款结余”科目及其所属明细科目的年末余额填列。

四、国有资产情况表编制说明

（一）本表反映县级以上工会年末持有的国有资产情况。县级以上工会应当按年度编制国有资产情况表。

（二）本表“年初余额”栏各项目金额，应当根据上年度国有资产情况表“年末余额”栏内各对应项目数字填列。

（三）本表“年末余额”栏各项目的内容和填列方法。

1.“货币资金”项目，反映县级以上工会年末库存现金及银行存款中财政拨款的合计数。本项目应当根据“库存现金”“银行存款”科目下“国有资产”明细科目年末余额的合计数填列。

2.“财政应返还额度”项目，反映县级以上工会年末财政应返还额度的金额。本项目应当根据“财政应返还额度”科目的年末余额填列。

3.“库存物品”项目，反映县级以上工会年末存储的财政拨款形成的库存物品的实际成本。本项目应当根据“库存物品”科目下“国有资产”明细科目的年末余额填列。

4.“流动资产合计”项目，反映工会期末流动资产中国有资产的合计数。本项目应当根据本表中“货币资金”“财政应返还额度”“库存物品”项目金额的合计数填列。

5.“在建工程”项目，反映县级以上工会年末所有的建设项目工程中国有资产部分的实际成本。本项目应当根据“在建工程”科目下“国有资产”明细科目的年末余额填列。

6.“固定资产原值”项目，反映县级以上工会年末固定资产中国有资产部分的原值。本项目应当根据“固定资产”科目下“国有资产”明细科目的年末余额填列。

“累计折旧”项目，反映县级以上工会年末固定资产中国有资产部分已计提的累计折旧金额。本项目应当根据“累计折旧”科目下“国有资产”明细科目的年末余额填列。

“固定资产净值”项目，反映县级以上工会年末固定资产中国有资产部分的账面价值。本项目应当根据“固定资产原值”项目减去“累计折旧”项目后的金额填列。

7.“无形资产原值”项目，反映县级以上工会年末无形资产中国有资产部分的原值。本项目应当根据“无形资产”科目下“国有资产”明细科目的年末余额填列。

“累计摊销”项目，反映县级以上工会年末无形资产中国有资产部分已计提的累计摊销金额。本项目应当根据“累计摊销”科目下“国有资产”明细科目的年末余额填列。

“无形资产净值”项目，反映县级以上工会年末无形资产中国有资产部分的账面价值。本项目应当根据“无形资产原值”项目减去“累计摊销”项目后的金额填列。

8.“长期待摊费用”项目，反映县级以上工会年末已经支出的，应由本期和以后各期负担的分摊期限在1年以上（不含1年）的财政拨款支出。本项目应当根据“长期待摊费用”科目下“国有资产”明细科目的年末余额填列。

9.“非流动资产合计”项目，反映县级以上工会年末非流动资产中国有资产的合计数。本项目应当根据本表中“在建工程”“固定资产净值”“无形资产净值”“长期待摊费用”项目金额的合计数填列。

10.“资产总计”项目，反映县级以上工会年末国有资产的合计数。本项目应当根据“流动资产合计”项目与“非流动资产合计”项目金额的合计数填列。

五、成本费用表编制说明

（一）本表反映县级以上工会某一会计期间内的成本费用情况。县级以上工会至少应当编制月度、年度成本费用表，可以根据需要编制季度、半年度成本费用表。

（二）编制年度成本费用表时，将“本月数”栏改为“本年数”栏，将“本年累计数”栏改为“上年数”栏。

（三）本表“本月数”栏内各项目，根据本月各项目的实际发生额填列。年度成本费用表“本年数”栏内各项目，根据本年度各项目的实际发生额填列。

本表“本年累计数”栏内各项目，根据自年初至本期期末各项目的累计实际发生额填列，也可以根据上月成本费用表“本年累计数”加上本月成本费用表“本月数”后的金额填列。

年度成本费用表“上年数”栏内各项目，根据上年度成本费用表“本年数”栏内各对应项目数字填列。

（四）本表“本月数”栏各项目的内容和填列方法。

1.“职工活动组织费用”项目，反映县级以上工会组织开展职工教育活动、文体活动、宣传活动、劳模疗休养活动等所发生的费用。本项目根据“职工活动组织支出”科目的本期发生额填列。

2.“职工服务费用”项目，反映县级以上工会开展职工劳动和技能竞赛活动、职工创新活动、建家活动、职工书屋、职工互助保障、心理咨询等工作发生的费用。本项目根据“职工服务支出”科目的本期发生额填列。

3.“维权费用”项目，反映县级以上工会用于维护职工权益的费用。本项目根据“维权支出”科目的本期发生额填列。

4.“业务费用”项目，反映县级以上工会培训工会干部、加强自身建设及开展业务工作发生的费用。本项目根据“业务支出”科目的本期发生额填列。

5.“行政费用”项目，反映县级以上工会为行政管理、后勤保障等发生的各项费用。本项目根据“行政支出”科目的本期发生额填列。

6.“补助下级费用”项目，反映县级以上工会补助下级发生的费用。本项目根据“补助下级支出”科目的本期发生额填列。

7.“对附属单位的费用”项目，反映县级以上工会按规定对附属企事业单位补助发生的费用。本项目根据“对附属单位的支出”科目的本期发生额填列。

8.“折旧及摊销费用”项目，反映县级以上工会应承担的折旧、摊销及待摊费用。本项目根据“累计折旧”“累计摊销”“长期待摊费用”科目本期贷方发生额的合计数填列。

9.“其他费用”项目，反映县级以上工会发生的除以上费用项目外的其他费用。本项目根据“其他支出”科目的本期发生额填列。

10.“调整事项”项目，反映由于会计核算基础差异导致的费用调整金额。

本项目根据本期调整事项的实际发生额填列，若为调减事项，以“-”号填列。

11.“费用总计”项目，反映县级以上工会发生的成本费用合计数。本项目根据本表中“职工活动组织费用”“职工服务费用”“维权费用”“业务费用”“行政费用”“补助下级费用”“对附属单位的费用”“折旧及摊销费用”“其他费用”和“调整事项”项目金额的合计数填列。

（五）调整事项。

1. 调整库存物品对当期费用的影响。

当期购入库存物品的支出，不作为当期费用；当期领用、发出库存物品对应的支出，作为当期费用。县级以上工会应当将“库存物品”科目期初余额减去期末余额后的差额，作为当期费用的调增金额。

2. 调整在建工程对当期费用的影响。

建设项目竣工验收并交付使用时，县级以上工会应当将在建工程中“待核销基建支出”明细科目的本期发生额计入当期费用，作为当期费用的调增金额。

3. 调整其他事项对当期费用的影响。

存在其他事项因核算基础不同导致当期费用与支出存在差异的，比照上述原则进行处理。

第六部分 会计报表附注

一、工会的年度会计报表附注至少应当披露下列内容：

（一）遵循《工会会计制度》的声明；

（二）整体财务状况、预算执行情况的说明；

（三）重要会计政策、会计估计及其变更情况的说明；

（四）会计报表重要项目的进一步说明，包括其主要构成、增减变动情况等；

（五）重要资产处置、资产重大损失情况的说明；

（六）以名义金额计量的资产名称、数量等情况，以及以名义金额计量理由的说明；

（七）以前年度结转结余调整情况的说明；

（八）有助于理解和分析会计报表需要说明的其他事项。

二、法律、行政法规和国家统一的会计制度另有规定的，从其规定。

附录 2

工会固定资产折旧年限表

固定资产类别	内容		折旧年限（年）
房屋及构筑物	业务及管理用房	钢结构	不低于 50
		钢筋混凝土结构	不低于 50
		砖混结构	不低于 30
		砖木结构	不低于 30
	简易房		不低于 8
	房屋附属设施		不低于 8
	构筑物		不低于 8
通用设备	计算机设备		不低于 6
	办公设备		不低于 6
	车辆		不低于 8
	图书档案设备		不低于 5
	机械设备		不低于 10
	电气设备		不低于 5
	雷达、无线电和卫星导航设备		不低于 10
	通信设备		不低于 5
	广播、电视、电影设备		不低于 5
	仪器仪表		不低于 5
	电子和通信测量设备		不低于 5
	计量标准器具及量具、衡器		不低于 5
专用设备	食品加工专用设备		10—15
	纺织设备		10—15
	缝纫、服饰、制革和毛皮加工设备		10—15
	医疗设备		5—10
	安全生产设备		10—20
	环境污染防治设备		10—20
	文艺设备		5—15

续 表

固定资产类别	内容	折旧年限（年）
专用设备	体育设备	5—15
	娱乐设备	5—15
家具、用具及装具	家具	不低于 15
	用具、装具	不低于 5

附件 2

工会新旧会计制度
有关衔接问题的处理规定

工会新旧会计制度有关衔接问题的处理规定

我部对《工会会计制度》（财会〔2009〕7 号）（以下称原制度）进行了全面修订，于 2021 年 4 月 14 日印发了新《工会会计制度》（财会〔2021〕7 号）（以下称新制度），自 2022 年 1 月 1 日起施行。为了确保新旧会计制度顺利过渡，现对各级工会执行新制度有关衔接问题规定如下：

一、新旧制度衔接总要求

（一）自 2022 年 1 月 1 日起，工会应当严格按照新制度进行会计核算、编报财务报表。

（二）工会应当按照本规定做好新旧会计制度衔接相关工作，主要包括以下几个方面：

1. 根据原账编制 2021 年 12 月 31 日的科目余额表。

2. 按照新制度设立 2022 年 1 月 1 日的新账。

3. 按照本规定要求，登记新账的科目余额，包括将原账科目余额转入新账会计科目（新旧制度会计科目对照表见附表）、将未入账事项登记新账科目、对相关新账科目余额进行调整、将基建账套相关数据并入新账等。原账科目是指按照原制度规定设置的会计科目。

4. 按照登记及调整后新账的各会计科目余额，编制 2022 年 1 月 1 日的科目余额表，作为新账各会计科目的期初余额。

5. 根据新账各会计科目期初余额，按照新制度编制 2022 年 1 月 1 日资产负债表。

（三）工会应当对资产进行清查盘点，进一步清理核实和归类统计固定资产、无形资产、库存物品等资产数据。按照相关规定依法确认为国有资产的，转账时应当将原账国有资产对应的科目余额转入新账相关资产科目的“国有资产”明细科目；依法确认为工会资产的，将原账工会资产对应的科目余额转入新账相关资产科目的“工会资产”明细科目。

（四）及时调整会计信息系统。工会应当按照新制度要求对原有会计信息系统进行及时更新和调试，实现数据准确转换，确保新旧账套的有序衔接。

二、将原账会计科目余额转入新账

（一）资产类。

1.“库存现金”“银行存款”科目。

新制度设置了“库存现金”“银行存款”科目。转账时，工会应当将原账的“库存现金”“银行存款”科目余额转入新账的“库存现金”“银行存款”科目。其中，存在代管经费的，还应当将原账“库存现金”“银行存款”科目余额中属于代管经费的金额，转入新账“库存现金”“银行存款”科目下的“代管经费”明细科目。

2.“财政应返还额度”“投资”科目。

新制度设置了“财政应返还额度”“投资”科目，其核算内容与原账的上述相应科目的核算内容基本相同。转账时，工会应当将原账的上述科目余额直接转入新账的相应科目。

3.“库存物品”科目。

新制度设置了“库存物品”科目，并规定库存物品取得时应当同时确认资产基金。转账时，工会应当将原账的“库存物品”科目余额直接转入新账的“库存物品”科目，同时，按照原账“库存物品”科目余额，将“结余”科目对应余额转入新账的“资产基金——库存物品”科目。

4.“应收上级经费”科目。

新制度设置了“应收上级经费”科目，该科目的核算内容包括工会应收未收的上级工会拨付或转拨的工会经费和专项补助。转账时，工会应当按照相关规定将原账的“应收上级经费”科目余额中的工会建会筹备金转入新账的“其他应收款”科目，将原账的“应收上级经费”科目余额减去建会筹备金后的差额转入新账的“应收上级经费”科目。

5.“应收下级经费”科目。

新制度设置了“应收下级经费”科目，该科目的核算内容包括工会应收未收的下级工会上缴的工会经费。转账时，工会应当按照相关规定将原账的“应收下级经费”科目余额中的工会建会筹备金转入新账的“其他应收款”科目，将原账的“应收下级经费”科目余额减去建会筹备金后的差额转入新账的“应收下级经费”科目。

6.“借出款”科目。

新制度未设置“借出款”科目，但设置了“其他应收款”科目。转账时，工会应当将原账的“借出款”科目余额，转入新账的“其他应收款”科目。

7.“其他应收款”科目。

新制度设置了“其他应收款”科目，该科目的核算内容包括原账“其他应收款”科目的核算内容。转账时，工会应当将原账的“其他应收款”科目余额，转入新账的“其他应收款”科目。

8.“在建工程”科目。

新制度设置了“在建工程”科目。转账时，对于在原账“在建工程”科目核算的建设项目，工会应当将原账的“在建工程”科目余额转入新账的“在建工程”各明细科目。对于未在原账“在建工程”科目核算的建设项目，按照新制度规定，不再通过基建账单独核算，工会应当将基建账相关数据并入新账，具体处理参见本规定第五部分。

9.“固定资产”科目。

新制度设置了“固定资产”科目。由于新制度中固定资产价值标准与原制度相比有所提高，原账中作为固定资产核算的实物资产，将有一部分要按照新制度转为库存物品。同时，新制度设置了“无形资产”科目，原在“固定资产”科目核算的无形资产，需转入新账的“无形资产”科目。

转账时，工会应当根据重新确定的固定资产目录，对原账中“固定资产”科目的余额进行分析：

（1）对于达不到新制度中固定资产确认标准的实物资产，应当将相应余额转入新账的“库存物品”科目，将相应的“固定基金”科目余额转入新账的“资产基金——库存物品”科目。

（2）对于原在“固定资产”科目核算的无形资产，应当将相应余额转入新账的“无形资产”科目，将相应的“固定基金”科目余额转入新账的“资产基金——无形资产”科目。

（3）对于符合新制度中固定资产确认标准的，应当将相应余额转入新账的“固定资产”科目，将相应的“固定基金”科目余额转入新账的“资产基金——固定资产”科目。

10.“零余额账户用款额度”科目。

新制度设置了“零余额账户用款额度”科目。由于原账的“零余额账户用款额度”科目年末无余额，该科目无需进行转账处理。

（二）负债类。

1.“应付工资（离退休费）”“应付地方（部门）津贴补贴”“应付其他个人收入”科目。

新制度设置了“应付职工薪酬”科目，该科目的核算内容包含了原账“应付工资（离退休费）”“应付地方（部门）津贴补贴”“应付其他个人收入”科目的核算内容。转账时，工会应当将原账的“应付工资（离退休费）”“应付地方（部门）津贴补贴”“应付其他个人收入”科目余额转入新账的“应付职工薪酬”科目。

2.“应付上级经费”科目。

新制度设置了“应付上级经费”科目，该科目的核算内容包括工会应上缴上级工会的工会拨缴经费。转账时，工会应当按照相关规定将原账的“应付上级经费”科目余额中的工会建会筹备金转入新账的“其他应付款”科目，将原账的“应付上级经费”科目余额减去建会筹备金后的差额转入新账的“应付上级经费”科目。

3.“应付下级经费”科目。

新制度设置了“应付下级经费”科目，该科目的核算内容包括工会应付下级工会的各项补助及应转拨下级工会的工会拨缴经费。转账时，工会应当按照相关规定将原账的“应付下级经费”科目余额中的工会建会筹备金转入新账的“其他应付款”科目，将原账的“应付下级经费”科目余额减去建会筹备金后的差额转入新账的“应付下级经费”科目。

4.“借入款”科目。

新制度未设置“借入款”科目，但设置了“其他应付款”科目。转账时，工会应当将原账的“借入款”科目余额，转入新账的“其他应付款”科目。

5.“其他应付款”科目。

新制度设置了“其他应付款”科目，该科目的核算内容包括原账“其他应付款”科目的核算内容。转账时，工会应当将原账的“其他应付款”科目余额，转入新账的“其他应付款”科目。

6.“代管经费”科目。

新制度设置了“代管经费”科目。转账时，工会应当将原账的“代管经费”科目余额，转入新账的“代管经费”科目。

（三）净资产类。

1.“固定基金”“在建工程占用资金”“投资基金”科目。

新制度设置了“资产基金”科目，该科目的核算内容包含了原账“固定基金”“在建工程占用资金”“投资基金”科目的核算内容。转账时，工会应当将“固定基金”“在建工程占用资金”“投资基金”科目余额对应转入新账的“资产基金”相关明细科目：

（1）工会应当对原账“固定基金”科目余额进行分析，将原账在“固定资产”科目核算的不再符合新制度固定资产确认标准的库存物品对应余额转入新账的“资产基金——库存物品”科目；将原账在“固定资产”科目核算的无形资产对应余额转入新账的“资产基金——无形资产”科目；将原账“固定基金”科目余额减去转入新账“资产基金——库存物品”和“资产基金——无形资产”科目金额后的余额转入新账的“资产基金——固定资产”科目。

（2）工会应当将原账的“投资基金”科目余额转入新账的“资产基金——投资”科目。

（3）工会应当将原账的“在建工程占用资金”科目余额转入新账的“资产基金——在建工程”科目。

2.“专用基金”科目。

新制度设置了“专用基金”科目，该科目的核算内容不再包括增收留成基金和财务专用基金，新制度下不再设置“增收留成基金”“财务专用基金”明细科目。转账时，工会应当将原账的“专用基金——权益保障金”科目余额转入新账的“专用基金”科目，将原账的“专用基金——增收留成基金、财务专用基金”科目余额转入新账的“工会资金结余”科目。

3.“后备金”科目。

新制度未设置“后备金”科目。转账时，工会应当将原账的“后备金”科目余额转入新账的“工会资金结余”科目。

4.“结余”科目。

新制度未设置“结余”科目，但设置了“工会资金结转”“工会资金结余”“财政拨款结转”“财政拨款结余”科目。转账时，工会应当结合预算编制与执行情况进行分析，将原账的“结余”科目余额（扣除转入新账中“资产基金——库存物品”科目金额）转入新账相关会计科目：

（1）基层工会应当根据分析结果，将符合结转性质的资金余额转入新账的“工会资金结转”科目；将剩余的资金余额转入“工会资金结余”科目。

（2）县级以上工会应当根据分析结果，将符合财政拨款结转性质的资金余额转入“财政拨款结转”科目；将符合财政拨款结余性质的资金余额转入“财政拨款结余”科目；将符合工会资金结转性质的资金余额转入“工会资金结转”科目；将剩余的资金余额转入“工会资金结余”科目。

（四）收入类、支出类。

由于原账中收入类、支出类科目年末无余额，无需进行转账处理。自 2022 年 1 月 1 日起，应当按照新制度设置收入类、支出类科目并进行账务处理。

（五）其他要求。

工会存在其他本规定未列举的原账科目余额的，应当比照本规定转入新账的相应科目。新账的科目设有明细科目的，应将原账中对应科目的余额加以分析，分别转入新账中相应科目的相关明细科目。

工会在进行新旧衔接的转账时，应当编制转账工作底稿，并将转入新账的对应原科目余额及分拆原科目余额的依据作为原始凭证。

三、将原未入账事项登记新账

（一）资产类。

1. 无形资产。

工会在新旧制度转换时，应当将 2021 年 12 月 31 日前未入账的无形资产按照新制度规定记入新账。登记新账时，按照确定的无形资产成本，借记“无形资产”科目，贷记“资产基金——无形资产”科目。

2. 其他资产。

工会在新旧制度转换时，应当将 2021 年 12 月 31 日前未入账的其他资产按照新制度规定记入新账。登记新账时，按照确定的资产及其成本，分别借记相关资产科目，贷记相关净资产科目。

（二）负债类。

工会在新旧制度转换时，应当将 2021 年 12 月 31 日前未入账的负债按照新制度规定记入新账。登记新账时，按照确定的负债金额，借记“工会资金结余”科目，贷记相关负债科目。

（三）其他事项。

工会存在 2021 年 12 月 31 日前未入账的其他事项的，应当比照本规定登记新账的相应科目。

工会对新账的会计科目补记未入账事项时，应当编制记账凭证，并将补充登记事项的确认依据作为原始凭证。

四、对新账的相关会计科目余额进行调整

（一）转销已领用出库的库存物品对应余额。

工会应当对在原账“固定资产”科目核算的不符合新制度固定资产确认标准的库存物品进行分析，对于已领用出库的库存物品，应当将其成本一次性转销，按照确定的成本，借记“资产基金——库存物品”科目，贷记“库存物品”科目，同时做好相关实物资产的登记管理工作。

（二）补提折旧。

新制度设置了“累计折旧”科目，核算工会对固定资产计提的累计折旧。工会应当全面核查截至 2021 年 12 月 31 日符合新制度固定资产确认标准的固定资产的预计使用年限、已使用年限、尚可使用年限等，并于 2022 年 1 月 1 日对前期未计提折旧的固定资产补提折旧，按照应计提的折旧金额，借记“资产基金——固定资产”科目，贷记“累计折旧”科目。

（三）补提摊销。

新制度设置了“累计摊销”科目，核算工会对无形资产计提的累计摊销。工会应当全面核查截至 2021 年 12 月 31 日无形资产的预计使用年限、已使用年限、尚可使用年限等，并于 2022 年 1 月 1 日对前期未计提摊销的无形资产补提摊销，按照应计提的摊销金额，借记“资产基金——无形资产”科目，贷记“累计摊销”科目。

（四）转销不符合新制度规定的代管经费对应余额。

新制度“代管经费”科目的核算内容与原制度相比有所调整，对于不符合新制度规定的代管经费，工会应当对相应余额予以转销，按照确定的金额，借记“代管经费”科目，贷记“库存现金”“银行存款”科目。

工会对新账的期初余额进行调整时，应当编制记账凭证，并将调整事项的确认依据作为原始凭证。

五、将基建账套相关数据并入新账

新制度执行后，工会的基本建设工程项目均通过新账的“在建工程”科目核算，不再执行《国有建设单位会计制度》（财会字〔1995〕45 号）。新旧制度转换时，工会应当将基建账相关数据并入新账。工会将 2021 年 12 月 31 日原基建账中相关科目余额并入新账时：

按照基建账中“建筑安装工程投资”“设备投资”“待摊投资”“预付工程

款”等科目余额，借记新账中“在建工程”科目相关明细科目；按照基建账中“交付使用资产”等科目余额，借记新账中“固定资产”等科目；按照基建账中“现金”“银行存款”“零余额账户用款额度”“财政应返还额度”“其他应收款”等科目余额，分别借记新账中“库存现金”“银行存款”“零余额账户用款额度”“财政应返还额度”“其他应收款”等科目；按照基建账中“基建投资借款”“应付工程款”“其他应付款”等科目余额，贷记新账中“其他应付款”科目；对基建账中“基建拨款”科目余额进行分析：按照归属于财政拨款结转结余的部分，贷记新账中“财政拨款结转”“财政拨款结余”科目，按照归属于工会资金结转的部分，贷记新账中“工会资金结转”科目；按照基建账中“建筑安装工程投资”“设备投资”“待摊投资”“预付工程款”“交付使用资产”等科目余额，贷记新账中“资产基金”科目相关明细科目；按照基建账中其他科目余额，分析调整新账中相应科目；按照上述借贷方差额，贷记或借记新账中“工会资金结余”科目。

基建并账后，工会可以通过在新账有关会计科目下设置与基本建设项目相关的明细科目或增加标记，或设置基建项目辅助账等方式，满足基本建设项目竣工决算报表编制的需要。

工会将基建账并入新账时，应当编制记账凭证，将基建账各科目余额转入新账相关科目的依据作为原始凭证。

六、财务报表新旧衔接

（一）编制 2022 年 1 月 1 日资产负债表和国有资产情况表。

工会应当根据 2022 年 1 月 1 日新账的会计科目余额，按照新制度编制 2022 年 1 月 1 日资产负债表和国有资产情况表（仅要求填列各项目“年初余额”）。

（二）2022 年度财务报表的编制。

工会应当按照新制度编制 2022 年财务报表。在编制 2022 年度收入支出表、成本费用表时，不要求填列上年比较数。

工会应当根据 2022 年 1 月 1 日新账会计科目余额，填列 2022 年收入支出表的“年初资金结转结余”项目和财政拨款收入支出表的“年初财政拨款结转结余”项目。

附表：新旧制度会计科目对照表

附表

新旧制度会计科目对照表

序号	新制度会计科目		原制度会计科目	
	编号	名称	编号	名称
一、资产类科目				
1	101	库存现金	101	库存现金
2	102	银行存款	102	银行存款
3	111	零余额账户用款额度	111	零余额账户用款额度
4	121	财政应返还额度	112	财政应返还额度
5	131	应收上级经费	131	应收上级经费
6	132	应收下级经费	132	应收下级经费
7	135	其他应收款	121	借出款
8			135	其他应收款
9	141	库存物品	141	库存物品
10	151	投 资	151	投 资
11	161	在建工程	161	在建工程
12	162	固定资产	162	固定资产
13	163	累计折旧		
14	171	无形资产		
15	172	累计摊销		
16	181	长期待摊费用		
17	182	待处理财产损溢		
二、负债类科目				
18	201	应付职工薪酬	201	应付工资（离退休费）
19			202	应付地方（部门）津贴补贴
20			203	应付其他个人收入
21	211	应付上级经费	221	应付上级经费
22	212	应付下级经费	222	应付下级经费

续 表

序号	新制度会计科目		原制度会计科目	
	编号	名称	编号	名称
23	215	其他应付款	211	借入款
24			225	其他应付款
25	221	代管经费	231	代管经费
三、净资产类科目				
26	301	资产基金	301	固定基金
27			302	在建工程占用资金
28			311	投资基金
29	311	专用基金	321	专用基金
30	322	工会资金结余	322	后备金
31	321	工会资金结转	331	结余
32	331	财政拨款结转		
33	332	财政拨款结余		
34	341	预算稳定调节基金		
四、收入类科目				
35	401	会费收入	401	会费收入
36	402	拨缴经费收入	402	拨缴经费收入
37	403	上级补助收入	403	上级补助收入
38	404	政府补助收入	404	政府补助收入
39	405	行政补助收入	405	行政补助收入
40	406	附属单位上缴收入	406	事业收入
41	407	投资收益	407	投资收益
42	408	其他收入	408	其他收入
43	411	动用预算稳定调节基金		
五、支出类科目				
44	501	职工活动支出	501	职工活动支出
45	502	职工活动组织支出		
46	503	职工服务支出	503	业务支出
47	505	业务支出		
48	504	维权支出	502	维权支出
49	506	行政支出	504	行政支出
50	507	资本性支出	505	资本性支出
51	508	补助下级支出	506	补助下级支出

续　表

序号	新制度会计科目		原制度会计科目	
	编号	名称	编号	名称
52	509	对附属单位的支出	507	事业支出
53	510	其他支出	508	其他支出
54	521	安排预算稳定调节基金		

附件 3

财政部办公厅 全国总工会办公厅关于做好《工会会计制度》贯彻实施准备工作的通知

关于做好《工会会计制度》贯彻实施准备工作的通知

财办会〔2021〕29号

各省、自治区、直辖市、计划单列市财政厅（局），新疆生产建设兵团财政局，各省、自治区、直辖市总工会，中华全国铁路总工会、中国民航工会、中国金融工会，中央和国家机关工会联合会：

2021年4月14日，财政部修订发布了《工会会计制度》（财会〔2021〕7号），自2022年1月1日起在全国各级工会组织范围内施行。为了做好新制度贯彻实施的准备工作，现就有关事项通知如下：

一、统一思想，提高认识

修订后的新《工会会计制度》与原制度相比，在制定理念和具体内容等方面都作了调整完善。新制度借鉴政府会计改革的经验，适应了新时期工会业务发展的需要，全面体现了近年来工会财务管理的改革成果，有效满足了财政部门和不同层级工会会计主体的会计信息需求。新《工会会计制度》的发布实施，进一步完善了我国会计核算制度体系，必将有效促进各级工会组织统一核算标准，规范会计行为，强化会计监督，提升管理水平，对保障工运事业的健康发展和工会职能的有效发挥具有重要意义。

作为国家统一的会计制度的重要组成部分，《工会会计制度》具有其特殊适用性。各级财政部门和工会组织要充分认识《工会会计制度》修订实施的重要意义，统一思想、提高认识，深刻理解新《工会会计制度》的新内容新变化，准确把握新《工会会计制度》的新任务新要求，确保新《工会会计制度》平稳有效实施。

二、加强领导，明确责任

各级工会组织应当依据《中华人民共和国民法典》的有关规定，及时取得社会团体法人资格，依法承担独立使用管理工会经费的权利义务。工会主席作为各级工会组织的法定代表人，要认真落实《中华人民共和国会计法》关于“单位负责人对本单位的会计工作和会计资料的真实性、完整性负责”的规定，把新《工会会计制度》的贯彻实施作为一件大事来抓，加强对工会会计工作的组织领导，组织制定详细的实施方案，指导督促新《工会会计制度》有效实施。同时，健全会计机构，充实会计人员，加强基础管理，健全完善内部控制制度，加强会计制度实施与预决算管理的衔接，为新《工会会计制度》有效实施提供有力保障。上一级工会要加强对下级工会的会计业务指导，切实保证新《工会会计制度》的贯彻实施。

各级财政部门应当按照新《工会会计制度》的规定和要求，加强与各级工会组织合作，采取有效措施，认真做好制度实施的指导工作，依法对工会会计工作进行监督。

三、加强培训，全面覆盖

各级财政部门和工会组织应当加强配合，因地制宜开展培训。财政部、全国总工会负责省级工会财会干部的师资培训。在财政部、全国总工会的统一领导下，各级财政部门和工会组织要制定本地区、本系统的培训计划，认真组织新《工会会计制度》培训工作。要以新《工会会计制度》为依据，结合工会财务制度，逐级培训，扩大覆盖面，直至基层工会，使各级工会财会干部尽快熟悉和掌握新制度的各项规定和具体要求，高水平、高质量做好工会会计工作。

四、夯实基础，有效衔接

做好新旧会计制度衔接是贯彻实施新《工会会计制度》的关键环节。在2022年1月1日之前，各级工会组织要对现有资产和负债进行全面清查和盘点，明晰产权，完善记录，做好各项会计基础工作和新旧制度衔接的准备工作。

一是要清理核实和分类统计固定资产、无形资产、库存物品等资产数据，为准确计提折旧、摊销提供基础信息。

二是要根据国有资产和工会资产使用管理的相关规定，依法依规对毁损报废等资产进行处置，确保2021年12月31日前资产账实相符。

三是要及时清理往来款项，按照《中华全国总工会办公厅关于规范建会筹备金收缴管理的通知》（厅字〔2021〕20号）要求，对以前年度收取的长期挂账的建会筹备金进行全面清理；对上下级工会组织之间因经费缴拨关系形成的应收应付款项，要认真核对，及时办理缴拨款；对其他往来款项，要根据《工会经费呆账处理办法》（总工发〔2002〕20 号）等有关规定，及时作出相应处理。

四是要严格基本建设会计账务管理，及时将已交付使用的建设项目转为固定资产等，按规定及时办理基本建设项目竣工财务决算手续，为基建账相关数据并入工会“大账”做好准备。

五是要梳理和分析结余资金的构成和性质，按新制度规定确定应转入新账的各类预算结转结余科目的金额。

六是要进一步核实代管经费的来源和性质，对于不符合新制度规定的代管经费，应当摸清底数，明确其核算要求，为转账工作做好准备。

在上述工作基础上，各级工会组织应当严格按照财政部发布的《工会新旧会计制度有关衔接问题的处理规定》（财会〔2021〕16 号），做好新旧转账及调整工作，必要时可聘请会计师事务所等中介机构参与其中，确保新旧制度有序衔接、平稳过渡。

五、补齐短板，提升水平

原《工会会计制度》实施十多年来，通过各级财政部门和工会组织的共同努力，工会会计基础工作不断规范，工会系统财务管理水平明显提高。各级工会组织要以贯彻实施新《工会会计制度》为契机，勇于直面问题，补齐短板，做强弱项，进一步推进工会财会工作高质量发展。

（一）强化绩效管理意识。县级以上工会要切实增强绩效管理意识，加强对成本费用表的分析和应用。各级工会组织要牢固树立过紧日子思想，坚持勤俭办一切事业的工作方针，切实增强全成本观念，降低机构运行费用，最大限度地将工会经费直接服务职工群众。

（二）加强资产管理。新《工会会计制度》要求县级以上工会应当根据实际情况在资产类科目下设置“国有资产”“工会资产”明细科目，分别核算工会依法确认的国有资产和工会资产。各级工会组织要以增强公益性、服务性为目标，加强国有资产和工会资产的使用管理监督，理顺产权关系，严格执行国有资产与工会资产管理的相关规定，充分发挥工会服务阵地作用，确保国有资产和工会资产安全完整与有效使用。

（三）加强工会账户管理。各级工会组织要严格按照银行账户管理的有关规定，单独开立工会经费银行账户，确保工会经费独立核算、专款专用。各级财政部门、工会组织要加强对基层工会单独开立经费账户的指导，切实维护基层工会依法独立管理工会经费的职责。

（四）加强财会人员队伍建设。上级工会组织要加强对下级工会组织的领导，督促具备条件的基层工会设置会计机构，或者在内设机构中设置会计人员并指定会计主管人员；确不具备设置条件的，可以通过购买服务等方式委托经财政部门批准设立的代理记账机构代为办理会计事务，妥善解决基层工会财会力量相对薄弱的问题。

（五）大力加强工会财务信息化建设。全国总工会正在按照财务管理一体化建设的总体思路，积极推进工会系统财务信息化建设，工会财务管理核心业务将纳入全国工会财务管理一体化平台，相关业务规范和技术标准将陆续公布。各级工会特别是省级工会可根据本地区、本系统、本行业财务信息化建设的实际，加大投入力度，加快工作进度，加强财务信息化建设，进一步推进工会财会工作高质量发展。

财政部办公厅 全国总工会办公厅

2021 年 9 月 15 日

附件 4

支出科目与部门预算支出经济分类科目主要对应关系表示范（2021 年度）

支出科目与部门预算支出经济分类科目主要对应关系示范表

科目编号	科目名称	科目说明	部门预算支出经济分类编码	部门预算支出经济分类名称	说明
501	**职工活动支出**	**本科目核算基层工会开展职工教育活动、文体活动、宣传活动、劳模疗休养活动、会员活动等发生的支出**			
50101	职工教育支出	核算基层工会用于开展政治、法律、科技、业务等专题培训和职工技能培训所需的教材资料、教学用品、场地租金等方面的支出，用于支付职工教育活动聘请授课人员的酬金，用于基层工会开展的职工素质提升补助和职工教育培训优秀学员的奖励	**302**	**商品和服务支出**	**反映单位购买商品和服务的支出，不包括用于购置固定资产，战略性和应急性物资储备等资本性支出**
			30202	印刷费	反映单位的印刷费支出
			30203	咨询费	反映单位咨询方面的支出
			30204	手续费	反映单位的各类手续费支出
			30214	租赁费	反映租赁办公用房，宿舍，专用通讯网以及其他设备等方面的费用
			30216	培训费	反映除因公出国（境）培训费以外的，在培训期间发生的师资费，住宿费，伙食费，培训场地费，培训资料费，交通费等各类培训费用
			30226	劳务费	反映支付给外单位和个人的劳务费用，如临时聘用人员，钟点工工资，稿费，翻译费，评审费等
			30227	委托业务费	反映因委托外单位办理业务而支付的委托业务费
			30299	其他商品和服务支出	反映上述科目未包括的日常公用支出。如诉讼费，国内组织的会员费，来访费，广告宣传费以及离休人员特需费，离退休人员公用经费等
			303	**对个人和家庭的补助**	**反映政府用于对个人和家庭的补助支出**
			30309	奖励金	反映对个体私营经济的奖励，计划生育目标责任奖励，独生子女父母奖励等

续 表

科目编号	科目名称	科目说明	部门预算支出经济分类编码	部门预算支出经济分类名称	说明
50102	文体活动支出	核算基层工会用于开展或参加上级工会组织的职工业余文体活动所需器材、服装、用品等购置、租赁与维修方面的支出以及活动场地、交通工具的租金支出等，用于文体活动优胜者的奖励支出，用于文体活动中必要的伙食补助费	**302**	**商品和服务支出**	**反映单位购买商品和服务的支出，不包括用于购置固定资产，战略性和应急性物资储备等资本性支出**
			30202	印刷费	反映单位的印刷费支出
			30203	咨询费	反映单位咨询方面的支出
			30207	邮电费	反映单位开支的信函，包裹，货物等物品的邮寄费及电话费、电报费、传真费、网络通讯费等
			30214	租赁费	反映租赁办公用房，宿舍，专用通讯网以及其他设备等方面的费用
			30226	劳务费	反映支付给外单位和个人的劳务费用，如临时聘用人员，钟点工工资，稿费，翻译费，评审费等
			30227	委托业务费	反映因委托外单位办理业务而支付的委托业务费
			30239	其他交通费用	反映单位除公务用车运行维护费以外的其他交通费用。如公务交通补贴，租车费用，出租车费用，飞机，船舶等的燃料费，维修费，保险费等
			30299	其他商品和服务支出	反映上述科目未包括的日常公用支出。如诉讼费，国内组织的会员费，来访费，广告宣传费以及离休人员特需费，离退休人员公用经费等
			303	**对个人和家庭的补助**	**反映政府用于对个人和家庭的补助支出**
			30309	奖励金	反映对个体私营经济的奖励，计划生育目标责任奖励，独生子女父母奖励等

续　表

科目编号	科目名称	科目说明	部门预算支出经济分类编码	部门预算支出经济分类名称	说明
50103	宣传活动支出	核算基层工会用于开展重点工作、重大主题和重大节日宣传活动所需的材料消耗、场地租金、购买服务等方面的支出，用于培育和践行社会主义核心价值观，弘扬劳模精神、劳动精神、工匠精神等经常性宣传活动方面的支出，用于基层工会开展或参加上级工会举办的知识竞赛、宣讲、演讲比赛、展览等宣传活动的支出	**302**	**商品和服务支出**	**反映单位购买商品和服务的支出，不包括用于购置固定资产，战略性和应急性物资储备等资本性支出**
			30202	印刷费	反映单位的印刷费支出
			30203	咨询费	反映单位咨询方面的支出
			30207	邮电费	反映单位开支的信函，包裹，货物等物品的邮寄费及电话费、电报费、传真费、网络通讯费等
			30214	租赁费	反映租赁办公用房，宿舍，专用通讯网以及其他设备等方面的费用
			30226	劳务费	反映支付给外单位和个人的劳务费用，如临时聘用人员，钟点工工资，稿费，翻译费，评审费等
			30227	委托业务费	反映因委托外单位办理业务而支付的委托业务费
			30299	其他商品和服务支出	反映上述科目未包括的日常公用支出。如诉讼费，国内组织的会员费，来访费，广告宣传费以及离休人员特需费，离退休人员公用经费等
50104	劳模职工疗休养支出	核算基层工会用于组织和开展的劳动模范和先进职工疗休养活动的公杂费等补助	**302**	**商品和服务支出**	**反映单位购买商品和服务的支出，不包括用于购置固定资产，战略性和应急性物资储备等资本性支出**
			30202	印刷费	反映单位的印刷费支出
			30211	差旅费	反映单位工作人员国（境）内出差发生的城市间交通费，住宿费，伙食补助费和市内交通费
			30214	租赁费	反映租赁办公用房，宿舍，专用通讯网以及其他设备等方面的费用
			30227	委托业务费	反映因委托外单位办理业务而支付的委托业务费
			30299	其他商品和服务支出	反映上述科目未包括的日常公用支出。如诉讼费，国内组织的会员费，来访费，广告宣传费以及离休人员特需费，离退休人员公用经费等

续 表

科目编号	科目名称	科目说明	部门预算支出经济分类编码	部门预算支出经济分类名称	说明
50105	会员活动支出	核算基层工会用于组织会员观看电影、文艺演出、开展春游秋游，为会员购买当地公园年票等的支出；用于基层工会在重大节日（传统节日）和会员生日、婚丧嫁娶、退休离岗的慰问支出	**302**	**商品和服务支出**	**反映单位购买商品和服务的支出，不包括用于购置固定资产，战略性和应急性物资储备等资本性支出**
			30299	其他商品和服务支出	反映上述科目未包括的日常公用支出。如诉讼费，国内组织的会员费，来访费，广告宣传费以及离休人员特需费，离退休人员公用经费等
			303	**对个人和家庭的补助**	**反映政府用于对个人和家庭的补助支出**
			30305	生活补助	反映按规定开支的优抚对象定期定量生活补助费，退役军人生活补助费，机关事业单位职工遗属生活补助，长期赡养人员补助费，由于国家实行退耕还林禁牧舍饲政补偿给农牧民的现金，粮食支出，对农村党员，复员军人以及村干部的补助支出，罪犯、戒毒人员的伙食费、被服费、药费等
50106	其他活动支出	核算基层工会用于开展其他活动的各项职工活动支出	**302**	**商品和服务支出**	**反映单位购买商品和服务的支出，不包括用于购置固定资产，战略性和应急性物资储备等资本性支出**
			30202	印刷费	反映单位的印刷费支出
			30203	咨询费	反映单位咨询方面的支出
			30204	手续费	反映单位的各类手续费支出
			30211	差旅费	反映单位工作人员国（境）内出差发生的城市间交通费，住宿费，伙食补助费和市内交通费
			30214	租赁费	反映租赁办公用房，宿舍，专用通讯网以及其他设备等方面的费用
			30215	会议费	反映单位在会议期间按规定开支的住宿费，伙食费，会议场地租金，交通费，文件印刷费，医药费等
			30216	培训费	反映除因公出国（境）培训费以外的，在培训期间发生的师资费，住宿费，伙食费，培训场地费，培训资料费，交通费等各类培训费用

续　表

科目编号	科目名称	科目说明	部门预算支出经济分类编码	部门预算支出经济分类名称	说明
			30218	专用材料费	反映单位购买日常专用材料的支出。具体包括药品及医疗耗材，农用材料，兽医用品，实验室用品，专用服装，消耗性体育用品，专用工具和仪器，艺术部门专用材料和用品，广播电视台发射台发射机的电力，材料等方面的支出
			30226	劳务费	反映支付给外单位和个人的劳务费用，如临时聘用人员，钟点工工资，稿费，翻译费，评审费等
			30227	委托业务费	反映因委托外单位办理业务而支付的委托业务费
			30239	其他交通费用	反映单位除公务用车运行维护费以外的其他交通费用。如公务交通补贴，租车费用，出租车费用，飞机，船舶等的燃料费，维修费，保险费等
			30299	其他商品和服务支出	反映上述科目未包括的日常公用支出。如诉讼费，国内组织的会员费，来访费，广告宣传费以及离休人员特需费，离退休人员公用经费等
502	**职工活动组织支出**	**本科目核算县级以上工会组织开展职工教育活动、文体活动、宣传活动、劳模疗休养活动等发生的支出**			
50201	职工教育支出	核算县级以上工会用于面向职工组织和开展的政治、法律、科技、业务等专题培训和职工技能培训方面的支出	**302**	**商品和服务支出**	**反映单位购买商品和服务的支出，不包括用于购置固定资产，战略性和应急性物资储备等资本性支出**
			30202	印刷费	反映单位的印刷费支出
			30203	咨询费	反映单位咨询方面的支出
			30214	租赁费	反映租赁办公用房，宿舍，专用通讯网以及其他设备等方面的费用

续 表

科目编号	科目名称	科目说明	部门预算支出经济分类编码	部门预算支出经济分类名称	说明
			30216	培训费	反映除因公出国（境）培训费以外的，在培训期间发生的师资费，住宿费，伙食费，培训场地费，培训资料费，交通费等各类培训费用
			30226	劳务费	反映支付给外单位和个人的劳务费用，如临时聘用人员，钟点工工资，稿费，翻译费，评审费等
			30227	委托业务费	反映因委托外单位办理业务而支付的委托业务费
			30299	其他商品和服务支出	反映上述科目未包括的日常公用支出。如诉讼费，国内组织的会员费，来访费，广告宣传费以及离休人员特需费，离退休人员公用经费等
			303	**对个人和家庭的补助**	**反映政府用于对个人和家庭的补助支出**
			30399	其他对个人和家庭的补助	反映未包括在“对个人和家庭补助”科目下项目内容的支出，如婴幼儿补贴、职工探亲旅费、退职人员及随行家属路费、符合条件的退役回乡义务兵一次性建房补助、符合安置条件的城镇退役士兵自谋职业的一次性经济补助费、对农户的生产经营补贴等
50202	文体活动支出	核算县级以上工会用于组织和开展职工业余文体活动所需的各类支出	**302**	**商品和服务支出**	**反映单位购买商品和服务的支出，不包括用于购置固定资产，战略性和应急性物资储备等资本性支出**
			30202	印刷费	反映单位的印刷费支出
			30203	咨询费	反映单位咨询方面的支出
			30214	租赁费	反映租赁办公用房，宿舍，专用通讯网以及其他设备等方面的费用
			30218	专用材料费	反映单位购买日常专用材料的支出。具体包括药品及医疗耗材，农用材料，兽医用品，实验室用品，专用服装，消耗性体育用品，专用工具和仪器，艺术部门专用材料和用品，广播电视台发射台发射机的电力，材料等方面的支出

续　表

科目编号	科目名称	科目说明	部门预算支出经济分类编码	部门预算支出经济分类名称	说明
			30226	劳务费	反映支付给外单位和个人的劳务费用，如临时聘用人员，钟点工工资，稿费，翻译费，评审费等
			30227	委托业务费	反映因委托外单位办理业务而支付的委托业务费
			30239	其他交通费用	反映单位除公务用车运行维护费以外的其他交通费用。如公务交通补贴，租车费用，出租车费用，飞机，船舶等的燃料费，维修费，保险费等
			30299	其他商品和服务支出	反映上述科目未包括的日常公用支出。如诉讼费，国内组织的会员费，来访费，广告宣传费以及离休人员特需费，离退休人员公用经费等
			303	**对个人和家庭的补助**	**反映政府用于对个人和家庭的补助支出**
			30399	其他对个人和家庭的补助	反映未包括在“对个人和家庭的补助”科目下项目内容的支出，如婴幼儿补贴、职工探亲旅费、退职人员及随行家属路费、符合条件的退役回乡义务兵一次性建房补助、符合安置条件的城镇退役士兵自谋职业的一次性经济补助费、对农户的生产经营补贴等
50203	宣传活动支出	核算县级以上工会用于组织和开展重点工作、重大主题和重大节日宣传活动的支出，经常性宣传活动方面的支出，用于基层工会开展或参加上级工会举办的知识竞赛、宣讲、演讲比赛、展览等宣传活动的支出	**302**	**商品和服务支出**	**反映单位购买商品和服务的支出，不包括用于购置固定资产，战略性和应急性物资储备等资本性支出**
			30202	印刷费	反映单位的印刷费支出
			30203	咨询费	反映单位咨询方面的支出
			30214	租赁费	反映租赁办公用房，宿舍，专用通讯网以及其他设备等方面的费用
			30218	专用材料费	反映单位购买日常专用材料的支出。具体包括药品及医疗耗材，农用材料，兽医用品，实验室用品，专用服装，消耗性体育用品，专用工具和仪器，艺术部门专用材料和用品，广播电视台发射台发射机的电力，材料等方面的支出

续 表

科目编号	科目名称	科目说明	部门预算支出经济分类编码	部门预算支出经济分类名称	说明
			30227	委托业务费	反映因委托外单位办理业务而支付的委托业务费
			30299	其他商品和服务支出	反映上述科目未包括的日常公用支出。如诉讼费，国内组织的会员费，来访费，广告宣传费以及离休人员特需费，离退休人员公用经费等
50204	劳模职工疗休养支出	核算县级以上工会用于组织和开展的劳动模范和先进工作者职工疗休养活动的交通费、住宿费、伙食费、理疗费、公杂费，以及规定的其他支出	**302**	**商品和服务支出**	**反映单位购买商品和服务的支出，不包括用于购置固定资产，战略性和应急性物资储备等资本性支出**
			30202	印刷费	反映单位的印刷费支出
			30211	差旅费	反映单位工作人员国（境）内出差发生的城市间交通费，住宿费，伙食补助费和市内交通费
			30214	租赁费	反映租赁办公用房，宿舍，专用通讯网以及其他设备等方面的费用
			30227	委托业务费	反映因委托外单位办理业务而支付的委托业务费
			30299	其他商品和服务支出	反映上述科目未包括的日常公用支出。如诉讼费，国内组织的会员费，来访费，广告宣传费以及离休人员特需费，离退休人员公用经费等
50206	其他活动支出	核算县级以上工会组织用于开展其他活动的各项职工活动支出	**视具体情况选择**		
503	**职工服务支出**	**本科目核算工会开展职工劳动和技能竞赛活动、职工创新活动、建家活动、职工书屋、职工互助保障、心理咨询等工作发生的支出**			

续　表

科目编号	科目名称	科目说明	部门预算支出经济分类编码	部门预算支出经济分类名称	说明
50301	劳动和技能竞赛活动支出	核算工会组织开展合理化建议、技术革新、发明创造、岗位练兵、技术比武、技术培训等劳动和技能竞赛活动支出及其奖励支出	**302**	**商品和服务支出**	**反映单位购买商品和服务的支出，不包括用于购置固定资产，战略性和应急性物资储备等资本性支出**
			30202	印刷费	反映单位的印刷费支出
			30203	咨询费	反映单位咨询方面的支出
			30207	邮电费	反映单位开支的信函，包裹，货物等物品的邮寄费及电话费、电报费、传真费、网络通讯费等
			30211	差旅费	反映单位工作人员国（境）内出差发生的城市间交通费，住宿费，伙食补助费和市内交通费
			30214	租赁费	反映租赁办公用房，宿舍，专用通讯网以及其他设备等方面的费用
			30215	会议费	反映单位在会议期间按规定开支的住宿费，伙食费，会议场地租金，交通费，文件印刷费，医药费等
			30216	培训费	反映除因公出国（境）培训费以外的，在培训期间发生的师资费，住宿费，伙食费，培训场地费，培训资料费，交通费等各类培训费用
			30218	专用材料费	反映单位购买日常专用材料的支出。具体包括药品及医疗耗材，农用材料，兽医用品，实验室用品，专用服装，消耗性体育用品，专用工具和仪器，艺术部门专用材料和用品，广播电视台发射台发射机的电力，材料等方面的支出
			30226	劳务费	反映支付给外单位和个人的劳务费用，如临时聘用人员，钟点工工资，稿费，翻译费，评审费等
			30227	委托业务费	反映因委托外单位办理业务而支付的委托业务费

续 表

科目编号	科目名称	科目说明	部门预算支出经济分类编码	部门预算支出经济分类名称	说明
			30239	其他交通费用	反映单位除公务用车运行维护费以外的其他交通费用。如公务交通补贴，租车费用，出租车费用，飞机，船舶等的燃料费，维修费，保险费等
			30299	其他商品和服务支出	反映上述科目未包括的日常公用支出。如诉讼费，国内组织的会员费，来访费，广告宣传费以及离休人员特需费，离退休人员公用经费等
50302	建家活动支出	核算工会组织建设、建家活动方面的支出	**302**	**商品和服务支出**	**反映单位购买商品和服务的支出，不包括用于购置固定资产，战略性和应急性物资储备等资本性支出**
			30202	印刷费	反映单位的印刷费支出
			30203	咨询费	反映单位咨询方面的支出
			30207	邮电费	反映单位开支的信函，包裹，货物等物品的邮寄费及电话费、电报费、传真费、网络通讯费等
			30211	差旅费	反映单位工作人员国（境）内出差发生的城市间交通费，住宿费，伙食补助费和市内交通费
			30213	维修（护）费	反映单位日常开支的固定资产（不包括车船等交通工具）修理和维护费用，网络信息系统运行与维护费用，以及按规定提取的修购基金
			30214	租赁费	反映租赁办公用房，宿舍，专用通讯网以及其他设备等方面的费用
			30215	会议费	反映单位在会议期间按规定开支的住宿费，伙食费，会议场地租金，交通费，文件印刷费，医药费等
			30216	培训费	反映除因公出国（境）培训费以外的，在培训期间发生的师资费，住宿费，伙食费，培训场地费，培训资料费，交通费等各类培训费用

续　表

科目编号	科目名称	科目说明	部门预算支出经济分类编码	部门预算支出经济分类名称	说明
			30218	专用材料费	反映单位购买日常专用材料的支出。具体包括药品及医疗耗材，农用材料，兽医用品，实验室用品，专用服装，消耗性体育用品，专用工具和仪器，艺术部门专用材料和用品，广播电视台发射台发射机的电力，材料等方面的支出
			30226	劳务费	反映支付给外单位和个人的劳务费用，如临时聘用人员，钟点工工资，稿费，翻译费，评审费等
			30227	委托业务费	反映因委托外单位办理业务而支付的委托业务费
			30239	其他交通费用	反映单位除公务用车运行维护费以外的其他交通费用。如公务交通补贴，租车费用，出租车费用，飞机，船舶等的燃料费，维修费，保险费等
			30299	其他商品和服务支出	反映上述科目未包括的日常公用支出。如诉讼费，国内组织的会员费，来访费，广告宣传费以及离休人员特需费，离退休人员公用经费等
50303	职工创新活动支出	核算工会开展的劳模和工匠人才创新工作、职工创新工作活动发生的支出	**302**	**商品和服务支出**	**反映单位购买商品和服务的支出，不包括用于购置固定资产，战略性和应急性物资储备等资本性支出**
			30299	其他商品和服务支出	反映上述科目未包括的日常公用支出。如诉讼费，国内组织的会员费，来访费，广告宣传费以及离休人员特需费，离退休人员公用经费等
50304	职工书屋活动支出	核算工会为建设职工书屋而发生的图书购置以及维护的支出	**302**	**商品和服务支出**	**反映单位购买商品和服务的支出，不包括用于购置固定资产，战略性和应急性物资储备等资本性支出**
			30202	印刷费	反映单位的印刷费支出
			30299	其他商品和服务支出	反映上述科目未包括的日常公用支出。如诉讼费，国内组织的会员费，来访费，广告宣传费以及离休人员特需费，离退休人员公用经费等

续 表

科目编号	科目名称	科目说明	部门预算支出经济分类编码	部门预算支出经济分类名称	说明
50305	其他服务支出	核算工会组织和开展会员和职工普惠制服务、心理咨询、互助保障等其他方面的职工服务支出	**302**	**商品和服务支出**	**反映单位购买商品和服务的支出，不包括用于购置固定资产，战略性和应急性物资储备等资本性支出**
			30202	印刷费	反映单位的印刷费支出
			30203	咨询费	反映单位咨询方面的支出
			30204	手续费	反映单位的各类手续费支出
			30211	差旅费	反映单位工作人员国（境）内出差发生的城市间交通费，住宿费，伙食补助费和市内交通费
			30214	租赁费	反映租赁办公用房，宿舍，专用通讯网以及其他设备等方面的费用
			30215	会议费	反映单位在会议期间按规定开支的住宿费，伙食费，会议场地租金，交通费，文件印刷费，医药费等
			30216	培训费	反映除因公出国（境）培训费以外的，在培训期间发生的师资费，住宿费，伙食费，培训场地费，培训资料费，交通费等各类培训费用
			30218	专用材料费	反映单位购买日常专用材料的支出。具体包括药品及医疗耗材，农用材料，兽医用品，实验室用品，专用服装，消耗性体育用品，专用工具和仪器，艺术部门专用材料和用品，广播电视台发射台发射机的电力，材料等方面的支出
			30226	劳务费	反映支付给外单位和个人的劳务费用，如临时聘用人员，钟点工工资，稿费，翻译费，评审费等
			30227	委托业务费	反映因委托外单位办理业务而支付的委托业务费
			30239	其他交通费用	反映单位除公务用车运行维护费以外的其他交通费用。如公务交通补贴，租车费用，出租车费用，飞机，船舶等的燃料费，维修费，保险费等

续　表

科目编号	科目名称	科目说明	部门预算支出经济分类编码	部门预算支出经济分类名称	说明
			30299	其他商品和服务支出	反映上述科目未包括的日常公用支出。如诉讼费，国内组织的会员费，来访费，广告宣传费以及离休人员特需费，离退休人员公用经费等
504	**维权支出**	**本科目核算工会用于维护职工权益的支出，包括劳动关系协调、劳动保护、法律援助、困难职工帮扶、送温暖和其他维权支出**			
50401	劳动关系协调支出	核算工会用于推进创建劳动关系和谐企业活动、加强劳动争议调解和队伍建设、开展劳动合同咨询活动、集体合同示范文本印制与推广等方面的支出	**302**	**商品和服务支出**	**反映单位购买商品和服务的支出，不包括用于购置固定资产，战略性和应急性物资储备等资本性支出**
			30202	印刷费	反映单位的印刷费支出
			30203	咨询费	反映单位咨询方面的支出
			30215	会议费	反映单位在会议期间按规定开支的住宿费，伙食费，会议场地租金，交通费，文件印刷费，医药费等
			30216	培训费	反映除因公出国（境）培训费以外的，在培训期间发生的师资费，住宿费，伙食费，培训场地费，培训资料费，交通费等各类培训费用
			30226	劳务费	反映支付给外单位和个人的劳务费用，如临时聘用人员，钟点工工资，稿费，翻译费，评审费等
			30227	委托业务费	反映因委托外单位办理业务而支付的委托业务费
			30239	其他交通费用	反映单位除公务用车运行维护费以外的其他交通费用。如公务交通补贴，租车费用，出租车费用，飞机，船舶等的燃料费，维修费，保险费等

续 表

科目编号	科目名称	科目说明	部门预算支出经济分类编码	部门预算支出经济分类名称	说明
			30299	其他商品和服务支出	反映上述科目未包括的日常公用支出。如诉讼费，国内组织的会员费，来访费，广告宣传费以及离休人员特需费，离退休人员公用经费等
50402	劳动保护支出	核算工会用于开展群众性安全生产和职业病防治活动、加强群众安全监督检查员队伍建设、开展职工心理健康维护等以促进安全健康生产、保护职工生命安全为宗旨开展的职工劳动保护发生的支出	**302**	**商品和服务支出**	**反映单位购买商品和服务的支出，不包括用于购置固定资产，战略性和应急性物资储备等资本性支出**
			30299	其他商品和服务支出	反映上述科目未包括的日常公用支出。如诉讼费，国内组织的会员费，来访费，广告宣传费以及离休人员特需费，离退休人员公用经费等
50403	法律援助支出	核算工会用于向职工群众提供法律咨询、法律服务等发生的支出	**302**	**商品和服务支出**	**反映单位购买商品和服务的支出，不包括用于购置固定资产，战略性和应急性物资储备等资本性支出**
			30226	劳务费	反映支付给外单位和个人的劳务费用，如临时聘用人员，钟点工工资，稿费，翻译费，评审费等
			30227	委托业务费	反映因委托外单位办理业务而支付的委托业务费
			30299	其他商品和服务支出	反映上述科目未包括的日常公用支出。如诉讼费，国内组织的会员费，来访费，广告宣传费以及离休人员特需费，离退休人员公用经费等
50404	困难职工帮扶支出	核算工会用于对困难职工提供资金和物质帮助等发生的支出	**303**	**对个人和家庭的补助**	**反映政府用于对个人和家庭的补助支出**
			30305	生活补助	反映按规定开支的优抚对象定期定量生活补助费，退役军人生活补助费，机关事业单位职工遗属生活补助，长期赡养人员补助费，由于国家实行退耕还林禁牧舍饲政策补偿给农牧民的现金，粮食支出，对农村党员，复员军人以及村干部的补助支出，罪犯、戒毒人员的伙食费、被服费、药费等

续　表

科目编号	科目名称	科目说明	部门预算支出经济分类编码	部门预算支出经济分类名称	说明
50405	送温暖支出	核算工会用于开展春送岗位、夏送清凉、金秋助学和送温暖等活动发生的支出。	**303**	**对个人和家庭的补助**	**反映政府用于对个人和家庭的补助支出**
			30305	生活补助	反映按规定开支的优抚对象定期定量生活补助费，退役军人生活补助费，机关事业单位职工遗属生活补助，长期赡养人员补助费，由于国家实行退耕还林禁牧舍饲政策补偿给农牧民的现金，粮食支出，对农村党员，复员军人以及村干部的补助支出，罪犯、戒毒人员的伙食费、被服费、药费等
50406	其他维权支出	核算工会用于补助职工等其他方面的维权支出	**302**	**商品和服务支出**	**反映单位购买商品和服务的支出，不包括用于购置固定资产，战略性和应急性物资储备等资本性支出**
			30299	其他商品和服务支出	反映上述科目未包括的日常公用支出。如诉讼费，国内组织的会员费，来访费，广告宣传费以及离休人员特需费，离退休人员公用经费等
			303	**对个人和家庭的补助**	**反映政府用于对个人和家庭的补助支出**
			30305	生活补助	反映按规定开支的优抚对象定期定量生活补助费，退役军人生活补助费，机关事业单位职工遗属生活补助，长期赡养人员补助费，由于国家实行退耕还林禁牧舍饲政策补偿给农牧民的现金，粮食支出，对农村党员，复员军人以及村干部的补助支出，罪犯、戒毒人员的伙食费、被服费、药费等
505	**业务支出**	**本科目核算工会培训工会干部、加强自身建设及开展业务工作发生的各项支出**			

续 表

科目编号	科目名称	科目说明	部门预算支出经济分类编码	部门预算支出经济分类名称	说明
50501	培训支出	核算工会用于开展工会干部和积极分子培训发生的支出	**302**	**商品和服务支出**	**反映单位购买商品和服务的支出，不包括用于购置固定资产，战略性和应急性物资储备等资本性支出**
			30216	培训费	反映除因公出国（境）培训费以外的，在培训期间发生的师资费，住宿费，伙食费，培训场地费，培训资料费，交通费等各类培训费用
50502	会议支出	核算工会用于工会会员大会或会员代表大会、委员会、常委会、经费审查委员会以及其他专业工作会议的各项支出	**302**	**商品和服务支出**	**反映单位购买商品和服务的支出，不包括用于购置固定资产，战略性和应急性物资储备等资本性支出**
			30215	会议费	反映单位在会议期间按规定开支的住宿费，伙食费，会议场地租金，交通费，文件印刷费，医药费等
50503	专项业务支出	核算工会用于开展组织建设、专题调研、专项工作、劳模津贴、劳模专项补助、扶贫活动及外事活动的支出	**302**	**商品和服务支出**	**反映单位购买商品和服务的支出，不包括用于购置固定资产，战略性和应急性物资储备等资本性支出**
			30211	差旅费	反映单位工作人员国（境）内出差发生的城市间交通费，住宿费，伙食补助费和市内交通费
			30212	因公出国（境）费用	反映单位公务出国（境）的国际旅费，国外城市间交通费，住宿费，伙食费，培训费，公杂费等支出
			30217	公务接待费	反映单位按规定开支的各类公务接待（含外宾接待）费用
			30226	劳务费	反映支付给外单位和个人的劳务费用，如临时聘用人员，钟点工工资，稿费，翻译费，评审费等
			30227	委托业务费	反映因委托外单位办理业务而支付的委托业务费
			30299	其他商品和服务支出	反映上述科目未包括的日常公用支出。如诉讼费，国内组织的会员费，来访费，广告宣传费以及离休人员特需费，离退休人员公用经费等

续　表

科目编号	科目名称	科目说明	部门预算支出经济分类编码	部门预算支出经济分类名称	说明
			303	**对个人和家庭的补助**	**反映政府用于对个人和家庭的补助支出**
			30305	生活补助	反映按规定开支的优抚对象定期定量生活补助费，退役军人生活补助费，机关事业单位职工遗属生活补助，长期赡养人员补助费，由于国家实行退耕还林禁牧舍饲政策补偿给农牧民的现金，粮食支出，对农村党员，复员军人以及村干部的补助支出，罪犯、戒毒人员的伙食费、被服费、药费等
			30309	奖励金	反映对个体私营经济的奖励，计划生育目标责任奖励，独生子女父母奖励等
			30399	其他对个人和家庭的补助	反映未包括在上述科目的对个人和家庭的补助支出，如婴幼儿补贴，退职人员及随行家属路费，符合条件的退役回乡义务兵一次性建房补助，符合安置条件的城镇退役士兵自谋职业的一次性经济补助费，保证性住房租金补贴等
50504	其他业务支出	核算工会发生的不属于以上业务开支的其他业务支出，如工会用于发放兼职工会干部和专职社会化工会工作者补贴的支出等	**302**	**商品和服务支出**	**反映单位购买商品和服务的支出，不包括用于购置固定资产，战略性和应急性物资储备等资本性支出**
			30226	劳务费	反映支付给外单位和个人的劳务费用，如临时聘用人员，钟点工工资，稿费，翻译费，评审费等
			303	**对个人和家庭的补助**	**反映政府用于对个人和家庭的补助支出**
			30304	抚恤金	反映按规定开支的烈士遗属，牺牲病故人员遗属的一次性和定期抚恤金，伤残人员的抚恤金，离退休人员等其他人员的各项抚恤金，以及按规定开支的机关事业单位职工和离退休人员丧葬费

续 表

科目编号	科目名称	科目说明	部门预算支出经济分类编码	部门预算支出经济分类名称	说明
			30305	生活补助	反映按规定开支的优抚对象定期定量生活补助费，退役军人生活补助费，机关事业单位职工遗属生活补助，长期赡养人员补助费，由于国家实行退耕还林禁牧舍饲政策补偿给农牧民的现金，粮食支出，对农村党员，复员军人以及村干部的补助支出，罪犯、戒毒人员的伙食费、被服费、药费等
			30309	奖励金	反映对个体私营经济的奖励，计划生育目标责任奖励，独生子女父母奖励等
			30399	其他对个人和家庭的补助	反映未包括在上述科目的对个人和家庭的补助支出，如婴幼儿补贴，退职人员及随行家属路费，符合条件的退役回乡义务兵一次性建房补助，符合安置条件的城镇退役士兵自谋职业的一次性经济补助费，保障性住房租金补贴等
506	**行政支出**	**本科目核算县级以上工会为行政管理、后勤保障等发生的各项日常支出**			
50601	工资福利支出	核算工会开支的专职工作人员和长期聘用人员的各类劳动报酬，以及为上述人员缴纳的各项社会保险费等。包括：基本工资、津贴补贴、奖金、社会保障缴费、伙食补助费、住房公积金等	**301**	**工资福利支出**	**反映单位开支的在职职工和编制外长期聘用人员的各类劳动报酬、以及为上述人员缴纳的各项社会保险费等**
			30101	基本工资	反映按规定发放的基本工资，包括公务员的职务工资、级别工资；机关工人的岗位工资、技术等级工资；事业单位工作人员的岗位工资、薪级工资；各类学校毕业生试用期（见习期）工资、新参加工作工人学徒期、熟练期工资；军队（含武警）军官、文职干部的职务（专业技术等级）工资、军衔（级别）工资和军龄工资；军队士官的军衔等级工资和军龄工资等

续　表

科目编号	科目名称	科目说明	部门预算支出经济分类编码	部门预算支出经济分类名称	说明
			30102	津贴补贴	反映按规定发放的津贴、补贴，包括机关工作人员工作性津贴，生活性补贴，地区附加津贴，岗位津贴，机关事业单位艰苦边远地区津贴，事业单位工作人员特殊岗位津贴补贴，以及提租补贴，购房补贴，采暖补贴，物业服务补贴等
			30103	奖金	反映按规定发放的奖金，包括机关人员年终一次性奖金等
			30106	伙食补助费	反映单位发给职工的伙食补助费，因公负伤等住院治疗、住疗养院期间的伙食补助费，军队（含武警）人员的伙食费等
			30108	机关事业单位基本养老保险缴费	反映单位为职工缴纳的基本养老保险费。由单位代扣的工作人员基本养老保险缴费，不在此科目反映
			30109	职业年金缴费	反映单位为职工实际缴纳的职业年金（含职业年金补记支出）。由单位代扣的工作人员职业年金缴费，不在此科目反映
			30110	职工基本医疗保险缴费	反映单位为职工缴纳的基本医疗保险费
			30111	公务员医疗补助缴费	反映按规定可享受公务员医疗补助单位为职工缴纳的公务员医疗补助费
			30112	其他社会保障缴费	反映单位为职工缴纳的失业、工伤等社会保险费，残疾人就业保障金，军队（含武警）为军人缴纳的退役养老、医疗等社会保险费
			30113	住房公积金	反映单位按规定为职工缴纳的住房公积金
			30114	医疗费	反映未参加医疗保险单位的医疗经费和单位按规定为职工支出的其他医疗费用

续 表

科目编号	科目名称	科目说明	部门预算支出经济分类编码	部门预算支出经济分类名称	说明
			30199	其他工资福利支出	反映上述科目未包括的工资福利支出，如各种加班工资，病假两个月以上期间的人员工资，职工探亲旅费，困难职工生活补助，编制外长期聘用人员（不包括劳务派遣人员）劳务报酬及社保缴费，公务员及参照《公务员法》管理的事业单位工作人员转入企业工作并按规定参加企业职工基本养老保险后给予的一次性补贴等
50602	商品和服务支出	核算工会购买商品和服务的支出（不包括用于购置固定资产、无形资产的支出）。包括：办公费、印刷费、咨询费、手续费、水费、电费、邮电费、物业管理费、公务用车运行维护费（燃料费、维修费、过桥过路费、保险费、安全奖励费用等）、其他交通费用、差旅费（住宿费、城市间交通费、市内交通费、伙食补助费、公杂费）、维修（护）费、租赁费、公务接待费、专用材料费、劳务费、委托业务费、工会经费、福利费等	**302**	**商品和服务支出**	**反映单位购买商品和服务的支出，不包括用于购置固定资产，战略性和应急性物资储备等资本性支出**
			30201	办公费	反映单位购买日常办公用品，书报杂志等支出
			30202	印刷费	反映单位的印刷费支出
			30203	咨询费	反映单位咨询方面的支出
			30204	手续费	反映单位的各类手续费支出
			30205	水费	反映单位的水费，污水处理费等支出
			30206	电费	反映单位的电费支出
			30207	邮电费	反映单位开支的信函，包裹，货物等物品的邮寄费及电话费、电报费、传真费、网络通讯费等
			30208	取暖费	反映单位取暖用燃料费，热力费，炉具购置费，锅炉临时工的工资，节煤奖以及由单位支付的未实行职工住房采暖补贴改革的在职职工和离退休人员宿舍取暖费
			30209	物业管理费	反映单位开支的办公用房以及未实行职工住宅物业服务改革的在职职工和离退休人员宿舍等的物业管理费，包括综合治理、绿化、卫生等方面的支出

续　表

科目编号	科目名称	科目说明	部门预算支出经济分类编码	部门预算支出经济分类名称	说明
			30211	差旅费	反映单位工作人员国（境）内出差发生的城市间交通费，住宿费，伙食补助费和市内交通费
			30212	因公出国（境）费用	反映单位公务出国（境）的国际旅费，国外城市间交通费，住宿费，伙食费，培训费，公杂费等支出
			30213	维修（护）费	反映单位日常开支的固定资产（不包括车船等交通工具）修理和维护费用，网络信息系统运行与维护费用，以及按规定提取的修购基金
			30214	租赁费	反映租赁办公用房，宿舍，专用通讯网以及其他设备等方面的费用
			30215	会议费	反映单位在会议期间按规定开支的住宿费，伙食费，会议场地租金，交通费，文件印刷费，医药费等
			30216	培训费	反映除因公出国（境）培训费以外的，在培训期间发生的师资费，住宿费，伙食费，培训场地费，培训资料费，交通费等各类培训费用
			30217	公务接待费	反映单位按规定开支的各类公务接待（含外宾接待）费用
			30218	专月材料费	反映单位购买日常专用材料的支出。具体包括药品及医疗耗材，农用材料，兽医用品，实验室用品，专用服装，消耗性体育用品，专用工具和仪器，艺术部门专用材料和用品，广播电视台发射台发射机的电力，材料等方面的支出
			30226	劳务费	反映支付给外单位和个人的劳务费用，如临时聘用人员，钟点工工资，稿费，翻译费，评审费等
			30227	委托业务费	反映因委托外单位办理业务而支付的委托业务费
			30229	福利费	反映单位按规定提取的职工福利费

续 表

科目编号	科目名称	科目说明	部门预算支出经济分类编码	部门预算支出经济分类名称	说明
			30231	公务用车运行维护费	反映单位按规定保留的公务用车燃料费，维修费，过桥过路费，保险费，安全奖励费用等支出
			30239	其他交通费用	反映单位除公务用车运行维护费以外的其他交通费用。如公务交通补贴，租车费用，出租车费用，飞机，船舶等的燃料费，维修费，保险费等
			30240	税金及附加费用	反映单位提供劳务或销售产品应负担的税金及附加费用，包括消费税，城市维护建设税，资源税和教育费附加等
			30299	其他商品和服务支出	反映上述科目未包括的日常公用支出。如诉讼费，国内组织的会员费，来访费，广告宣传费以及离休人员特需费，离退休人员公用经费等
50603	对个人和家庭的补助支出	核算工会用于对个人和家庭的补助支出。包括：离休费、退休费、退职（役）费、抚恤金、生活补助、医疗费补助等	**303**	**对个人和家庭的补助**	**反映政府用于对个人和家庭的补助支出**
			30301	离休费	反映机关事业单位和军队移交政府安置的离休人员的离休费，护理费以及提租补贴，购房补贴，采暖补贴，物业服务补贴等补贴
			30302	退休费	反映机关事业单位和军队移交政府安置时退休人员的退休费以及提租补贴，购房补贴，采暖补贴，物业服务补贴等补贴
			30303	退职（役）费	反映机关事业单位退职人员的生活补贴，一次性支付职工或军官，军队无军籍退职职工，运动员的退职补助，一次性支付给军官文职干部，士官，义务兵的退役费，按月支付给自主择业的军队转业干部的退役金
			30304	抚恤金	反映按规定开支的烈士遗属，牺牲病故人员遗属的一次性和定期抚恤金，伤残人员的抚恤金，离退休人员等其他人员的各项抚恤金，以及按规定开支的机关事业单位职工和离退休人员丧葬费

续　表

科目编号	科目名称	科目说明	部门预算支出经济分类编码	部门预算支出经济分类名称	说明
			30305	生活补助	反映按规定开支的优抚对象定期定量生活补助费，退役军人生活补助费，机关事业单位职工遗属生活补助，长期赡养人员补助费，由于国家实行退耕还林禁牧舍饲政策补偿给农牧民的现金，粮食支出，对农村党员，复员军人以及村干部的补助支出，罪犯、戒毒人员的伙食费、被服费、药费等
			30306	救济费	反映按规定开支的城乡困难群众，灾民，归侨，外侨及其他人员的生活救济费，包括城乡居民的最低生活保障金，随同资源枯竭矿山破产但未参加养老保险统筹的矿山所属集体企业退休人员按最低生活保障标准发放的生活费，特困救助供养对象，临时救助对象，贫困户，麻风病人的生活救济费，精简退职老弱残职工救济费，福利、救助机构发生的收养费以及救助支出等。实物形式的救济也在此科目反映
			30307	医疗费补助	反映机关事业单位和军队移交政府安置的离退休人员的医疗费，学生医疗费，优抚对象医疗补助，以及按国家规定资助居民参加城乡居民医疗保险以及资助农民参加新型农村合作医疗，城镇居民参加城镇居民基本医疗保险的支出和对城乡贫困家庭的医疗救助支出
			30308	助学金	反映学校学生助学金，奖学金，学生贷款，出国留学（实习）人员生活费，青少年业余体校学员伙食补助费和生活费补贴，按照协议由我方负担或享受我方奖学金的来华留学生、进修生生活费等
			30309	奖励金	反映对个体私营经济的奖励，计划生育目标责任奖励，独生子女父母奖励等

续 表

科目编号	科目名称	科目说明	部门预算支出经济分类编码	部门预算支出经济分类名称	说明
			30310	个人农业生产补贴	反映对个人及新型经营主体（包括种粮大户，家庭农场，农民专业合作社等）发放的生产补贴支出，如国家对农民发放的农业生产发展资金以及发放给残疾人的各种生产经营补贴等
			30311	代缴社会保险费	反映财政为城乡生活困难人员缴纳的社会保险费
			30399	其他对个人和家庭的补助	反映未包括在上述科目的对个人和家庭的补助支出，如婴幼儿补贴，退职人员及随行家属路费，符合条件的退役回乡义务兵一次性建房补助，符合安置条件的城镇退役士兵自谋职业的一次性经济补助费，保障性住房租金补贴等
50604	其他行政支出	核算不能划分到上述明细科目的其他行政支出	**399**	**其他支出**	**反映不能划分到上述经济分类科目的其他支出**
			39906	赠与	反映对外国政府，国内外组织等提供的援助，捐赠以及交纳国际组织会费等方面的支出
			39907	国家赔偿费用支出	反映用于国家赔偿方面的支出
			39908	对民间非营利组织和群众性自治组织补贴	反映对民间非营利组织和群众性自治组织补贴支出
			39999	其他支出	反映除上述科目以外的其他支出
507	**资本性支出**	**本科目核算工会从事建设工程、设备工具购置、大型修缮和信息网络购建而发生的实际支出**	310	**资本性支出**	**反映各单位安排的资本性支出，切块由发展改革部门安排的基本建设支出不在此科目反映，需要按照“基本建设支出”反映，具体（略）**

续　表

科目编号	科目名称	科目说明	部门预算支出经济分类编码	部门预算支出经济分类名称	说明
50701	房屋建筑物购建	核算工会用于购买、自行建造办公用房、仓库、食堂等建筑物（含附属设施，如电梯、通讯线路、电缆、水气管道等）的支出	31001	房屋建筑物购建	反映用于购买，自行建造办公用房，仓库，职工生活用房，教学科研用房，学生宿舍，食堂等建筑物（含附属设施，如电梯，通讯线路，水气管道等）的支出
50702	办公设备购置	核算工会购置纳入固定资产核算范围的办公家具和办公设备的支出	31002	办公设备购置	反映用于购置并按财务会计制度规定纳入固定资产核算范围的办公家具和办公设备的支出，以及按规定提取的修购基金
50703	专用设备购置	核算工会购置具有专门用途、纳入固定资产核算范围的各类专用设备的支出	31003	专用设备购置	反映用于购置具有专门用途，并按财务会计制度规定纳入固定资产核算范围的各类专用设备的支出。如通信设备，发电设备，交通监控设备，卫星转发器，气象设备，进出口监管设备等，以及按规定提取的修购基金
50704	交通工具购置	核算工会用于购置各类交通工具的支出（含车辆购置税）	31013	公务用车购置	反映公务用车购置支出（含车辆购置税，牌照费）
50705	大型修缮	核算工会各类设备、建筑物等的大型修缮支出	31006	大型修缮	反映按财务会计制度规定允许资本化的各类设备，建筑物，公共基础设施等大型修缮的支出
50706	信息网络购建	核算工会用于信息网络方面的支出。如计算机硬件、软件购置、开发、应用支出等。购建的计算机硬件、软件等不符合固定资产、无形资产确认标准的，不在此科目核算	31007	信息网络及软件购置更新	反映用于信息网络和软件方面的支出。如服务器购置，软件购置，开发，应用支出等，如果购置的相关硬件，软件等不符合财务会计制度规定的固定资产确认标准的，不在此科目反映

续 表

科目编号	科目名称	科目说明	部门预算支出经济分类编码	部门预算支出经济分类名称	说明
50707	其他资本性支出	核算工会其他上述科目中未包括的资本性支出	31099	其他资本性支出	反映上述科目中未包括的资本性支出
508	**补助下级支出**	**本科目核算县级以上工会为解决下级工会经费不足或根据有关规定给予下级工会的各类补助款项**	**根据项目视情况选择或选择 39999 其他支出——其他支出**		
50801	一般性转移支付补助	核算工会按有关规定对下级未指定用途的补助	根据项目视情况选择或选择 39999 其他支出——其他支出		
50802	专项转移支付补助	核算工会按有关规定对下级指定专门用途的项目补助，包括对下级的帮扶困难职工的补助、用于开展向困难职工和家庭送温暖活动的补助、救灾补助等	根据项目视情况选择或选择 39999 其他支出——其他支出		
509	**其他支出**	**本科目核算工会除上述支出以外的各项支出，如资产盘亏、资产处置净损失、捐赠支出、汇兑损溢以及按规定计提有关专用基金等**	30299	其他商品和服务支出	反映上述科目未包括的日常公用支出。如诉讼费，国内组织的会员费，来访费，广告宣传费以及离休人员特需费，离退休人员公用经费等

备注：该表提供了各支出科目与部门预算支出经济分类科目之间的主要对应关系，因部门预算支出经济分类由财政部发布每年更新，因此该表仅供参考，全总财务部根据实际情况不定期更新。

图书在版编目（CIP）数据

工会会计制度讲解 /《工会会计制度讲解》编写组编著.
—北京：中国工人出版社，2021.11
ISBN 978-7-5008-7601-4

Ⅰ.①工… Ⅱ.①工… Ⅲ.①工会—会计制度—中国 Ⅳ.①D412.67

中国版本图书馆CIP数据核字（2021）第217796号

工会会计制度讲解

出 版 人	王娇萍
责任编辑	安 静 周子欣
责任印制	栾征宇
出版发行	中国工人出版社
地 址	北京市东城区鼓楼外大街45号 邮编：100120
网 址	http://www.wp-china.com
电 话	（010）62005043（总编室） （010）62005039（印制管理中心） （010）62382916（工会与劳动关系分社）
发行热线	（010）82029051 62383056
经 销	各地书店
印 刷	北京市密东印刷有限公司
开 本	700毫米×1000毫米 1/16
印 张	25.75
字 数	450千字
版 次	2021年12月第1版 2025年11月第14次印刷
定 价	59.00元